サブプライム危機
膨張するドル体制の落とし穴

変幻進化する国際金融

International Finance

米倉 茂

税務経理協会

はじめに──国際金融の心

国際金融。その心は、世界各国の間でお金を融通し合うことです。融通とは、人々の間でお金の貸し借りをしたり、投資したりして、お金をやりとりすることです。ではなぜ国際金融の仕組みが必要なのでしょう。

事業には人材、資材が必要です。これを調達するにはお金が必要になります。計画の中身がいくら優れていても、お金がなければ、事業は始まりません。そこでお金に余裕のある分野から、お金を必要とする分野へ、お金を融通する仕組みが必要となります。これが金融機関の役割です。これは日本国内でも国外でも行われます。

経済社会は世界規模で見れば一時も眠りません。地球が自転、公転を止めないのと同様です。その証拠に貸したお金に利子がつきます。お金の利子は、休みであろうとなかろうと、きちんと利子計算されるのです。

金融を利用した企業の事業が成功すれば、製品が売れ、収益が増えます。これで雇用、設備投資も拡大し、新たに融通される、お金も増加します。すると、ますます経済活動は拡張し、消費、投資も増え、世の中、景気がよくなります。経済という機械を動かす潤滑油、これがお金なのです。このような仕組みは国内にとどまらず、国際的にも広く展開されています。お金は世界を駆け巡るのです。国際金融とはこのお金が世界を勇躍する経済のお話なのです。

よく国際化が叫ばれます。しかし、国際言語という点でお金に優るものはありません。国際言語というと、英語を連想するでしょうが、会話などの面で多くの日本人は英語で結構、苦労させられます。ところが、お金の場合、無理なく会話が成り立ちます。日本の円と外国のお金の交換比率だけ覚えておけばいいからです。世界で自由に、しかも有利な率で交換できる、お金がどれくらいあるか、これで国力が決定されます。日本は米国に次ぐＧＤＰ大国であり、円は外国通貨に対する交換比率が世界的に高く、日本はお金の面でいえば、超大国なのです。

日本は島国です。資源を海外に依存しています。他国と戦争をすると物資の供給を絶たれてしまいます。日本が第二次大戦に追い込まれたのも、米国から経済封鎖という制裁措置を受けたからです。近隣諸国を侵略した大きな代償です。だから日本は平和経済国家として戦後一貫してやってきました。

かつて大英帝国華やかなりし頃、英国は軍艦外交（gunboat policy）を展開しました。言うことを聞かない外国人の心臓を射貫いていました。しかし現代の日本は違います。moneyboat policy を手がけており、外国人の心を射貫くことに成功しています。同じ射貫くにしても「心臓」と「心」では大きな違いです。真の大国とは軍事大国でなく経済大国のことをさします。海外から資源を調達する経済力を確保することこそが必須なのです。

金融の中心的役割を果たすのが銀行、あるいは証券会社（投資銀行の別名）です。企業間でお金の融通をして、それがうまくいかなくなった時に起こるのが信用不安です。銀行はお金の貸出先からお金を回収できなくなると自らも支払不能に陥ります。これが社会全体に蔓延するとお金の流れが止まり、資本主義にとって血液に当たるマネーの流れはストップします。マネーの循環を司る心臓に当たる銀行が支払決済の機能を果たせなくなるからです。これが、この間まで日本の社会全体を不安に陥れていた不良債権問題でした。お金の貸し借りの仲介役を円滑に果たしていたはずの銀行が、貸出先の事業の失敗で、貸し出した資金を回収できなくなり、経営不振に陥ります。さらには、預金支払能力さえ疑われるようになり、金融不安が広がる。預金した人は預金を返してもらおうと銀行に殺到する。このようなことが冗談ですまされなかったのが日本経済の状況だったのです。

日本の伝統、格式のある有力銀行の略称を音読みすると、Bankrupt にあたる日本語が連想されました。もちろん、誤解を生まないよう、その銀行は重箱読みされていました。ここで Bankrupt の由来を確認しておきます。中世のイタリアの銀行業者は長いベンチ（イタリア語で Banco）の上にお金を並べて仕事をしていたそうで、これがBankの語源です。その銀行が倒産すると、人々はそのベンチを壊したそうです（英語でrupture）。こうして、Bankrupt は「銀行の倒産」

を意味することになったようです。これが死語のままであるよう、国内金融市場が機能する必要があります。
国際金融は以右の国内の金融の関係を対外経済関係に延長しただけのものです。何も難しく考えることはありません。日本人の立場から言えば円で取引していたのが円をもとにしてドルなど外国通貨と取引して金融という仕事をこなすという話です。

この場合、国際金融論は現実の経済、歴史的動きの理論的関連が有機的に結合して解説されなくてはなりません。残念ながら、現実は必ずしもそうなっていません。国際金融論の場合、その一般的基礎となっている金融市場の具体的事実、歴史的事情を充分にかみ砕かないままに読者に解題するテキストが多いようです。無味乾燥な金融タームを並べ立てただけの内容に終わるテキストでは読者の頭脳は窒息してしまいます。国際金融の生の空気でなく、まったく別世界の抽象的な空気を吸わせてしまっては国際金融の面白さは台無しです。

そこで今回の著書では、金融技術操作の説明が主になってしまわないよう配慮しております。たとえば、歴史的事象と遊離した数式的説明はオタク的な隠語になるだけでしょう。これでは初級的読者の関心を削ぐだけでしょう。国際金融論の基本概念を学ぶ場合に不可欠なもの、それは国際金融の具体的事実の流れを踏まえて一般的意義を引き出すことです。

この点で一番成功している人の名前を挙げておきます。グリーンスパンです。二〇〇六年一月に退任するまでの一八年間、米国連邦準備制度（FRB）議長（日本で言えば日本銀行にあたる中央銀行総裁）を務めていた人です。この人は、戦後資本主義が飛躍的に発展した要因として、柔軟性の拡大、衝撃から容易に回復する体質、公開性、自己調整能力、急速に変化する体質に求めています。大きな可能性を秘め、また大きな新たな難題を提示するのが進化する資本主義なのです（＜Greenspan＞10）（訳）二〇頁）。

本書のタイトルは、『変幻進化する国際金融』としています。規制を嫌い、時に猛々しく、時に軽やかに表情を変える国際金融市場の変幻自在ぶりを強調するためです。

その例を挙げておきましょう。戦後は固定相場制度（ブレトンウッズ体制）が自由貿易に不可欠であると言われ続けていましたが、これが崩壊して変動相場制となっても世界的自由貿易は拡大しています。

ドルの地位はどうでしょう。「ドル危機」が数十年以上も叫ばれ続けられています。世界各国間の経常収支不均衡は拡大する一方ですが、実際にドル危機は起きていません。それどころかドルの母国の米国経済は世界経済のグローバル化の時代を主導する地位をしっかり保持しています。

さらには円高による日本国内産業空洞化論はどうなったのでしょう。日本の輸出産業が壊滅したのでしょうか？壊滅したとすれば日本が貿易黒字を続けられるはずがありません。空洞化したのは「空洞化」論だったのではないでしょうか？

本書は大学テキストのスタイルをとりながら、国際金融の変幻自在の流れを明らかにすることを主要な課題としています。もちろんその記述内容は従来の国際金融テキストと大きな違いがあります。

例えば、戦後の国際通貨体制の礎となったとされるＩＭＦ及びＢＩＳの性格描写です。特にケインズの役割に関する本書の叙述には当惑を覚える読者も多いと思います。しかし、これはケインズ全集、あるいはケインズ研究の世界的権威の説を紹介、解説したものにすぎません。日本のケインズ研究がそれを消化していないだけのことなのです。

さらに言えば、ドルの地位の評価も既存の説明と大きく異なるでしょう。しかし、それもグリーンスパンの回顧録に書かれていることと比較すれば印象は異なってくるでしょう。本書はこの偉大な人物の警句、視点にも学びながら、あるいは当然に研究・紹介されていてしかるべき内外の文献を渉猟して、戦後国際金融の焦点を扱っています。要は戦後の国際金融が変幻自在にダイナミックに進化する様を描くことです。

それがはたして成功しているのか否か？それは、本書を国際金融テキストとして使用する大学の先生、あるいは学生の判断にかかってくるところです。

平成二十年三月
米倉　茂

目次

目　次

目次

目次

目　次

変幻進化する国際金融

第一章　外国為替市場の素描

I　円ドル相場の動向

■円高は日本経済成長の証

円相場の動向はマスコミ報道などで毎日、多く語られています。ここでは、円相場は高く安定するのが日本の経済の利点になること、そして逆に急激な円安は日本経済を混乱に陥れることを説明しておきます。

一国の通貨の対外価値、例えば円で言えば、対ドル〇〇〇円、対ユーロ〇〇〇円となる、その相場は各国間の経済力の相対比較で決まります。日本経済が世界における地位が高くなればなるほど円は上昇傾向をたどります。為替相場は一国の対外経済力を反映します。したがって、経済力が上昇すれば円相場も高い評価を受けるのです。

それは一九六〇年代の「ドル危機」問題にも明らかです。当時、「ドル危機」と言われていた状況は戦争の打撃から回復した西欧、日本が次第に米国の経済力に追いつき始めたため、米国の国際競争力が相対的に低下し、ドルを切り下げ、他の先進諸国の通貨を切り上げるという大調整が必要となったのです。一ドル＝三六〇円の固定相場制度の時代から一ドル＝一一〇円台へと三倍以上も円が上昇しているのは日本経済の世界的地位の上昇を何よりも象徴する指標なのです。

要約すれば、円高の長期的趨勢は一物一価の傾向を反映する購買力平価で決定されると考えていいでしょう。モノを生産する技術が発展するとモノを安く売り出すことができるのです。もちろん、為替相場の動きは購買力平価とずれることもしばしばです。各国間の資本移動が膨張し、金利格差、景気変動に敏感に反応して為替相場が乱高下することが多くなっているからです。特に一九八〇年代には資本移動が為替相場を決定する要因になってきました。モノ・サービスの取引の収支（経常収支）の動向で為替相場が決定されていた、それまでの状況と対照的な事態を迎えます。

■ 円高は日本経済に基本的にプラス

日本は資源に恵まれない島国です。工業原料、食料を外国から輸入しなければなりません。特に石油などエネルギーの安定輸入が不可欠です。

一ドル＝三六〇円だった固定相場制度の時代に比べ、変動相場制度が確立した現在、為替相場で見る限り、石油輸入コストは三分の一以下になっています。現在は円相場はおよそ一〇〇円台だからです。産油国は米国でないのにもかかわらず、そして日本は米国から石油を輸入するわけでもないにもかかわらず、世界の石油取引はドル建てが普通です。石油を一ドルで輸入する円建てコストは飛躍的に低下しているのです。

これを一九七三年秋の石油危機との関連で明らかにしましょう。当時、石油価格は四倍にも跳ね上がりました。それまでニクソン・ショック騒ぎ（第六章Ⅱ節）で大量にドル外貨を貯めていたはずの日本は石油輸入代金の確保に苦労する外貨危機を迎えたのです。日本の金融機関は石油輸入代金のドルを調達するコストが急激に跳ね上がる憂き目にあっています。円相場も下がり、石油輸入価格が上がったので当時狂乱物価を引き起こしました。

しかし、この円の不安を緩和する武器も日本にはありました。過剰と言われたドル外貨準備です（本章Ⅱ節「円相場の乱高下を均す外国為替資金特別会計」を参照）。一ドル＝三六〇円でしこたま買い上げていたドル為替は変動相場制になると大きな為替評価損を出したとマスコミなどから非難されましたが、石油危機の時、以前に貯めていたドルなどの外貨準備が円の急落の抑制、石油輸入代金の確保に役立っていたことは否定できないはずです。このように円が急激に下落するのは日本経済全体にとっては好ましくないのです。石油の輸入を代替する処置が見いだせないからです。ところが、一般に円が急激に上昇すると日本の輸出産業が打撃を受けて日本経済は壊滅してしまうという解説がひところ大流行した時代がありました。しかし実際はその逆でした。

■ 日本の輸出企業は円高を通じて高付加価値化構造を一層、強化

円高は日本の輸出競争力を一層、高める促進効果を発揮してきました。それは戦後の円高傾向の歴史がハッキリと示しています。

経済学者は時に面白い議論を展開してくれます。ニクソン・ショック以前の固定相場制度の時代、米国の経済学者達は円を切り上げれば国際収支不均衡は是正されると主張していました。円高→輸出減少・輸入増加→貿易収支赤字の増加→円安→輸出増加・輸入減少→円高のサイクルが描かれる。このようにして変動相場により国際収支不均衡がスムーズに調整されるというのです。

実際はどうだったでしょう。米国のドルは下落し続け、円は上昇し続けましたが、前述の美しいサイクルが世界経済で描かれたためしがありません。円高になっているにもかかわらず一向に日本の対米貿易黒字は減少しません。ところが、米国の人たちは、そうなっているのは日本社会が眼に見えざる貿易障壁を高く築き上げているからであると言う難癖をつけ、規制緩和を求め、この緩和が進行すれば日米貿易摩擦の種はなくなると主張し続けてきました。現在も日本は米国に対し大幅な貿易黒字国ですが、米国はかつてのように日本を特殊国家として批判することはありません。その代わり中国が米国の非難の的にされています。

円高が進んでいるにもかかわらず日本の対米黒字が減らないのは日本の輸出産業による輸出コスト上昇を相殺する企業努力があるためです。これを図式的に説明してみましょう。

円相場が急上昇し、一ドル＝三〇〇円が二〇〇円へ円高になったとします。米国へ車を三〇〇万円（＝一万ドル）で輸出する自動車会社があります（生産コストは二〇〇万円とする）。円の対ドル相場が二〇〇円に上昇すると、車一万ドル輸出しても、円建てでは二〇〇万円にしかなりません。生産コストは二〇〇万円ですので、そうなると輸出は採算が合わなくなるはずです。

しかし、現実の自動車の国際販売競争力を決定するのは価格だけでなく、質です（省エネ、性能、メインテナンス、消費者嗜好への対応など）。この自動車会社は、一〇〇万円の利益を確保するためにドル建て販売価格を引き上げればよいのです。円相場は一ドル＝二〇〇円に上昇したので、車を一万ドルでなく、一万五千ドルで売るのです。これでも米国で日本車は飛ぶように売れます。省エネ、性能、メインテナンス等の面で米国の消費者に支持されるからです。こむつかしい経済用語で言えば、通貨価値変動（一ドル＝三〇〇円から一ドル＝二〇〇円への円高）の分をドル建て輸出価格へ転嫁する比率（マークアップ）を相応に引き上げ、そしてその価格で米国で順調に売れる限り、円高によって日本のドル建て輸出代金が減少することはないのです。むしろ対米黒字は増大するでしょう。

例えば、米国が日本の自動車会社が集中豪雨的に米国市場に日本車を売り込むと文句を付ければ輸出台数を減らせばいいのです。その代わり値段の高い車を輸出します。一〇〇万円の車を一〇〇台輸出していたのを輸出台数を自主規制し、七〇台に削減すればいいのです。その代わり、一台当たり二〇〇万円の車を輸出するのです。安い車の輸出生産は他の新興諸国にまかせればよいのです。自主規制により輸出台数を大幅に削減（一〇〇台を七〇台へ）したわけですから、米国は文句の付けようはありません。しかし実際には対米輸出代金は一億円が一・四億円に膨らんでいます。これにより少々円高が進んでも日本の自動車輸出メーカーはびくともしません。

これは日本の輸出産業が常に高付加価値化を志向しているためです。対米貿易摩擦を回避するために輸出台数を削減する。台数を思い切って削減し、輸出車の高価格高級化を狙えば、米国の苦情は回避できるのです。しかも対米黒字は金額で言えば急増する。高付加価値化で日本の輸出品の非価格競争力が強まり、輸出価格が上がっても対米市場は確保される。円高の分、ドル建て輸出価格を引き上げる（価格転嫁）ことのできる製品差別化構造を確立させておくのです。

それでも日本から輸出増加が止まない場合、日本は工場を海外へ移転します。これでたしかに最終製品は日本からでなく現地工場のある国から輸出されます。これをもって円高が進むと日本産業は空洞化するという議論が一九八〇年代半ばに盛んでした。しかし東南アジアのある人が日本人に尋ねたことがあります。

「日本は円高で産業空洞化が進んでいるのになぜ輸出超過が減少しないのか？」。

答えは簡単です。最終組み立ては海外工場に担わせ、それに組み入れる付加価値の高い部品、中枢部分は日本で生産し最終製品を組み立てる現地工場のある国へ輸出するのです。このように円高圧力は、日本国内には高付加価値製品の生産への特化、低付加価値の製品の生産は海外へ移すという動機を産み出すのです。言い換えれば日本産業は円高圧力に対応できる高度な技術力を持ち続けることができていたのです。

そして、円高の進展は輸入面で日本経済に大きな恵みをもたらします。輸入価格の大幅な下落です。これこそが一九八〇年代半ばの円高問題の内実でした。そのため、卸売物価も低落し、消費者物価も安定します。企業の仕入れ価格も安くなり、生産コストも低下します。消費者物価が安定すると、家計の実質所得は増加し、消費支出も刺激されます。生産コストが低下し、消費者需要も増加するので、設備投資、生産も増加します。こうして一九八〇年代半ば以降、日本経済は円高の衝撃を受けたものの、内需主導成長へと転化し、一大好況を迎えます（もちろんその結末はバブル経済の破綻という大きなつけがまわりますが）。

■ 為替相場をいじっても国際収支不均衡は解消しない

戦後六〇年以上も経過した現在、固定相場、変動相場制度を問わず、為替相場の調整だけで国際収支不均衡が解消されたためしはありません。ことがそれほど簡単であれば各国の通貨当局者の仕事は不要になるでしょう。

為替相場の高低変化が輸出入の増減をつうじて貿易収支の黒字・赤字を是正する効果が出るためには長いタイム・ラグがあります。むしろ、通貨を切り下げると輸入品価格が騰貴して国内インフレが進行し、国内産業はコスト高のため、国際競争力を失い、輸出力は低下します。この結果、通貨下落は貿易収支赤字を増加させてしまうのです。通貨切下げ→輸入品価格騰貴→国内インフレ高進→国内産業の対外競争力の低下→貿易赤字の増大→通貨再下落の図式になります。通貨切上げ→輸出減少・輸入増加→貿易収支赤字の増加→通貨安→輸出増加・輸入減少→通貨高のサイクルとは全く逆の現象になるのが普通なのです。

日本の場合、絶えざる技術革新、国際貿易財部門の生産性の上昇を可能にする体質があります。日本産業の高度化のテンポは早いのです。海外生産は部品供給を担う国内の高度な労働への需要を増大させ、低熟練のそれを急減させます。これは労働者の立場にとっては大きな問題です。下請け部門への圧力は強まり、深刻な構造調整を強いられます。一九七〇年代の第一次円高期には、家電製品の海外生産は、ラジオ、カラーテレビ、洗濯機など比較的に技術集約度の低い製品で占められていましたが、一九八〇年代の第二次円高期には、VTR、カーステレオなど技術集約度の高い生産物が急増します。しかし、いずれにせよ海外生産比率は急増し続けています。グローバル化の波は否定しようがありません。この波の中で日本経済がいかに高度化を推進し比較優位の地位を保つかが今後も大きな鍵となります。

■ 虚ろに響く「国内産業空洞化論」

企業は国境を越えてグローバル化する場合、工場設備を国内から引き揚げて海外に移転していきます。いわゆる「国内産業の空洞化現象」論が盛んになった時期もありました。特に円高恐怖症候群の日本では俗耳受けする議論だったようです。かつての一ドル＝三六〇円の円相場はその三倍以上に上がっていますが、日本の輸出産業が壊滅したのでしょうか？実際には状況は異なった結果をもたらしています。

海外への工場移転とは、一方で安い労働力の確保を外国に求めていく過程であり、実際には国内産業が空洞化するわけでなく、高付加価値化へと構造変化を遂げる過程です。いわゆるサービス経済化、あるいは知識集約産業化することであり、高付加価値化です。海外へ工場を移転することで低付加価値産業を外国に任せるのです。だから米国は「国内産業の空洞化現象」が進み、経常収支赤字が膨張し続けているにもかかわらず、自国産業の企業価値はますます高まっているのです。そのバロメータが株式市場です。米国の株価の伸張はとどまるところを知らないくらいです。米国の株価上昇については、幾度となく、「根拠なき熱狂」といわれているのにもかかわらず。

この結果、世界的規模の経済格差はますます広がるでしょう。そして膨大な貧困層も世界的に沈殿します。たしかにこれは資本主義世界システムの大きな矛盾です。しかし、これが資本主義のダイナミズムであることも否定できないでしょう。アジア諸国の経済発展はこの貧困からの脱出がバネになっていたのです。ＩＴ革命と安価な労働力の供給が合体するとインフレを沈静させる巨大な供給力が確保されます。中国とインドがよい例です。しかも世界全体としては生活水準が上昇しています。有効需要が拡大再生産されるメカニズムは先進国ばかりでなく新興市場にも波及しつつあるようです。

円高進行による日本経済危機論の亜種として中国経済の追い上げ論が一時、盛んでした（特に一九九〇年代）。特に人件費の安さがものをいっていました。日本からの工場移転や品質管理技術の移転、製品の質向上で日本の産業的地位が低下してしまうという恐れです。しかし現実は必ずしもそうなってません。中国内の道路網、物流網はその領土の広大さのために未整備な部分がまだまだたくさんあります。中国が豊かになると、内陸の内需は拡大します。実際、中国経済の拡張そのものが日本からのハイテク製品の輸出のはけ口になっています。中国は世界の工場という地位に上りつめましたが、実際は日本から高度の付加価値部品を輸入して付加価値の低い最終製品を世界に輸出する、脆弱な産業構造の体質を抜け切れていない状況です。中国の政府首脳がよく使うジョークとして、「中国が米国へ輸出すればするほど中国は日本からの輸入が増加する、だから米国は中国をいじめないでくれ」と言う話があります。中国景気に便乗しているのが日本の景気なのです。

実際問題として日本の国際企業はとうの昔に円高問題を克服しています。グローバル化の進む巨大企業の場合、生産拠点を世界的に分散化し、販売先も世界にひろがる。製品の多くを海外で生産し、販売するのが当たり前の時代なのです。国際的企業は為替変動に対しても抵抗力を充分つけています。国際的企業にとって懸念すべきは、為替変動よりも、生産、販売拠点の国の景気動向、あるいは自社製品の世界市場における売上高、シェアなのです。

■ 円高恐怖症候群の日本――円高のトラウマ：歴史的経緯

日本は、一九四九年四月、一ドルを三六〇円の固定相場にします。米国はこの時期、国際収支は大幅な貿易黒字であり、外国に多額の資金援助をできる余裕がありました。特に一九四七年に始まるマーシャル・プラン（欧州復興計画）で大量のドル散布を実施します。日本は一九五〇年の朝鮮戦争特需がありドル散布の恩恵を受けます。米国は黒字の累積を回避しようとしており、五〇年代に米国の民間企業は欧州向けに活発な投資を行い、これもドル散布に役立ちました。しかし日本は慢性的な外貨不足にあり、この外貨不足による国際収支圧力が景気の過熱化を抑制する経路になっていました。

日本は戦前の円切上げ問題、戦後間もない頃の国際収支上の外貨不足問題があり、円高傾向には強い拒否反応を示す傾向も否定できません。日本は、一九五二年にＩＭＦに入り、また経常取引の為替自由化を行うＩＭＦ八条国になったのは一九六四年四月のことです。西欧諸国に比べて為替自由化は後れていたのです。日本経済は当時、景気が過熱すると輸入超過で外貨が底をつく状態にありました。一ドル＝三六〇円のレートを守るために、財政金融政策などで景気引締めや為替管理を強化せざるを得ない状況でした。その間、外貨準備の払底を避けるために海外金融機関からお金を借りる。最悪の場合、ＩＭＦからの借入に頼ります。日本経済に景気過熱感がなくなると、先述の国際収支対策を緩和して固定為替相場維持に務めることの繰り返しです。これがいわゆる、「国際収支の天井」問題でした。この体質は、ドル切下げがいよいよ不可避となった一九六〇年代末以降も変わりなく、結局、日本は一度も円を切り上げることなく一九七一年夏のニクソン・ショックを迎えます。

しかし、実はその時点では日本の産業界は大幅な円切上げに対応できる国際競争力をつけていましたが、そこでも切上げ幅を抑えています。

ニクソン声明で崩壊したブレトンウッズ体制の立直しのために一九七一年一二月に米国でスミソニアン会議が開催されましたが、この時、米国のコナリー財務長官と水田蔵相は円相場の切上げ幅をめぐって腹の探り合いに出ていました。米国は一八％の円切上げを主張したのに対し、日本側の水田は一七％より下を主張しました。その理由が実にウィットに富んでいます。

「一七％というのは日本にとってきわめて不吉な数字だ。一九三〇年に日本が金本位復帰した時、円は切り上げられたが、その幅は一七％であった。経済は不況に陥り、金本位復帰を決めた大蔵大臣（井上準之助蔵相）は暗殺された」。

結局、円の切上げ幅は一七％より下の、一ドル＝三〇八に落ち着きました（一六・八八％の切上げ）。ところが、実際は水田は二〇％の切上げでもよいという総理大臣（佐藤栄作）から許諾を取り付けていたのです。日本の財界も一九七一年一〇月の初めにはすでに社内レートを三一〇円に設定していたのです。日本の大企業の場合、円の切上げには十分、準備をしていたわけです。

円切上げ幅の決め方に関し、水田は大芝居を打ったのです。実は米国のコナリーの方も切上げ幅を最初から吹っかけていたのですが、日本側もコナリーにも負けず鯖をよんでいたのです。後に、このことを知ったボルカーFRB前議長は、「もう三％は頑張れた」と悔しがったそうです。日本側の通貨外交の強さも相当のものだという逸話です。

こうして一九七三年以降、国際通貨体制は変動相場制へ移行し、一ドル＝二六〇円台で相場が始まり、円高基調は現在も続いています。歴史的にいえば、円高不況よりも円安不況の方が多いようです。一九八五年の二四〇円台がプラザ合意の後、八七年に一二〇円になった時、日本経済はバブル経済に突入しています。逆に円安の時の方が景気、悪化しています。一九八二年の大幅な円安がそれであり、一九九八年の円安は橋本内閣の崩壊の時です。

Ⅱ　国際収支と外国為替市場

■ 円とドルの間の取引で円高、円安になる仕組み

国内の企業の取引の決済は一般に現金でなく、銀行の口座の振替で行われます。例えば、東京のA氏が大阪のB氏から車を購入したとします。車を受け取ったA氏は支払指定日に、自分の預金口座のある甲銀行に対し、B氏が持つ預金口座のある丙銀行へ車代金分を送金するよう依頼します。この結果、甲銀行にあるA氏の口座から車代金分が引き落とされ、乙銀行にあるB氏の口座に車代金分が入金されます。

次に甲銀行と乙銀行の関係です。一般に民間の銀行はお互いの決済を円滑にするため、中央銀行に口座を保有しておりA氏とB氏の間の決済は中央銀行にある甲銀行の勘定から同じく中央銀行にある乙銀行の口座へと資金が移転す

る形で終了します。この場合、甲銀行と乙銀行の支払決済は国内で完結し、すべて円で行われます。

しかし、企業間の取引は国内に限られません。特にグローバル化の時代ですので、外国との取引が増えてきますが、その場合、取引は円ではすまされません。例えば、米国に対してはドル、英国に対してはポンドが必要になります。そういう場合、円は外国の通貨と交換される必要があります。通貨同士の交換を行う市場、それが外国為替市場です。先ほどの例で言えば、B氏が米国のC氏へ車を売るとします。これは日本と米国の間の取引になるので、日本からみると居住者Bが非居住者Cへ車を売ったことになります。これは国際収支統計上は日本のB氏（居住者）が米国のC氏（非居住者）へ輸出したことになります。

輸出側のB氏は輸出為替手形と船積み書類一式を取引銀行に持ち込みます。この為替手形は輸入側C氏を支払人としています。この手形がドル建てとします。B氏の取引銀行乙はこのドル手形を買い円をB氏に支払います。そしてこの日本の乙銀行は買い取ったドル建て為替手形（支払はC）を米国の丙銀行に送り、為替手形の支払人C氏から手形を取り立ててもらいます。手形を呈示された輸入側C氏はドルで支払い、船積み書類一式を受け取り、日本の車を手にします。

さて、ここからが国際金融テキストの話になります。米国の丙銀行はC氏からドルを受け取ります。そして、この受け取ったドルを日本の銀行乙へ支払いますので、日本の乙銀行にはドルが増えます。他方、Bへ円を支払っているので乙銀行では円が減ります。日本のB氏が米国のC氏へ車をどんどん売り続けると、日本の乙銀行ではドルが余り、円が不足します。需要供給の関係から言えば、ドル安、円高になります。日本が対米輸出超過になると円高になりやすくなるのはこのような仕組みがあるからです。

では逆に日本の乙銀行では円が余り、ドルが不足する例を挙げてみます。需要供給の関係から言えば、円安、ドル高になる話です。例えば、子供が米国に留学している親は学費を米国に送金します。米国にいる息子への送金を親から依頼された日本の銀行乙は送金先の相手国銀行丙宛に手形を振り出します（送金小切手）。親は送金分のドルに見合う円を乙銀行に支払います。この小切手は米国の息子に送られます。この小切手を受け取ると息子は支払を指定された米国の丙銀行へこの小切手を呈示して送金分の現金を受け取ります。息子が丙銀行に口座を持っていると、そこに送金分の現金が入金されるでしょう。

ここからが国際金融のテキストの話になります。日本の乙銀行には円が増えています。他方、米国にある丙銀行ではドルは減少しています。前者では親が学費分の円を入金し、後者では学費分のドルが流出しているからです。日米の乙丙の銀行の間でみると、日本では円が余り、米国ではドルが不足するのです。日本の親が米国にいる息子へ送金するため、ドルを買っているので、この限りではドルが円に対して強くなります。

■基軸通貨——国際取引の支払決済を集約する通貨

国内の送金・支払は最終的に中央銀行における民間の銀行預け金銀行間振替で決済されます。しかし、外国為替取引が入る場合、最終的決済は選択された通貨建て取引が行われる通貨国にある銀行預金口座で入金・出金が行われます。すると国際取引で一番使用される通貨の国の銀行口座は国内の送金・支払決済ばかりでなく対外取引の送金・支払決済の機能も果たします。より具体的に言えば、国際取引で一番使用される通貨、いわゆる基軸通貨国の米国の銀行のドル勘定で米国の国内取引ばかりでなく、米国・外国、さらには外国・外国の間の取引も支払決済されるのです。

国際取引で一番使用される通貨を基軸通貨と呼びます。国際金融市場にある銀行が外国の企業へ貸付したり、債券発行を引き受ける場合、その信用便宜を受ける側はそれに見合う資金を国際金融市場の国建ての残高として保持します。貸付、債券発行の便宜を受ける外国人はその資金返済を円滑にするために、ある程度、その便宜を与えた国際金融市場に残高をおいておくのです。貸付の元本、金利の返済、債券発行の場合は元本、利子の返済に備えるための資金を当該国際金融市場に保持しておくわけです。

この信用便宜がドル建ての場合、信用便宜を受けた外国側はドル残高を保有しなければなりません。そして、海外の銀行も自国の顧客の国際業務に対応できるよう、この国際金融市場と連携した業務を構築します。具体的に言えば、その国際金融市場に残高を保持するのです。

このために国際金融市場には海外の資金が引き寄せられます。そして、これもドル残高になります。基軸通貨国通貨のドル建てで対外業務が行われる限り、海外からドルという基軸通貨国の米国に資金が流入するのです。このドル建て国際金融業務が行われる限り、世界の取引はこの米国の銀行口座残高の振替ですまされます。このドル残高を確保するために、世界からこの国の通貨に対する需要はつきないのです（詳しくは第七章第I節）。

■ 円相場に決定的意味を持つドル建て取引

円相場はドル、ユーロ、人民元に対し、いくらかで表示されますが、日本の主な貿易相手は米国であり、ドル建てで国際決済を行う諸国（中国等の東アジア諸国や石油産出国）も大きな交易相手です。だから日本の対外取引に決定的に重要なのは円ドル相場となります。これらの諸国に対して日本は円建てで対外決済する比重は低いのです。相手国がドル圏諸国だからです。

〇六年三月末時点のIMF加盟国の外貨準備金に占める円の割合は三・四%にすぎず、日本の円建て輸出比率は低下しています。日本国内とアジア現地法人との企業内貿易でも最初からドル建てとする取引もあるくらいです。アジアで加工した製品は米国などのアジア圏外に再輸出される場合が多い。最終製品の輸出先が米国であるとすれば、そしてその輸出国が日本以外の東アジア諸国であれば、取引に選択される通貨は自然とドルに落ち着きます。

このため、日本が米国やドル圏に輸出する場合は主にドル建てになり、その輸出代金はドル建てになります。他方、日本が米国やドル圏諸国から輸入する場合はドル建て輸入になり、その輸入のためにはドル為替を調達しなくてはなりません。

■ 国際収支の項目の内訳

この為替取引が生じる主要な経路を明らかにするのが国際収支表です。国際収支統計は、一国のあらゆる対外取引を系統だって記録しているものです。この場合、日本側が居住者、相手側が非居住者となります。この場合の「居住者」は国籍に関わりなく本邦に居住する個人及び本邦に主たる事務所がある法人などの他、外国の法人の本邦にある支店、事務所をさします。それ以外が「非居住者」となります。この対外取引は**表1 国際収支統計の関係式**にも示されます（一七頁）。

ここでは、「経常収支」と「資本収支」の中身について説明します。

①経常収支　この関係式における「貿易収支」は財貨の輸出・輸入の額を示します。輸出は＋（プラス）で表記し、輸入は－（マイナス）で表記し、輸出入収支が黒字であれば＋（プラス）、赤字であれば－（マイナス）で表記します。＋（プラス）はお金の受取り、－（マイナス）はお金の支払と考えてください。輸出の場合は外国（非居住者）からお金を受け取り、輸入の場合はお金を支払うからです。

「サービス収支」は旅行・輸送などのサービス取引の国際間の受払を示し、「所得収支」は対外金融取引に伴う利子・配当などの受払を示します。「経常移転収支」は国際機関への分担金や贈与・寄付を計上する項目です。この項目も外国（非居住者）からお金を受け取る場合は＋（プラス）で表記し、お金を支払う場合は－（マイナス）で表記します。

表１　国際収支統計の関係式

①経常収支＝貿易収支＋サービス収支＋所得収支＋経常移転収支
②資本収支＝投資収支（直接投資＋証券投資＋その他投資）＋その他資本収支
③経常収支＋資本収支＋外貨準備増減＋誤差脱漏≡０
経常黒字＋（誤差脱漏）＝資本流出超＋外貨準備増加

（出典）日本銀行・国際収支統計研究会『入門・国際収支』東洋経済新報社，2000年，34頁，図表２－６より

②資本収支　「資本収支」は先の表によれば「『投資収支』（直接投資＋証券投資＋その他投資）＋その他資本収支」となっていますが、この「資本収支」は金融商品の輸出・輸入と考えてください。

例えば、日本人が米国国債を買ったとしたら、国際収支統計上は、日本が米国国債という金融商品を輸入したことになります。これは外国（非居住者）にお金を支払うことになるので、「投資収支」にある「証券投資」にはその分、－（マイナス）となります。逆に米国が日本の株式を購入すると、米国がお金を支払うので「証券投資」はその分、＋（プラス）となります。そして日本による金融商品の輸出入の収支が赤字であれば「資本収支」は（マイナス）、黒字であれば＋（プラス）になります。

③経常収支＋資本収支＋外貨準備増減＋誤差脱漏　経済学のテキストでは、資本収支と経常収支は相互に突き合わせると合計はゼロになると書かれています。例えば、次のような解説です。

「経常収支の黒字はその国の国内投資に対する貯蓄の超過を意味し、同額の資本純流出があることを表している。経常収支赤字は貯蓄不足を意味し、同額の資本純流入があったことを表している」（＜石崎＞一九二頁）。

これは日本のような経常収支黒字国が資本輸出によって経常収支黒字を相殺して両者を合わせた収支をゼロにし、米国のような大幅な経常収支赤字国は資本輸入によって経常収支赤字を埋め合わし両者を合わせた収支がゼロになるという話です。

図１　外国為替需給と国際収支の関係

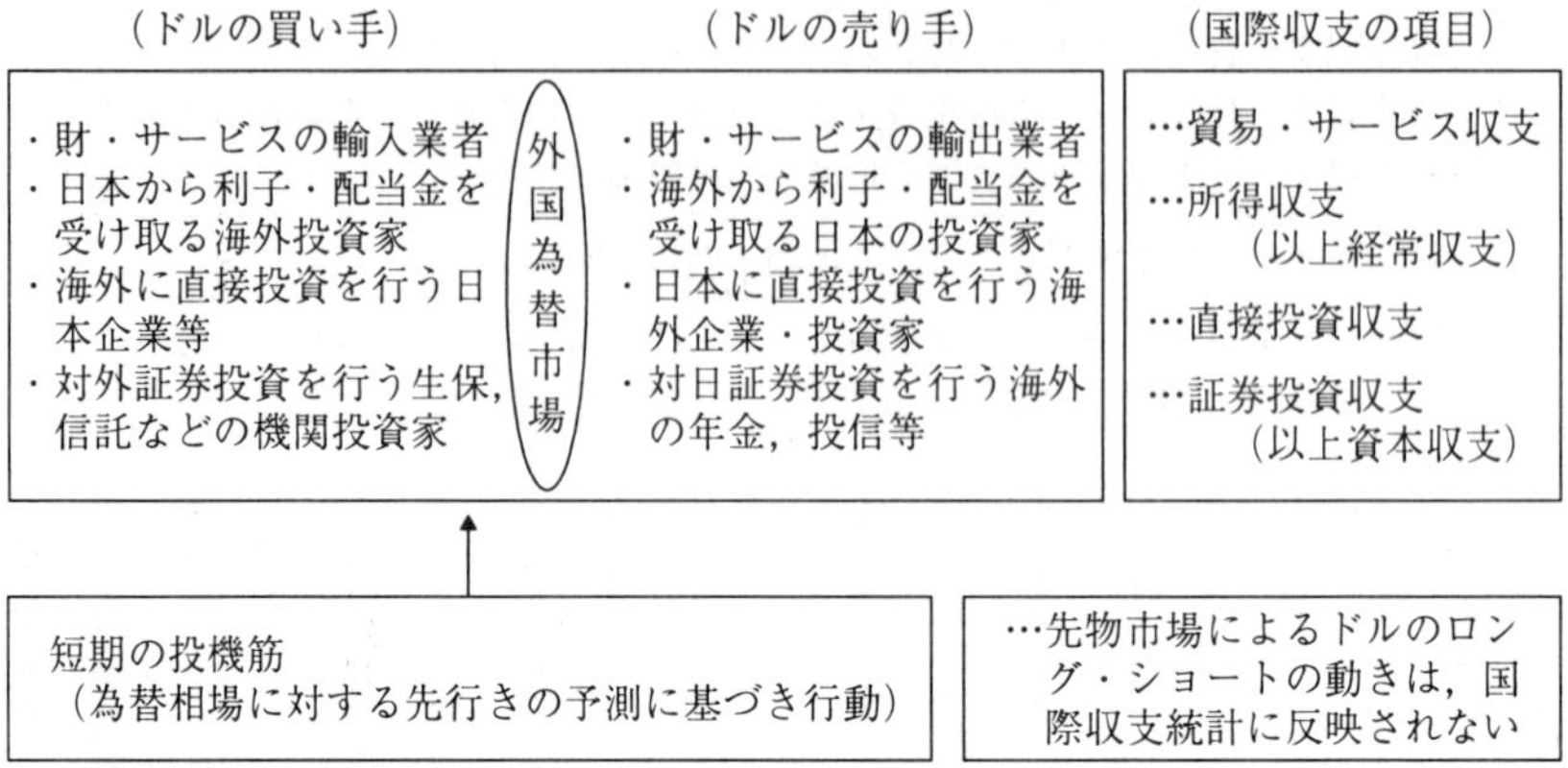

（出典）　日本銀行，前掲書，63頁，図表３－６より

表の例でみれば、**①経常収支が＋（プラス）であれば②資本収支の－（マイナス）で①、②は合わせてゼロ、逆に、①経常収支が－（マイナス）であれば②資本収支の＋（プラス）で①、②は合わせてゼロになるということです。**大まかに言えば、経常収支黒字は資本収支赤字で相殺されるのですが、実は国際収支統計の各項目の集計は膨大であり、時に表記漏れが生じます。だから①と②は必ずしも相殺しきれません。そのため、「誤差脱漏」で調整されます。しかしもう一つの重要な調整項目が「外貨準備増減」の動きです（これについては■円相場の乱高下を均す外国為替資金特別会計で改めて説明します）。

以右、表1の項目における＋（プラス）、－（マイナス）の説明は外国為替需給の動向と照らし合わせると、よりわかりやすくなります。**図１　外国為替需給と国際収支の関係**を参照してみてください。便宜上、この図で右側にある「国際収支の項目」の「貿易・サービス収支」は左側の（ドルの買い手）と（ドルの売り手）に分解できます。この場合、（ドルの売り手）は国際収支統計上、＋（プラス）になります。なぜなら外国からドルを受け取る項目だからです。したがって（ドルの買い手）は－（マイナス）です。外国から輸入するためにドルを買ってそれで支払うからです。

表1における「資本収支」も同様、（ドルの売り手）が＋（プラス）

になり、（ドルの買い手）が－（マイナス）になります。

要するに（ドルの売り手）が国際収支統計上、＋（プラス）扱いになり、（ドルの買い手）が－（マイナス）になるのです。言い換えれば、ドルというお金を受け取るのが＋（プラス）、支払うのが－（マイナス）ということです（詳細は∧日本銀行∨二四～二六頁）。

外国為替市場には、このとおり、ドルの買い手と売り手が登場します（図1）。貿易の関係で言えば財・サービスを輸出した日本人はドルを取得するのでこれを日本円に換える必要があります。だからドルを円に対して売ることになります。これによりドル売り・円買いとなります。貿易の関係で財・サービスを輸入した日本人は円を売ってドルを取得する必要があります。これによりドル買い・円売りになります。

外国為替市場ではこの財・サービス輸出（ドル売り・円買い）の要因と財・サービスの輸入（ドル買い・円売り）の要因がぶつかり合います。ドルで言えば、前者がドル売り（ドル供給）、後者がドル買い（ドル需要）になります。日本の貿易の輸出が輸入を超過するということは、ドル供給がドル需要を超過することになります。すると、ドル供給の方が多くなるのでドルは売られやすくなるということです。日本の対米貿易収支黒字が膨らむと円高（ドル安）になると予測報道されるのはこのためです。

しかし、先の図にもあるとおり、外国為替需給の要因は資本取引の要因が経常取引のそれよりも強くなっています。さらに資本取引に絡む投機、先物取引など必ずしも国際収支、外国為替市場の取引に反映されない取引も頻繁に行われていることに注意が必要です（これについては後述）。

特に資本移動の膨張がそれまでの経常収支の動向に代わって為替相場に大きな影響を及ぼすようになるのが一九八〇年代以降のことです。

図2　円ドル相場と日本の経常収支（昭和四八～五九年）を参照しましょう。昭和五四年までは、累積経常収支と円

図2　円ドル相場と日本の経常収支（1973年〜84年）

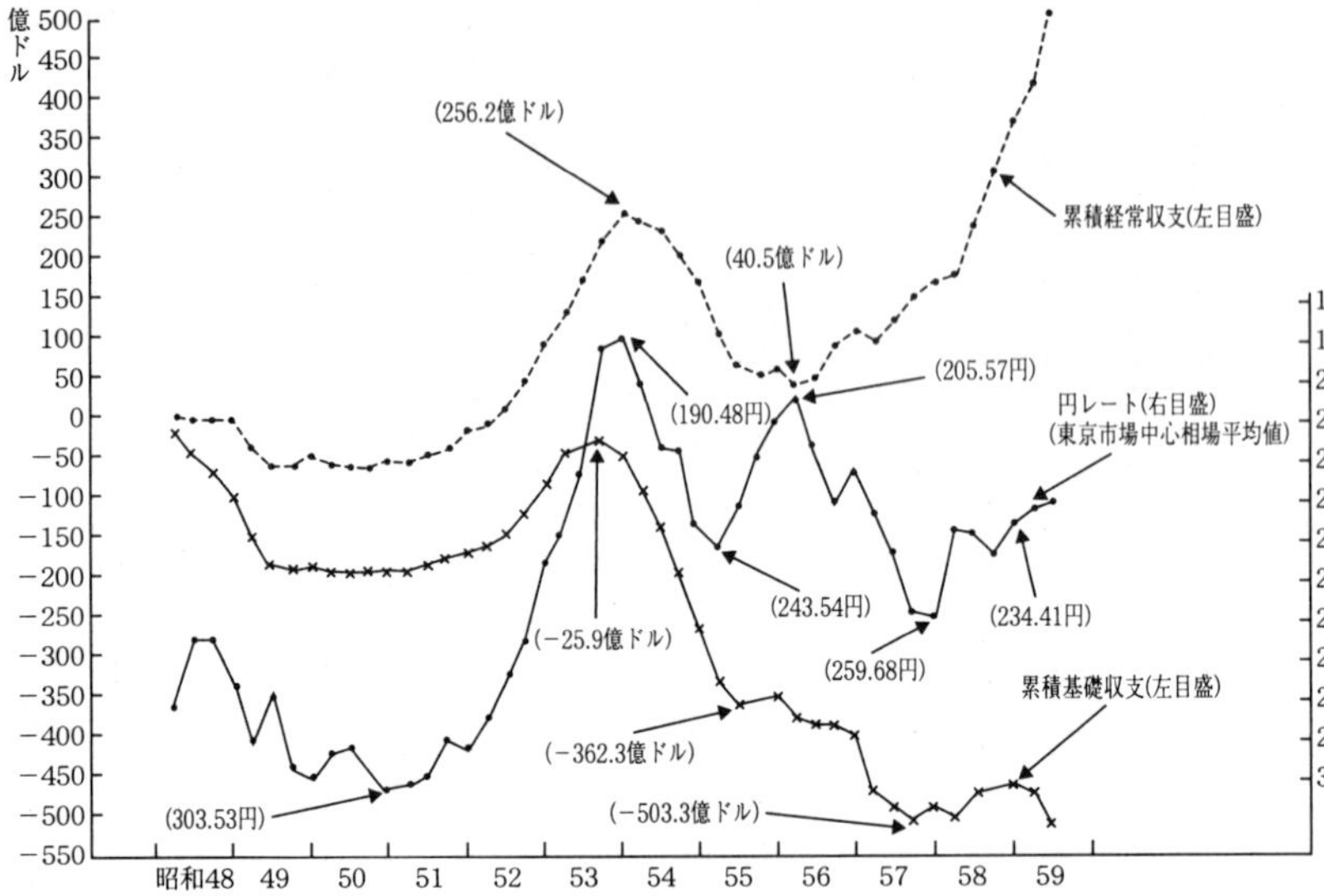

（出典）　藤田恒郎編著『東京外国為替市場』金融財政事情研究会，1987年，76頁，図4・1より

相場はほぼパラレルの動きになっていますが、昭和五五年以降は事情が異なっています。それは日本の為替管理が変化し、資本取引が自由化されたためです。遊休資金を日本国内ばかりでなく外国でも運用することができたのです。特にこの頃、米国はインフレ退治のために急激な金融引き締めを行い、財政赤字も手伝い、金利が急騰しています。しかも物価が下落し、インフレが収まればドルの購買力は上昇しますので、将来はドルが上がると予想されます。したがって上図に示されるとおり、日本は経常収支黒字が累積し続けているのにもかかわらず、円はドルに対して下がり続けたのです。日米金利格差が広がり、余剰資金を日本よりも米国で運用する方が有利だったからです。

　日米の金利差が五%、米国の方が高いとします。ドルの直物相場が一一〇円、ドルと円の金利差が短期（三か月とする）で五%、五年物の長期でも五%とします。余裕資金を日本で運用するのか、それとも米国で運用するのか、その判断は三か月先のドル相場次第です。ドル運用を図る場合の損益分岐点は三か月後の直物相場が一ドル＝一〇八円六二銭五厘の場合です。ドルが一円三七銭五厘、安くなる相場です。それ以上ドル安になるとドル投資は損となり、それ以内であれば対ドル投資は得します。

これを説明しましょう。まず、一円三七銭五厘の出し方です。一一〇円×五％×3/12＝一円三七銭五厘です。この式にある、五％とは米国の金利が日本のそれよりも年率五％高いということです。3/12は一年（一二か月）の内、三か月の運用になるからです。

では、五年の長期でドルを運用した場合、どうなるでしょう。円が二七円五〇銭も上昇して八二円五〇銭以上の円高にならない限り、米国へ投資した方が得です。

これを説明しましょう。二七円五〇銭の出し方は、一一〇円×五％×五＝二七円五〇銭です。この式にある、五％とは米国の金利が日本のそれよりも年率五％高いということです。後ろの五は五年の運用に対応しています。

要は運用先を日本にするか米国にするかの判断要因は日米金利格差と将来の為替相場の動向によって決まるということです。以右の例で言えば金利格差で得られる利益以上に為替差損が大きくなれば対米投資を控え、為替差損が金利差益以内であれば、対米投資が行われるということです。

もちろん、将来の為替相場の動向は神のみぞ知るという話です。その場合、将来ドルが下がって円の手取金が少なくなるのを恐れる人の中には将来のドル相場の動向にかかわらず、現在の時点で円投資収益を確保しようとする人も出てきます。ドルを先物で売るのです。その場合、現在の為替相場（直物相場）と将来の為替相場（先物相場）の開き（損）が金利格差（得）以内であれば先物でドルを売っておこうとする人もでてきます。円ドル相場の直物相場と先物相場の開きに対して日米金利格差を付き合わせた差額が日本の対米投資の決定要因になるのです。

またドルを借りて為替リスクを回避する方法もあります。対米輸出業者は三か月後に受け取る輸出ドル代金がドル相場の急落で円での受取分が減ると考える場合、三か月後に受け取るドルをあてにして、同じく三か月後になる日に返済する予定のドルを借り入れるのです。この借りたドルを米国で運用したり、円に換えて日本で運用できます。そしてこの借りたドルは三か月後に受け取る予定の輸出代金で返済します。するとドル債権はドル債務で相殺され、しかも米ドルや日本円での運用益を手にできます。もちろん借り入れたドル金利コストがかかりますが、急激な円高が発生した場合の為替リスクは回避できます。いずれにしろ、予想される為替差損と日米金利格差による借入コストが比較されるのです。

しかし、対米長期投資の場合、そのような面倒な手続きをしないでもよほど円高が進まない限り、為替先物取引をする必要はありません。将来、ドルが上がる、あるいはドルの下落がそれほどでない場合、先物ドル売りにより高いコストを払った意味はなくなります。もちろんドルが急落した場合、先物ドル売りしておけばよかったということにもなります。

ということはよほどの円高にならないかぎり、日米金利格差で米国の方が五%も高い場合、余剰資金を日本で運用するよりも米国で運用した方が得だということです。しかも一九八〇年代前半は先の図に示されるとおり、ドルは先高になっています。するとますます日本の資金はドル投資に向かいますのでドルは高くなります。このドル高は日本の輸出産業にとっては笑いが止まらないでしょう。輸出代金一ドル当たりの円の受取りが増えるからです。

この意味からすれば、一九八五年のプラザ合意以降における急激な円高はそれ以前の異常なドル高の調整だったという側面があったといえます。いずれにしろ、一九八〇年代前半、米国の金利は二桁に上がっていることもあり、ドルを買う日本の資金の動機は非常に強くなっていたのです。このように資本移動が為替相場の決定要因になることは結構多いのです（以右の式の計算では、実際には利息の複利計算、利息部分の換算相場は簡略化）。日本の対米債券長期投資がある限り結構収益は出せるのです。利息が為替差損を相殺しているのです。だから現在でも日本の年金基金や外貨準

図3　世界の経常収支の状況（2003年）

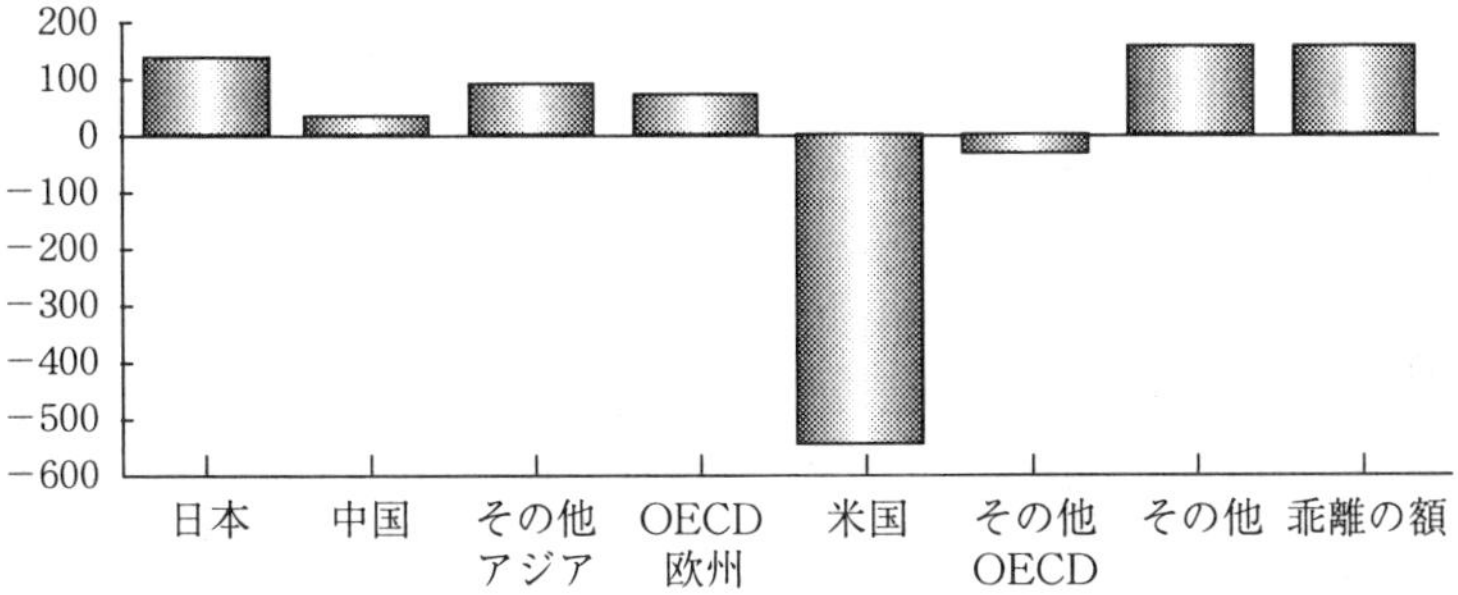

単位：10億ドル

（注）「その他アジア」は台湾，香港，インドネシア，韓国，マレーシア，シンガポール，タイ。

統計上の乖離は経常収支勘定における国際収支統計の誤差脱漏，あるいは黒字額と赤字額の過大，過少申告による。

さらには国際機関や，限られた数であるが，数か国が除外されていることによる。

（出典）OECD, *Economic Outlook* 2004/1, June. No. 75, p. 150, Figure V. 2

備が対米長期債券投資で大損をしたという話が出ないのです。

■ 世界の経常収支赤字総額と黒字総額が相殺しきれない事情

ところで、ここでは統計上、驚くべき事実を指摘しておきましょう。すでに引用したとおり、経済学のテキストでは資本収支と経常収支は相互に突き合わせると合計はゼロになると書かれています。これは経常収支黒字国は資本流出によって経常収支黒字と資本収支赤字を突き合わせるとゼロになり、米国のような大幅な経常収支赤字国も資本流入と経常収支赤字を突き合わせるとゼロになるという話です。

しかしながら、この説明は一国レベルでは妥当する面があるにしても、世界の国際収支統計を総計するとそうなりません。具体的に言えば、世界の経常収支黒字国総体が米国の経常収支赤字を埋め合わせることができないのです（図3　世界の経常収支の状況）。黒字、赤字が完全に相殺されるはずの世界の経常収支において、赤字が黒字を大きく上回る、「世界的不一致」（the〝global discrepancy〟）はますます広がっているのです。

これではドル供給要因がドル需要要因で相殺されなくなり、ドルは急落するはずです。ところが、もちろんそうなりません。世界の外国為替市場ではもっと大きなドルの需要供給の要因があります。財・サービス・所得収支の経常収支をはるかに上回る取引となっているのが資本取引であり投機取引です。短期の投機筋は為替相場の先行きを予測し、円高になると判断する場合は誰よりも早く円を手当てし（先物買い）、この円が上がったら売る。円安になると判断する場合は先物売りし、円が下がったら円を安く買い戻すのです。これは直接、国際収支勘定の項目に入りようがありません。国際収支の枠に収まらない資本取引、言い換えればオフバランス（簿外取引）の額がオンバランスの取引の額を圧倒しているのです。

先ほどの図で言えば、「対外証券投資を行う生保、信託などの機関投資家」が対米投資する額は非常に大きいのです。これは国際収支項目で言えば、「証券投資収支」であり、資本収支の動向が重要になります。外国為替市場では貿易取引よりも資本取引の額の方が圧倒的に多いのです。ですから日本は大幅な経常収支黒字国であり、この限りで言えば円高が続くはずですが、実は資本取引の方に引っ張られ、円安になることがしばしばなのです（図2参照）。

■ 国際収支表だけでは説明しきれない世界のドル需要

金融のグローバル化の時代です。世界の資本取引の額は経常取引の額をはるかに上回っています。資本取引の中心はもちろん米国金融機関であり、当然ドル建て取引が保持されるので、ここにも世界のドル需要が確保されます。かくして資本取引が経常取引の額を圧倒する限り、ドル買需要はドル売供給を凌駕するのです。世界の資本取引の基幹経路は英米の国際金融市場です。米国の通貨はもちろんドルです。英国は自国通貨のポンドをユーロに吸収させようとしません。世界最大の為替市場ロンドンを擁する英国がユーロに参加していないということは大きな意味があります。国際基軸通貨としてユーロが入り込む余地はないのです。世界の第三国間取引と世界の金融取引は主にドル建てです。これは石油取引を見ればわかるし、石油産出国の石油代金の大半がロンドン・ユーロダラー市場に吸収されているという現実をみればわかることです。

為替取引において資本取引によるものが経常取引によるものを圧倒していることは日本銀行による解説にも書かれています。また、先物市場によるドルのロング（買い持ち）、ショート（売り持ち）の動きは国際収支統計表には反映されていません。ロングはドルで言えば、ドルが将来上がると予想して、例えば三か月後にドルを買う契約をしている額（先物買い契約）がドルを売る契約（先物売り契約）よりも多いことです。ショートは例えば三か月後にドルを売る契約をしている額（先物売り契約）がドルを買う契約（先物買い契約）よりも多いことです。ドルのロングのポジションを取っている人は、実際に三か月のドル相場が自身の三か月後の買い契約よりも高い場合、契約を履行して得たドルを売れば儲けます。ドルのショートのポジションを取っている人は、実際に三か月のドル相場が自身の三か月後の売り契約よりも下がっている場合、その下がったドルを買って売り契約のドルを確保すればよいのです。安く買って高く売れるということです。高い場合、契約を履行して得たドルを売れば儲かります。

国際収支統計表はオンバランスの世界の話です。オフバランスの取引は反映されない。例えばヘッジファンドは先物取引で積極的にポジションを張る、あるいは急激に取り崩すことを頻繁に繰り返します。九八年秋のＬＴＣＭ破綻の後の急激な円高、あるいは九九年秋の急激な円高、さらには二〇〇七年夏の急激な円高は、いずれもヘッジファンドなどの投機家が先物取引にかかわった動きによるものであるとみられます。こういう局面で国際収支統計上の資金フローをみても為替相場の動向を把握できるはずがないのです。

ここでは、二〇〇七年夏のサブプライムローン問題で取りざたされた円キャリートレードを例に挙げてみましょう（円キャリートレードは第八章第Ｖ節で改めて説明します）。

普通外国人が円資金を調達する場合、外貨を売って円を買うはずですが、超低金利の円を借りてこれを日本株に投資する場合、そして値上がりした株を売却して得た円代金で借りた円を返済すれば、為替市場の取引は生じません。また日本側もドルなり円資産を担保としてドルを調達し、この運用したドルの収益でドルを返済する場合も、為替市場の取引はないのです。しかし、借りた円を高金利の外貨に投資する場合、円－ドル、ドル－当該外貨の取引が成立するので円安の要因になります。逆に円キャリートレードが解消されると円、ドル、当該外貨は逆の動きになります。

円を低金利で調達し、高い金利のドル資産に運用する円キャリートレードが行われることが多い場合、円が売られドルが買われるので、円相場は円安になります。経常収支の大幅な黒字の日本は円高になるはずですが、実際の円相場は経常取引でなく資本取引に主導されるため、円高でなく円安傾向になるのです。さらに、旧来の国際金融の教科書的解説とは逆のことが現実に進行します。普通、日本株が買われれば円が高くなる。外国人投資家は日本株を買う場合､手持ちのドルを円に換えて株式購入資金を手当するからです。しかし、外国人は何も為替市場で自国通貨を売って円を調達する必要はありません。特に円金利がドル金利に比べ非常に低い場合です。円を借りてそれを日本株に投資するのです。これでは円が高くなりようがありません。むしろ円キャリートレードが膨らみ円安になるのです。

しかも輸入、輸出業者によるドルと円の取引も国際収支には必ずしも反映されるわけでありません。為替相場が一方向に振れる、例えば、円高傾向が続くと市場の大半が読むとすると、輸出業者は集中的にドルヘッジ（ドル売り、円買い）に出るので、実際の輸出が行われたか否かにかかわりなく、ドル売りが膨らみ、ますます円高は加速されてしまいます。逆に市場の見方が円安方向に振れると輸出業者のドルヘッジは減退し、ドルをなかなか売ろうとせず、実際に輸入が行われるか否かに関わりなく、輸入業者によるドル手当て（ドル買い、円売り）が広まるので円安はさらに加速されます。実際の輸出入あるなしにかかわらず貿易業者の為替需要が発生するのです。ですからこのような貿易業者による為替手当ての動きは国際収支統計では把握できません。日銀によれば、ドル相場の需給は別のルートから情報収集が必要になるそうです。

とすると、基軸通貨ドルの需要を生む要因も国際収支統計以外のものからも追加説明する必要が出てきます。金融グローバル化した現代世界の場合、経常収支よりも資本収支が鍵を握ります。第三国間の取引における需要も見逃せないでしょう。その場合、一次産品、金融取引を念頭におけばよいでしょう。さらに言えば、世界の為替市場においては、オフバランスはオンバランスの取引の額を圧倒しています。金融グローバル化の深化した現在においては、為替相場の決定要因はかつての経常収支から資本収支の動向にシフトしているのです。

金融グローバル化の時代においてモノの取引を主因としてドル需給を語り、マネーの取引を補完要因としてしか語らない、旧来の経常収支赤字ファイナンス論では金融グローバル化の意味が見失われてしまうでしょう。

世界の投資銀行も為替相場の決定要因をすでに見直しつつあります。従来の場合、実効為替レートは貿易相手国との貿易額を加重平均して算出されていましたが、シティバンクは資本取引の比重を大きくするよう提唱しています。為替取引に占める資本取引の割合は全体の七割という現状を考慮したためです。

■円相場の乱高下を均す外国為替資金特別会計

ところで、国際収支統計の関係式において経常収支と資本収支の＋（プラス）、－（マイナス）は相互に相殺されても相殺しきれない部分が残ることがあると説明しておきました。「誤差脱漏」が大きくなるのはしばしばであることは指摘のとおりです。ここで問題とするのは「外貨準備増減」の項目です。図4　**外貨準備増減と国際収支の推移**を参照してください。二〇〇三年から二〇〇四年第2四半期にかけて外貨準備が急増しています。ここでマイナスなのは外貨準備を保有する財務省は国際収支統計上、外貨準備の主要をなす米国国債を買って（金融商品輸入）、米国へドルを支払っていることになるからです。

図４　外貨準備増減と国際収支の推移（2002年第１四半期～2006年第４四半期）

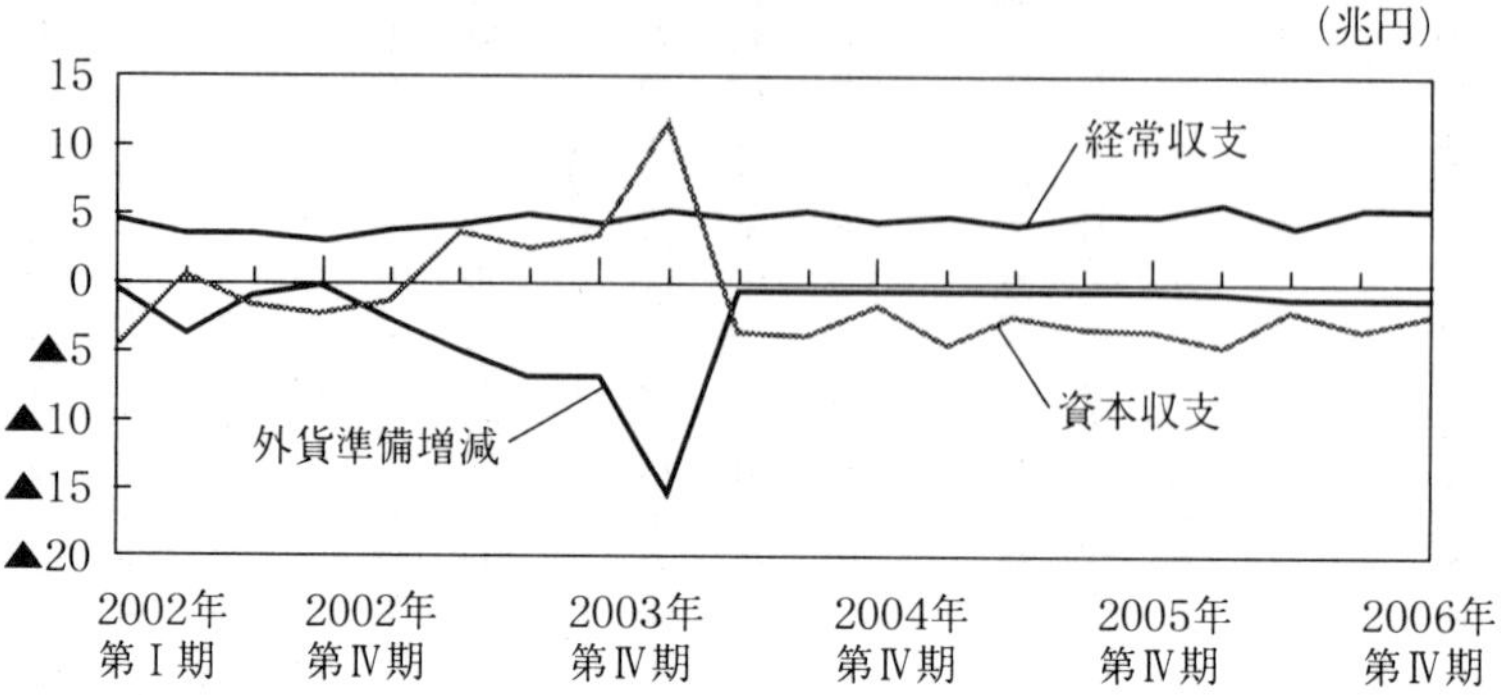

（出典）　日本銀行国際局『国際収支統計季報』2007年10－12月より。

その時期、日本は景気回復途上にありましたが、他方で経済のファンダメンタルから乖離した形で円高が進行する気配があり、景気回復を主導する輸出産業にとって円高は好ましくないと判断した財務省は大規模に為替市場に介入しました。経常収支の黒字は急増していないのに円高になる傾向にあったのは日本の株価回復を期待して外国から投資資金が流入していたためであります。それは資本収支がその時期、＋（プラス）になっていることにも示されます。差し引きすると外国が日本株を買っているのですから日本側はマネーを受け取る。だから＋（プラス）になるのです。ただ資本収支の＋（プラス）が膨らんだのはそれだけではありません。財務省が大規模なドル買い操作（主な運用先は米国国債）をする結果、売り手側の外為銀行が外国からドルを借りてきたことも一因だったようです。

本来、経常収支の黒字の日本は資本収支は赤字のはずですが、この図では黒字になっています。しかし、外国為替準備は増加しています。とはいえ、この増加は国家財政による資本輸出（資本収支赤字項目）の増加を意味しますので、図の資本収支と外貨準備増減を合わせると経常収支黒字が相殺されることになります。なおこの図では二〇〇四年以降、外貨準備の増加の幅が急減しているのは財務省がドル買い操作を止めたためです。以後増加分はそれまでに購入していた外貨の米国国債の利子分を受け取っているものに限られるようになったのです。

話が前後してしまいますが、ここで外貨準備が増減する意味を確認したいと思います。外貨準備を保有するのは外国為替資金特別会計です。これは昭和二六年に外国為替特別資金会計法に基づいて設立されました。財務省（当時は大蔵省）の資金ですが、実際の運用は日本銀行が財務大臣の代理人として運営しています。

為替相場の変動が日本経済に悪影響を与えると判断する場合、為替相場の変動を均し為替市場の秩序を維持するために外国為替資金特別会計が市場に介入する。これを一般に平衡操作と呼びます。この平衡操作を行う機関は固定相場制度の時代の昭和三八年四月から始まりました。当時は三六〇円の上下〇・七五％の範囲内におさめることを目的としていました。

ところが、一九六〇年代後半以降、「ドル危機」が本格化します。ドルとその他の先進諸国通貨の一大調整が不可避になっていたのです。円高恐怖症候群の日本の通貨当局は日本が対米輸出増加などでドル売り、円買いの傾向が強くなっても一ドル＝三六〇円でドルを無限に買い支えようとしますが、そのままでは外国為替資金特別会計におけるドル買いのための円資金は枯渇します。そこで旧大蔵省は短期国債を発行して金融市場から円を吸い上げ、ドル買いの円資金を調達するのですが、これにも限界があります。同様の操作をしている西欧諸国の中央銀行は買い上げて余っていたドルを米国へ金交換請求します。この請求に応じられる限りで、ドルと欧州通貨は固定相場の関係が維持されますが、実際は米国は金兌換に応じられる金準備が不足するようになり、一九七一年八月一五日ドルの金交換停止に至りました。

これで外国為替資金特別会計の役目が終わったわけでありません。一九七三年一二月以降、変動相場制度に移行した後は、為替相場の乱高下を均すスムーズイング・オペレーションを目的にしています。特に円高が急激になり輸出産業が打撃を受けると判断した場合、大規模なドル買い操作を実施します。

図5　円相場の乱高下を均す外国為替平衡操作

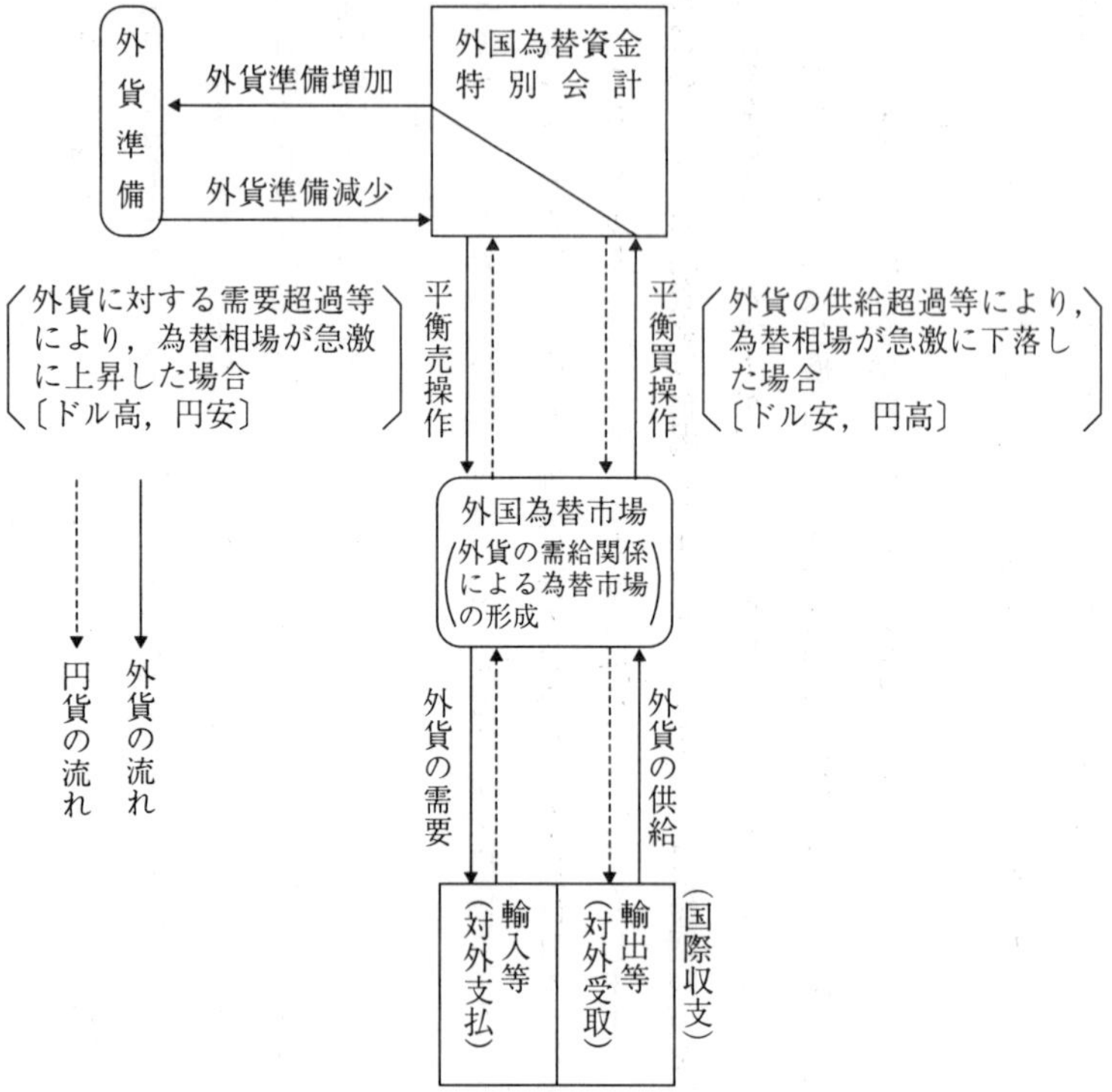

（出典）　大蔵省国際金融局総務課長編『図説・国際金融』財経詳報社，1982年（改版），79頁

これを**図5　円相場の乱高下を均す外国為替平衡操作**で説明します。同図の下にある（国際収支）の枠を参照ください。輸出が輸入を超過する、あるいは資本の流入が流出を上回る場合、対外受取が増えます。するとドルなどの外貨が外国為替市場に供給されます。要するに外貨が売られ円が買われるということです。そうなると円高、ドル安になります。円高が急激に進むのが景気によくないと通貨当局が判断すると外国為替資金特別会計はドル平衡買い操作に出ます。ドルを買って円を売り円高を抑えるのです。この結果、同会計にはドル為替が流入します。日本の外貨準備が増大したとよく報道されるのはこのドル買い・円売り操作の結果のものです。逆に石油危機など

で石油輸入代金が膨張し、円安が進み輸入価格が上昇し物価がインフレになる場合、同会計はドル売り・円買いで円安傾向を抑えます。

この外貨準備が増大することは問題があるという意見もあります。円高が進むと保有するドル為替差損が生じるというのです。またドル買い介入に必要な円資金は政府が外国為替資金証券（外為証券）を発行して行われますので、その分税負担が増えるという議論もあります。ドル売り介入が行われればこの外為証券は償還されます。このように外為証券は一種の国債です。一年以内の償還が義務づけられていますが、ドル買い介入が多いため、毎年借り換えられ、その結果、その額は一〇〇兆円にも達しています。この外為証券はかつては日本銀行が公定歩合を下回る金利で発行し、大部分を日本銀行が購入していましたが、一九九九年以降は原則として市場で公募入札で売却されており民間の金融機関が保有しています。この意味で言えば、外為証券は民間からの借金で外貨を購入していることになります。そして、この保有外貨には為替リスクがあります。それでこの外貨準備は過大であるという議論が最近頻出しています。

しかしいつも円高になるのでしょうか？石油危機や米国とそれに敵対する勢力の抗争が激化した場合どうなるのでしょう。日本は石油危機のような事態のことも想起しないといけません。世界の一次産品はほとんどがドル建てです。これが価格高騰するとどうなるのか？　そういう点も考慮が必要でしょう。この低金利の中、民間資金も日米金利格差もあり、対米債券投資が盛んです。為替リスクを相殺する収益が期待できるからです。実際、対米長期投資は止む気配がありません。為替リスクが本当に深刻であるとすればそのような投資を民間がするはずがないでしょう。

Ⅲ　金本位制と固定相場制の関係

■金本位制の仕組み——為替相場が固定される事情

金本位制の時代、金は貨幣であり商品でした。現在は金が「貨幣」として使用されることはありません。その代わり、金は「商品」の側面が押し出されており、インフレが進行し貨幣価値の減価の不安が強くなると、金の価格は上昇する傾向があります。

金本位の場合、中央銀行が発行する中央銀行券は支払要求次第、金に交換されます。これを金兌換と言います。一九一四年以前、世界の多くの交易国は金本位制でした。第一次世界大戦以前の国際通貨制度が金本位制と呼ばれる理由がここにあります。

第一次大戦勃発以前の国際金本位制を主導していた英国の場合、法制面で、金の一定量、例えば一二分の一一金の一トロイオンスを三ポンド一七シリング一〇ペンス半とされます。金の度量標準を定め、金貨の自由鋳造・溶解を認め、かつ金貨を無制限法貨とする制度になっていました。中央銀行のイングランド銀行券を保有する人は英国居住者であろうと非居住者であろうと、この銀行券をイングランド銀行に提示すれば、いつでも金貨に交換できるのです。また、金をイングランド銀行に持ち込めば、いつでもイングランド銀行券に交換できます。これにより、英国の場合、金は固定価格で自由に輸出入でき、中央銀行券の金貨兌換ができるのです。

金貨は国内で広汎に利用され、銀行券は支払請求次第、金に兌換されていました。金本位制をとる各国は金の自由な輸出入を許容しました。その結果、各国通貨は金で図った価値を固定維持することができました。それらの通貨の価値は金で固定されていたのです。

すでにみた為替市場の仕組みの場合、為替相場は貿易取引、資本取引などから発生する種々の為替の需給関係で変動しますが、金本位制の場合、金兌換という一種の錨により、為替相場の変動幅は非常に限定されます。固定為替相場の典型が金本位制であると考えてもよいでしょう。

ではどうして金本位制の場合、為替相場が実質、固定されるのか、その簡単な原理を説明しておきます。金本位制では、金含有量が同等になる交換比率（金平価）を基準として安定的な為替相場体系が生まれます。為替相場は需給関係（各国の国際収支の動向）に応じて変動しますが、金の輸出入と兌換が保証されていれば、為替相場の変動は金輸出点と金輸入点の枠内に収まるのです。

便宜上、米国の金公定価格を一オンス＝三五ドルとします。三五ドルの中央銀行券を中央銀行に提示すれば金一オンスが手に入るということです。他方、英国は金公定価格を一ポンド＝三／三五金オンスとします。この両通貨の金価値から、一ポンド＝三ドルの相場が打ち出されます。両国が国際決済する際に要する一ポンド分の金（三／三五オンス）の輸送コストは三セントとします。英国に一ポンドを支払う必要のある米国人は一ポンドを手に入れるために金を三ドルで買い、この輸送コストを払って金を英国に輸送すれば合計三・〇三ドルで一ポンドを取得できます。三／三五オンスの金は米国では三ドルなのに対し、英国では一ポンドになるからです。

先に示していたように米国人は一般に金を英国へ送って一ポンドを手にしようとしません。三ドル払えば一ポンドの為替を手にできるからです。しかし、英国への支払要求が英国からの受取りを大幅に超過した場合、ポンド為替の需要は増し、ポンド為替は高くなります。この限り、ポンド為替相場は一ポンド＝三ドルをはるかに超えてしまうでしょう。しかし、実際には、米国人は三・〇三ドル以上を支払ってポンド為替を買おうとはしません。その代わり、金を手に入れ英国へ送ります。このためにポンド為替の上昇が限定されます。

なぜなら、三／三五オンスの金を英国におくり、それで一ポンドを取得するコストは三・〇三ドル以上にならないからです。この三・〇三ドルは英国にとって金輸入点になります。これ以上、ポンドはドルに対して上昇しないのです。

逆に英国による米国への支払が米国からの受取りを大幅に超過した場合は、米国へ送金する必要からドル為替の需要が増し、ドル為替が高くなります。この限り、ドル相場の上昇、ポンド相場の下落になりますが、英国人は二・九七ドル以下ではポンドを売ろうとはしないでしょう。なぜなら、一ポンドをイングランド銀行に提示して三/三五オンス分の金を手に入れ、三セントの金輸送費のコストをかけて輸送し、これを米国で売れば、差し引き二・九七ドルを手に入れられるからです。この二・九七ドルは英国にとって金輸出点になります。ポンドはこれ以上、ドルに対して下がらない点です。

こうして三ドルを中心としてポンドは上限値三・〇三ドルと下限値二・九七ドルの枠内でしか相場が動きません。このためには英国と米国の通貨当局が中央銀行券を支払要求次第、金と交換できることが絶対条件になります。金は国際金本位制における共通の尺度になっているからです。金本位制を採用している通貨は相互に固定為替相場制度になるというのはこのためです。そして為替相場が固定安定していることは、国際貿易・金融取引に従事するものにとってはかなり有利なことです。

とはいえ、この固定相場維持は静態的なものではありません。金兌換にいつでも応じることのできる金準備が欠かせません。このためには景気循環という荒波の洗礼を受けます。自国の為替相場が下落する国からは金が外国へ送られ、金準備が減少するので、これを景気循環を通じて是正しなくてはなりません。

■金本位制と景気循環

やや図式的になりますが、これを英国の例で説明してみましょう。低金利―好況が進行すると国内信用は膨張します。景気上昇により需給関係は逼迫し、物価は全般に騰貴します。その結果、英国の貿易収支は悪化します。内需拡大で輸入が増大し、生産物も輸出に回されるよりも、国内に吸収されるからです。こうして、生産、雇用の増大、物価と賃金の高騰、信用の加速度的膨張が生じ、貿易収支などの経常収支は悪化します。他方、英国国内では低金利が続くため、海外に対する貸出需要が増加し、海外からの借り入れ需要も減少するので資本収支も悪化します。

このためポンド為替相場は下落しますが、この時期、産業界と金融界は大量の信用を必要としています。中央銀行はこれに応じなくてはなりませんが、信用拡張の元になる金準備は減少しています。ポンド為替が下落しているため外国への資金需要は外国為替購入でなく、金現送で対応しなくてはならず、イングランド銀行という中央銀行からは金準備が減少するのです。金本位制においては、中央銀行券は無条件に金兌換に応じる必要があります。金の対外流出があるので、金兌換を維持するためにイングランド銀行は急激に信用を引き締めて金準備を補強しなければなりません。しかし、物価が上昇しているのに金生産は抑制されています。物価が全般に上昇しているのに金は公定価格で不変だからです。さらに景気の上昇時期には民間の現金通貨（金貨幣）の流通必要量が増大します。いずれにせよ中央銀行のイングランド銀行の金準備は急減しますので、信用引き締めをするために中央銀行の貸出金利（公定歩合）は引き上げられます。

民間の信用需要が一番高まっている時に、信用が引き締められるのです。これが発端となり、貨幣恐慌（現金という流動性確保の困難）が生じ、信用で維持されていた高価格の取引は清算を強いられ、在庫投げ売り、物価下落、倒産、生産減退、失業という、いわゆる恐慌が勃発します。労賃の下落、過剰設備の整理で恐慌から不況に転じますが、国際収支は改善します。公定歩合が引き上げられているので海外から短期資本を引き付けることができるし、国内の不況、物価低迷で輸入は抑制され、その一方では低物価により輸出が有利になるからです。こうして為替相場が好転し、英国へ金が流入します。また、物価が全般的に下落している時でも、公定価格で決まっている金価格は下落しないので、金生産部門は金生産が有利となり、金供給は増大します。これが不況の底入れになります。中央銀行の金準備が回復するからです。もちろん景気の好転は過剰設備の破壊と技術革新の普及が不可欠です。シュムペーターのいわゆる、創造的破壊です。

以上を図式化すると、輸入増加、輸出減少↓国際収支悪化、ポンド相場が下落し金輸出点を割る↓金流出↓国内信用膨張が急激に収縮↓国内物価下落・内需縮小・輸入減少、輸出拡張↓ポンド為替相場が上昇して金輸入点に到達↓金流入↓国内信用拡張の素地の形成ということになります。金本位制の国の国際収支が悪化する場合、デフレ的調整が必要になるというのはこのためです。

実際の国際金本位制の仕組みは金利、金送金費用の複雑な計算があり、込み入っていますが、基本構造は以右のとおりに簡略的に理解して差し支えないでしょう。しかし、金本位制は第一次大戦で混乱に陥ります。すべての交戦国がインフレ的金融に頼ったからです。銀行原理によらない信用貨幣を発行したためです。金貨も流通しなくなります。これは国際取引のための金準備を最大化するためです。金の用途を国内でなく対外決済に絞るためです。為替相場も固定されず変動します。こうして第一次大戦勃発で国際金本位制は崩壊しました。

■ 再建金本位制と戦前の金本位制の比較

国際金本位制が再建されるのは一九二〇年代半ばのことです。英国が一九二五年五月、旧平価の金一オンス三ポンド一七シリング一〇・五ペンスで金本位に復帰しますが、これは戦前の金本位制と大きく異なっていました。戦前の場合、金貨本位制であり、金貨の鋳造と溶解、輸出入、兌換があり、金貨は国内流通で流通していました。再建金本位制の場合、金地金（金核）本位制となります。金貨の流通や兌換、鋳造を停止し、地金による兌換（金四〇〇オンス以上）と輸出を認める制度に変わります。金の機能を国内流通手段にすることを止め、もっぱら為替相場固定のための対外決済に限定させるためです。そして英国と金本位制の関係を結ぶ諸国は金為替本位制をとります。地金の輸出や兌換を停止して、金に兌換できる外国の通貨（金為替）と自国通貨の固定比率での交換を無制限に認める制度にしたのです。

これら三つの制度の特長については様々な説がありますが、要は金貨流通の有無がポイントになります。

■ 第二次大戦後のＩＭＦ体制（固定相場制）の意味——金本位制との違い

では戦後の固定為替相場はこの金本位制とどう違うのでしょう。金が貨幣であることを止めている点で大きな違いがあります。この点は金為替本位制と同じ性格です。だから戦後の固定相場制度をドル金為替本位制と呼ぶこともできます。いわゆるＩＭＦ体制（固定相場制）の場合、米国のドルだけが、金一オンス＝三五ドルで外国通貨当局にドルの金兌換を実行できる地位にありました。そして、各国通貨はこの金為替ドルに対し、例えば日本の場合、一ドル＝三六〇円で固定相場の関係を結びます。もちろん日本円は金兌換はできません。各国通貨はドルに対し上下、一定の狭い幅を超えないよう、自国通貨の固定価値を維持するのです。これを為替平衡操作といいます。

この点をもってドルの特権的役割が強調されてきましたが、ドルはそれなりに大きな責務を有していたのです。具体的に言えば、ドルがどの通貨に対しても自由に固定相場で交換に応じることのできる経済力を米国は備えていなければならないのです。いわゆるＩＭＦ八条国ですが、西欧諸国がこの地位になれたのは一九六一年二月のことであり、日本の場合は六四年四月のことです。多くの先進諸国はＩＭＦ八条国にもなれない状態が戦後長く続いていたのです。ドルの金交換性という特権以前に通貨交換性がなかったのがその他の先進諸国の通貨だったのです。

では、金はどういう役割を果たしていたのでしょう。米国の通貨の威信を無条件に国際社会に認めさせるには金兌換というのが最高の武器だったのです。しかし、実際の米国ドルの強力さは対外通貨交換性に制限がなかったという点にあります。

これは、固定相場制が崩壊する一九七一年夏のニクソン・ショック以降の事態にも当てはまります。たしかにこれでドルは金兌換を停止しましたが、ドルの国際的地位は実際には落ちていません。むしろ米国経済はグローバル化を推進しており、現在もドルの圧倒的な地位は揺るぎません。ドルの国際的信認は金交換性の有無でなく、世界的通用力にあるからです。

■ 金兌換をなくしても基軸通貨ドルは紙くずにならない

巷の学者はこの点を理解していない人が多いようです。ドルの対外兌換がなくなると米国は国際収支赤字是正の節度を失い、ますますドルを世界に過剰に垂れ流すというのです。米国の国際収支赤字はドルの無制限な印刷でまかなえると解説する人が多いようです。ある著名な毎日新聞エコノミスト賞の学者によれば、「米ドルは輸出で稼がなくとも、ＦＲＢ（米連邦準備制度）の政策次第でいくらでも印刷できる」そうです（『エコノミスト』二〇〇七年一〇月八日号、五一頁）。これが「基軸通貨の特権」といわれる説です。

しかし、はたしてそうなのでしょうか？　ＦＲＢがドルをいくらでも印刷できるというのであればサブプライムローン問題で資金繰りが悪化した金融機関にドルを追加印刷して供給すればよいでしょう。もちろんこんなとんでもないことをＦＲＢがするはずもありません。

ニクソン声明を経て、ＩＭＦ体制の崩壊－変動相場制となり、変動相場制は現在常態化しています。しかし、その間、米国はインフレなき高成長を遂げています。国内的にドルの購買力は疑問視されていません。対外的には経常収支赤字を累積しても米国が債務不履行になるという話は実は聞いたことがないのです。

■ 金本位制と金準備の関係

ここで金本位制における金準備の意味を再考してみましょう。金本位制の場合、国内で金貨が流通する必然性はありません。もちろん金本位制は実質上、固定相場制ですので、対外的に金兌換が保持されなくてはなりません。国内、対外面で金兌換があるのが第一次大戦以前の国際金本位制です。対外面で金兌換が維持されていたのが両大戦間の再建金本位制です。再建金本位制が停止されると変動相場制になりますが、変動相場といっても、基軸通貨は対外価値を安定させる必要があり、そのためには外国の通貨、あるいは金準備が必要でした。外貨、金準備で自国通貨価値を安定させるためです。外貨を売って自国通貨を支えます。また金を売って外貨を手に入れ、その外貨を売って自国通貨を支えるのです。一国の通貨の対外価値を保持するために金・外貨準備が必要とされたのです。

しかし、第二次大戦以降のドル金為替本位制の場合、厳密に言えば、対外的金兌換はありません。なぜなら金兌換は外国の通貨当局にだけ認められ、民間には認められていないからです。しかし、ドルの公的対外価値を固定保持するために、米国は豊富な金準備が必要でした。

以上をまとめてみましょう。金本位制下の通貨信認は国内の金貨兌換がなくてもよい。対外的に金兌換さえ保持できれば国内の金貨流通が絶対に不可欠であるということにならないのです。実際、金本位制においても、銀行券の発行は金準備増減に従って変動していたわけではないのです。いずれにせよ金準備は自国通貨の対外固定価値を維持するのに必要だったのです。だから金兌換と固定相場制は不可分の関係にあったのです。

第二章　戦後の国際通貨体制の礎となるはずのブレトンウッズ協議の内実

Ⅰ　一九三〇年代のブロック経済における米国の役割

■ 実は「近隣窮乏化」政策を主導していた米国

一九三〇年代の世界経済を「近隣窮乏化」政策の時代とする見方が一般的だったようです。外国に輸出をしまくり、外国からの輸入を抑制して自国の景気だけがよければよいという政策のことです。これにより自由貿易経済は崩壊し、ブロック経済が跋扈したというわけです。

ところが、英米の対外通貨政策に照らしてみると、このような説明は再考の余地が大きいようです。ここで一つ、意外な例を出してみましょう。一九三〇年代、自由為替の国で自国通貨を意図的に切り下げた国は米国だけなのです。英仏のポンド、フランの場合、国際収支危機から切下げに追い込まれましたが、米国の場合、貿易収支は大幅な黒字なのに対外貸付を実質的に停止し、また高率関税を導入しています。さらに当時のルーズベルト大統領は一九三三年、自国が大幅な国際収支黒字基調であるにもかかわらず、ドルを切り下げてしまったのです。

一九三〇年代は競争的為替切下げの時代と言われることが多いのですが、それを先導した国はどこでしょう？　一般にドイツ、日本など旧枢軸国と解説されています。たしかにそのとおりでしょう。しかし国際収支が黒字なのに自国通貨を切り下げた有力国は米国だけです。すると、「近隣窮乏化」の代表はドイツのナチスばかりでなく、米国もそうであると解説しても差し支えないわけです。

第二次大戦終了の直前に書かれた国際通貨研究の名著の主、ヌルクセはその点を明記しています（『国際通貨』。なお、その第六章、「為替安定基金」の叙述はブラウンによる）。一九三〇年代のドル切下げを契機に設立されたアメリカの為替安定基金の狙いは、他国通貨の切下げに対抗することであり、「その主要目的は報復にあった」（〈Nurkse〉二二〇頁）、そして「他国通貨で図ったドル価値の騰貴を阻止するための手段として設立された」（同、二二一頁）としています。国際収支赤字に悩む英国のそれが一般的趨勢に逆らわないようにポンド相場の変動を均す目的にあったことと比較すると、米国の行為は実に対照的です。このように、米国が為替切下げ競争を主導したという見解はヌルクセ、ブラウン、ドラモンドなど、世界的な国際金融研究の泰斗の主張するところなのです。

■ 固定相場制度が世界経済成長の必要条件であるわけでない

たしかに貿易の回復なしには経済的繁栄はあり得ない。貿易障壁や為替統制が存在する世界では貿易は回復できない。そして、一九三〇年代の通貨問題の解決なくしては輸入割当、関税、及び為替管理は取り除けないと広く信じられていました。

しかし、為替相場が固定されていないから貿易と投資の発展が遅れるというわけではないのです。例えば、一九七〇年代以降の変動相場制においても、世界経済は貿易、投資も急増し続けています。こうしてみると、「一九三〇年代の教訓」に関し原因と結果は取り違えられているようです。問題は自由貿易が維持されるか否かにあります。保護主義の動きを抑制する限り、世界貿易が縮小することはないのです。変動相場制への移行の後こそ、世界経済の拡大が進んでいます。保護主義が抑制され、自由貿易が保持されているからでしょう。もちろん変動相場制になっても為替相場が急激に変動し続けることは世界経済の成長にとってマイナスです。

これに関し、ヌルクセは為替相場の安定と固定制を厳格に同一視することを戒めています。為替相場の安定は国際間の経済交流促進のためにも、国内経済の安全のためにも不可欠でしょうが、いかなる犠牲を払っても為替相場を永久に固定しなければならないということにならない。これがヌルクセの主張です。各国の価格水準と為替相場との間に慢性的、構造的な不均衡があれば、それを是正するために為替相場の変更も認められるべきである。もちろん、国際収支の黒字を増やすために、攻勢的に為替を切り下げるのは不当だというのです。

Ⅱ　戦後通貨体制の構想におけるケインズの思考変遷

■ケインズ封鎖体系理論に影を落とすナチスの経済政策

周知のとおり、ケインズの『雇用、利子、貨幣の一般理論』（一九三六年）は「封鎖体系下の経済」になっています。不況が海外から「輸入される」場合に生じる問題は特に配慮されていません。ケインズ的な雇用政策から派生する、「国際的側面の複雑」なことは『一般理論』では取り扱われていないのです。このような認識も作用していたのでしょう、戦後通貨体制の構築を協議するブレトンウッズ協議（一九四四年夏、米国のニューハンプシャー州）においてケインズは国際資本移動を強く制限する方策を設けました（ＩＭＦ協定第六条）。

ところで、『一般理論』が公刊された一九三六年当時、英国は自由為替体制です。保護関税網がしかれていても、開放体系を維持しています。にもかかわらず、ケインズの『一般理論』は封鎖体系になっています。

なぜでしょう？これはナチス・ヒトラーの為替管理による封鎖体系をケインズが強く意識していたためなのです。『一般理論』が公刊される以前にすでに封鎖体系を実施していたのがドイツです。外国から輸入をするための外国為替が絶対的に不足していたためです。ナチス政権下の経済大臣シャハトは後のケインズの清算同盟案のヒントとなる政策を実施していました（一九三四年九月から始まる「新計画」）。欧州、ラテン・アメリカの二四か国と双務清算協定を結び、固定為替相場で相手国と貿易が均衡するようにしていました。ドイツの貿易相手国はドイツから買った分だけしか輸出できない。外国為替なしに対外貿易を実施するためなのです。まさに双務取引そのものです。実際、一九三八年までにドイツ貿易の約五〇％は双務清算で行われていました。

ケインズが、このナチス・シャハト主義に注目したのは、対外取引に外国為替が不要になるからです。これは後述する、ケインズの清算同盟構想に通じるのです。当時、ドイツはドナウ諸国への主要な供給国として、「安く買い高く売る」立場にあり、これを利用し始めたと広く信じられていましたが、実際には市場価格よりも高く買い、安く売っていたのです。再軍備に要する物資をできる限り多く買い、できる限り少なく売るためです。

そして、このような為替政策を第二次大戦中に実施したのが英国です。戦争遂行に必要な物資調達のため、英国は大英帝国圏を中心とするスターリング圏諸国からできる限り多く買い、できる限り少なく売っていたのです。では、ナチスのシャハト主義とどう違うのでしょう。それは平時に実施されるか否かにかかります。ケインズは条件付き「シャハト主義」者なのです。ナチスの場合は大砲の取引、ケインズの場合はバターの取引です。大砲がバターに化ければ、「シャハト主義」は善玉に転じるのです。

英国自身も、戦争を戦うために、「シャハト主義」を採用したのです。シャハト主義的な経済圏域の場合、域内では多角的決済の固定為替相場制のもとで労働力が「合理的に配分」され、域外には双務的協定で臨むので、米国への輸出は米国からの輸入と均衡させます。この場合、金はもはや決済手段として機能しないので、圏内は国際金本位制のデフレ的要因から隔離されるわけです。金本位制のデフレ作用を批判していたケインズは、当然ながらこの決済制度に注目します。

■ケインズ清算同盟案の二面性

ブレトンウッズ協議に至る戦後通貨構想においては、周知のとおり、英国のケインズの清算同盟案と米国のホワイト案の安定基金案が有名です。ホワイト案は各国の資金拠出をもとにしており、国際収支赤字になった国は拠出した額に応じて基金から外国通貨を引き出す仕組みになっています。ケインズ案の場合、巨額の当座貸越枠があり、国際収支赤字国はかなり自由にその枠を使えます。このため、ケインズ案は信用創造機能を備えた国際的決済機構、ホワイト案は信用創造の決済機能のない基金拠出制度として解説されるのが一般的です。

しかし、後で詳しく紹介するとおり、ケインズ清算同盟案は実際には一方的黒字国の米国の負担で赤字国が輸入をやりくりする仕組みにすぎません。従来、両案を解題する場合、ケインズがシャハト主義に傾倒していた点が見過ごされがちでした。今回はこの点を補強した説明を加えておきます。

ケインズ案において注目すべき点は、ドイツ側が一〇年間以上も実施していること、すなわち、国民経済政策が対外通貨政策よりも優先し、自国通貨の〝対外〟価値は〝対内〟価値に従属すべきであることを強調した点にあります。これは国内雇用政策を優先するために、対外事情に制約されることなく自国通貨を切り下げたり、為替制限をしてもよいと考えていたためです。一方、ホワイト案の場合、為替切下げや為替管理をなくそうとしています。米国の戦後世界経済構想の自由・無差別・多角主義に対応するためです。この点がブレトンウッズ協議における主要な対立点になります。

それはともかくも、ケインズは「シャハト主義」への共鳴を強め、ブレトンウッズ協議に臨む直前、英国議会において、次のとおり、発言しています（一九四四年五月二三日）。「将来、スターリングの為替相場はわれわれの国内の諸政策に対応して打ち出される国内価値に即応させるべきであり、国内価値に対応しない為替相場はとらないという決意であります」。自国通貨の〝対外〟価値を〝対内〟価値に従属させた為替管理で英国経済を運営しようというのです。

このような考えは『一般理論』から導かれることです。ケインズの場合、戦後の通貨システムは英国の国内政策を制約してはならない、特に、金本位制に類似するものは何があろうとも回避しなければならない。為替管理は必要悪どころか、好ましいものである。少なくとも、資本取引への為替管理は戦後経済システムの永遠なる特長であると見ていたのです。

もちろん、ドイツは敵国ですので、ケインズは「シャハト主義」の為替管理を表向きは批判します。戦争終了直後の経済混乱にある過渡期には、戦時中の制限は維持されても、過渡期が終了すれば自国の為替は自由化させるというのです（ただし、資本移動は制限）。

しかし、ケインズの母国の英国にとって、為替制限・貿易制限が維持される過渡期は長く続くと予想されていました。戦争遂行に疲弊していた英国は、戦争終了後に米国からの多額の援助がなければやっていけない経済状況にあったからです。実際、戦後も長く食糧配給制度が続くなど、国民生活はひどい状態にあったのです。英国は、米国が理念とする自由・多角決済の体制をすんなり受け入れるわけにいかなかったのです。

Ⅲ　英米間の経済戦争が繰り広げられた第二次世界大戦

■ケインズが封鎖体系を志向していたもう一つの事情——スターリング圏の変質

ケインズが封鎖体系を唱えたのはスターリング圏の変質という事情が作用しています。すなわち、スターリング圏が英国にとって資産項目から負債項目に転じてしまったことです。かつてはスターリング圏は域外からドルを稼いでロンドンへ集中させていました（ドル・プール制）。しかし、戦争以降、ドルを支出する地域になり、ドル・プール制度は大量にドルが引き出されるだけの負債項目となったのです。だから英国は為替管理を導入します。英国以外のスターリング圏諸国が対米輸出で稼いだドルが英国にプールされ、対米決済に自由に使用できなくします。あるいは、英国以外のスターリング圏諸国が対英輸出で稼いだポンドを圏内での使用に限り、あるいは封鎖し、対米決済への使用を制限します。

もちろん、米国が「シャハト主義」を容認するはずもありません。モルゲンソー財務長官など米国の財務省高官は一九三〇年代の為替管理を敵視しており、為替管理がナチス・ドイツの経済的侵略の手段であり、戦争、征服へ向けられた論理的必然の帰結であると固く信じていたのです。ドイツによる為替管理、競争的為替切下げ、複数為替相場制度、残高封鎖、あるいは双務的清算協定や一連の制限的差別的手段こそが、国際貿易を縮小させた要因だったというわけです。ですから、「シャハト主義」に傾斜する英国の対米貿易差別制度のスターリング圏の存続を容認するはずはありません。

第二次大戦勃発以降、米国はスターリング圏の開放・解体をもくろみます。米国が国際市場を拡張するためには最大の通貨圏のスターリング圏の為替制限を撤廃しなくてはならないのです。撤廃させる方法は簡単です。戦争遂行で疲弊している英国に対し、軍事援助、金融支援を見返りに為替制限の撤廃を迫り、英国がこれを撤廃しなければ援助を止めればよいのです。

米国は、一九三〇年代から英国の特恵制度を切り崩そうとしており、第二次大戦の勃発はこれを切り崩す格好の機会でした。対ドイツ戦争への軍事的協力を見返りに英国に対して貿易上の差別処置の撤廃を求め、英米間の相互援助協定（一九四二年二月二三日）の第七条には、「国際貿易におけるあらゆる形態の差別処置」を撤廃することが明記されました。

これでは英国が困ってしまいます。しかし、米国の援助がなければ英国はやっていけません。このため、ケインズは英国、米国双方の要求を同時に満たさなくてはならない苦しい立場におかれます。だから英国向け、米国向けの二つの顔をした双面神ヤヌスを演じることになります。

この第七条に含意されている義務をどのように処理するのか、それがケインズの国際清算同盟案なのです。ケインズが二つの顔を持つというのはこのためです。根は「シャハト主義」者であるが、米国との交渉上は、援助を得る必要上、「シャハト」主義を批判する。ケインズは戦後の過渡期、英国は双務主義でなければやっていけないことは十分に承知していたのですが、米国の援助を受けるためには多角主義でなければなりません。ケインズはこの矛盾を国際清算同盟案で解消しようとしたのです。

■ ケインズ案（清算同盟案）のカラクリ

そこで精算同盟案の概略を示しておきましょう。清算同盟は加盟国に対し、戦前における世界貿易のシェアを基準にして、巨額の当座貸越枠を割り当てます。巨額の当座貸越枠があるので加盟国は国際収支に制約されずに国内拡張政策を追求できます。他国全体に対して受取超過になっている国は清算同盟に貸方記帳し、支払超過の国が借方記帳します。この超過額が無限に累積しないよう、債権国は貸方記帳を未使用のままにしてはなりません。過度の貸方残高は他方の過度の借方残高の累積を意味するからです。この残高の不均衡を債権国、債務国が共同責任で解消させていくのが清算同盟です。これにより、一九三〇年代以降にはびこっていた為替管理や二国間双務協定は不要になるはずです。

しかし、戦後直後の世界経済の状況からすれば、戦争に巻き込まれた諸国は戦後復興で精一杯であり、輸出能力はないはずです。戦火を免れている米国だけが世界に輸出する能力があり、それ以外の国は米国からの一方的な輸入に頼らざるを得ません。そのため実際の清算同盟案は債権国（米国）が一方的に負担を押し付けられる仕組となります。借方、貸方の超過の調整の負担はひとえに米国にかかるのです。借方、貸方の双方の国の共同負担となるはずの清算同盟は、実際には米国が一方的に負担を押しつけられるカラクリなのです。これはまさにシャハトの為替管理の精神と変わりありません。こんな虫のいい話に米国がだまされるわけがないのです。

ケインズは巧妙にも、清算同盟案を銀行原理で機能していると説明していますが、銀行原理とは似て非なるものです。銀行は貨幣（預金設定）を貸し付けるという形で信用貨幣が供給される。この過程を通じて預金は経済取引主体の商品取引を媒介し、貸付に対応した返済が続き、貸し付けられた貨幣が銀行に還流する。この過程は絶えず、繰り返される。この貸付・返済が銀行原理という信用創造機能です。

ケインズ案の場合、実質的に返済機能を消去してしまおうというわけですから、銀行原理ではありません。銀行貸付け踏倒し案と言ってよいでしょう。したがって、米国側は当然のことながら、ケインズの清算同盟案を葬ります。もちろんケインズは英国の権益を保持すべく、この内実に執着し続けます。英国は戦争遂行の際、米国、大英帝国諸国に巨額の借金を重ねており、これをチャラにする方法を追求し続けるのです。そしてそのもくろみをブレトンウッズ協議の場でも試みますが、このことはより大きな禍根を残します。同協議で練られたＩＭＦ協定作成に際し、とんでもない誤解釈に陥ったのです。ＩＭＦとは国際通貨基金（International Monetary Fund）のことです。

ここで再度、ケインズの精神的葛藤を確認しておきます。『一般理論』の「閉鎖経済」モデルは封鎖体系です。しかし、『一般理論』だけでケインズ像を考察してしまうと彼の全体像は見失われてしまいます。彼の職業活動の大半を通じてかかわっていた問題は英国の対米関係である点に注意しましょう。第一次世界大戦以降、英国に対し米国は圧倒的な債権国としての立場となります。英米経済関係の逆転です。ケインズの経済的プランの大半はこの英米間の国際収支に関する不均衡を克服、相殺する方法に関するものです。この脈絡で清算同盟案を理解する必要があります。対米関係の逆転を改めて確認させたのが、一九四四年夏のブレトンウッズ協議、一九四五年冬の対米金融交渉です。「封鎖体系」を志向するケインズに対し、米国は開放体系の選択を迫るのです。ここにケインズの精神的葛藤があったのです。

Ⅳ　一八〇度大転換したケインズの戦後通貨構想

■封鎖体系を否定され開放体系に転じたケインズとIMF協定解釈における重大な誤解

従来の研究はブレトンウッズを評価する場合、ケインズ案とホワイト案の対立の解説に多くの紙面を割いているようです。しかし実際のIMF協定作成における英米の主要な対立点は、英国が為替自由化を早期に実現するのか否かにあったのです。これをめぐり、両国は交渉決裂寸前の状態だったのです。本書が第二次世界大戦を英米経済戦争と形容する理由です。

為替管理維持が英国にとっては死活問題であり、戦争遂行で対外スターリング債務が累積し莫大な対外借金（特に帝国圏諸国に対し）を抱えてしまった英国は為替自由化の実質を骨抜きにしようとしました。その場合、特に重要になるのが第八条の扱いです。同条をめぐる英米の対立の熾烈さに比べればケインズ案とホワイト案の対立は机上のそれにすぎないでしょう。

八条国の場合、加盟国は経常的支払に対する制限をしてはならない。同条第2項(a)の簡単な文面にそれが明記されています。これが八条国の一般的義務です。他方、同条第4項は長く複雑、難解な文面になっています。そこでは「外国保有残高」の交換可能性が説明されていますが、この外国残高というのは、一般的意味のものでなく、戦時中以降に累積している「スターリング残高」を指すものであり、その残高交換性の件は英国が対外債務を負うスターリング残高保有諸国にかかわるものです。そして第4項におけるこの交換性義務が免責されるのは、英国がIMFから資金引出の権利を失っている時ですが、第4項が免責されても第2項の交換性義務は残るのです。なぜなら、第2項こそが八条国の一般的義務だからです。ところが、ケインズは第4項が免責されると第2項も自動的に免責されると勘違いしてしまったのです。

要は、通貨交換性に関する義務の優先条項は第2項であり、第4項は補完的義務（特殊英国的問題）にすぎないのですが、ケインズは第4項こそが優先義務であると主張し、通貨交換性に関する義務は第4項のみで、中央銀行間だけのものであり、一般的義務であるはずの第2項は例外的なものであるとさえ主張してしまったのです。

第八条における第2項と第4項の関係は簡単に整理できます。第2項の場合、交換性は民間、公的の残高を問わず、また、居住者、非居住者を問わず、経常取引の場合、義務が発生する。第4項の義務は専ら公的通貨当局間のものであり（具体的にはスターリング残高）、交換される残高は戦時中から蓄積されたものもあり、また、その額が大きいので、交換の範囲は広くなる面もある反面、多くの免責条項により交換性が実質制限されることがあります。だから第2項の文面は短く、第4項は特殊例外規定なので長く、複雑な文面なのです。

しかしケインズは第4項が一般規定であり、第2項は例外的規定であると逆立ち的解釈に陥りました。第4項が停止されれば第2項は自動的に停止されると考えたのです。そして第八条においては経常取引の為替管理が可能となると考えていたのです。

なぜこのような倒錯した理解に陥ったのでしょう？　この特異な解釈は単なる誤解ではなく、ケインズの一貫した認識の延長上の産物なのです。ここで、先の清算同盟案の第一次草案（一九四一年九月）にまでさかのぼることにしましょう。同案においては、為替取引はすべて中央銀行に集中化される。各国の中央銀行を通した自国通貨の個々の取引も国際清算同盟の勘定で行う。その勘定では民間の自由な為替取引が認められない。ケインズは債権国の米国の貿易黒字が不均衡なまでに拡大するならば米国の商品を差別してもよいシステムを構想していたのです。まさに、リチスと同じ双務取引による貿易均衡です。

ケインズはまさしくこの認識を一九四四年夏のブレトンウッズ協議にまで引きずったままだったのです。だからこそ、経常取引を自由化するはずのＩＭＦ第八条を為替管理の条項として成立させようとしたのです。交易相手国には貿易収支均衡を求め、外国為替を必要としない双務決済が主眼となるシャハト主義です。ケインズはシャハト主義のお化粧を落とさないまま、ブレトンウッズ協議に臨んだのです。

■ミイラ取りがミイラになった顚末——イカロスの運命をたどるケインズ

結果的に大きな錯誤になってしまいますが、ケインズとしてはＩＭＦ協定に巧妙な罠を仕組んだつもりになっていたようです。高校教科書にも書かれているとおり、ＩＭＦ八条国とは財・サービスの対外取引が自由になる国のことです。その国の通貨は対外経常取引において他の国の通貨と自由に交換されます。要するに為替の自由化のことです。この意味で、八条国入りは先進国化の証であり、日本も一九六四年の東京オリンピック開催に合わせて八条国入りしています。

ところがケインズの場合、第4項の処理により、経常取引を制限できると理解しています。同4項でＩＭＦからの資金援助を得られなくなった国は交換性を停止できるとなっている条文で第2項までも停止できると拡大解釈したのです。しかし実際には八条は第2項が優先事項です。第4項は、戦時中に英国が帝国圏諸国から戦争遂行上で負った債務（スターリング残高の累積）の処理に関するものにすぎません。第4項が有効か否かにかかわりなく、第2項は絶対遵守しなければならない。同項を停止するためにはＩＭＦの承認が絶対に必要です。この点をケインズは理解できなかったのです。

ケインズは罠をかけたつもりが、逆に罠にかかったのです。これは入り組んだ関係ですので、ここで若干、解説しておきます。加盟国がＩＭＦから資金を借り入れる権利を失っている場合、第4項は停止できても、英国は民間、個人に対し経常取引レベルの為替の自由化を維持する必要がある（第2項優先）。この経常取引の自由化を維持する中、ポンドが大量に外貨に交換される事態が生じ、そのポンドを買い支えるために外国為替を大量に喪失しても、英国は、ＩＭＦの承認がなければ経常取引の為替自由化を維持してポンドの交換性を保持しなければならないのです。これでは通貨主権を奪われたまま、英国は外貨準備を枯渇してしまいます。ところがケインズはこれを逆立ち解釈し、第4項が停止されれば第2項も自動的に停止されると誤解釈してしまったのです。

ケインズは当初、このことに気づきませんでした。ブレトンウッズ協議閉幕の際、ＩＭＦ協定は非常によくできた条文であったと自画自賛します。ところがＩＭＦ協定署名の後しばらくして、同じ英国代表団のロバートソンに協定の重大な欠陥について指摘されます。ケインズはこのロバートソンの解釈は間違っていると主張しますが、ロバートソンの解釈の正しさをしぶしぶ認めます。すると驚くことに、ＩＭＦ協定は杜撰な処理の産物なので条文を書き換えることができると米国に主張してしまいました。自分であれほど絶賛していた協定をです。当然のことながら、米国側のホワイトはこれを受け入れません。英国外務省・大蔵省は大恥をかかされたのです。

元ＩＭＦ法制局長のゴールド（ＩＭＦ法規解釈の世界で第一人者）もケインズの誤解釈に驚愕し、「ケインズは天才的エコノミストとしての名声があったおかげで現代の国際機関の創立における彼の役割の内実は覆い隠されたことになる」とコメントしています。

■ 意図的に玉虫色の内容にされていたＩＭＦ協定――ホワイトの陰謀

ただケインズに同情できる事情もあります。英米間の熾烈な対立もあり、しかも協定合意にこぎ着けるようにする配慮もあり、ＩＭＦ協定の条文は意図的にあいまいなままに書かれたのです。協定条文作成に携わった草案作成委員会委員長も、当時を回顧して、「教書はあいまいだらけだった」、さらに、「その幾つかは意図的にそうされ、他のは意図的でないものであった」とIMF正史に記しています。IMFの理事の一人も、これを皮肉って、「自発的な誤解」こそが草案作成者の作業をやりやすくしたのであり、かくして、多くの場合、折り合いのつかない意見の食い違いもあり、「意図的にあいまいな内容の教書が考案された」と書いています。ブレトンウッズ協議でケインズに同伴したロビンズ（ロンドン大学の経済学の教授、一九四一年―五年は戦時内閣省の経済部局の局長）は「どうしようもないほど複雑」と記しており（七月一一日の日記）、「英国と米国との相違が……また二度と問題にならないようにするためには極力警戒しなければならない」と考えていたのです。

◎ コラム１　裸の王様：ホワイトにだまされ続けていたケインズ ◎

ケインズには，同情すべき事情があります。それはホワイトの策謀です。かの第８条に関して米国側は本来の解釈を許す草案を作成し，英国側には，第４項が優先事項で第２項が劣後する条項であるかのような別の草案を見せていたのです。そして最終合意に達する時，米国本位の解釈が妥当する文案を英国側に賛成させたのです（英国側は第４項が優先すると錯覚）。この最終文案作成に従事していた英国側責任者がロバートソンでした。責任感の強いロバートソンは最終合意案をケインズに見せて了承を求めようとしましたが，それを策士ホワイトが妨害します。ケインズ，ロバートソンが２人で協議しようとする決定的な瞬間を見計らって国際決済銀行（ＢＩＳ）解体案を提示したのです。このような話を聞いていなかったケインズは激怒し，米国財務長官の部屋に殴りこみをかけます。

これで，ケインズはホワイトの罠にまんまとひっかかります。ＢＩＳの件が紛糾したため，ケインズはロバートソンと第８条の最終的解釈について十分に協議する時間を持てなかったのです。ロバートソンはケインズから最終的合意を得る手続きをしたと主張しましたが，ケインズはそのようなことをした記憶はないと言い始めたのです。自分が非常に問題にしている条文の成立段階は記憶にはないと言い出し，ロバートソンこそが条文作成に責任があるはずであると言ってしまいました。

しかしケインズの弁解は通じません。なぜなら第８条の件をブレトンウッズ協議終了の後に問題にしたのは他ならぬロバートソンであり，当初ケインズはその問題の所在さえ気がつかなかったのです。むしろ，当初はロバートソンの解釈は間違っているとして，馬鹿にしていてくらいなのです。ケインズの仕打ちにロバートソンは非常に傷つき，潔くもこの件を口外せずに「墓場」まで持っていく決意をしました。

ロバートソンに問題点を指摘されたケインズは大蔵大臣と相談し第８条の改竄を米国側に求めてしまったのです。こんなことが公になるとどうなるのか？ＩＭＦ協定そのものが無効になってしまいます。米国側も議会で審議にかける必要があり，ケインズの失態を取り繕うほどお人よしではありません。ケインズの要求は当然にも米国側に足蹴にされました。これは英国の通貨外交上，屈辱以外の何物でもなかったのです。

もちろんケインズを弁護すべき事情を忘れてはいけません。それは彼の晩節の健康上の問題です。ケインズは心臓発作は頻発し，毎日をベッドで過ごす時間が増え，ケインズの周りの人々に明らかだったのは，1944年７月のブレトンウッズ会議以降も九死に一生を得た人生を過ごしていたことです（拙著，『落日の肖像』より）。

V　限界が露呈されたＩＭＦ協定

■　ＩＭＦ協定の理解を欠いていたケインズ

このようにケインズはブレトンウッズ協議という歴史の大舞台において、そしてその後もしばらくは「シャハト主義」を演じていたのですが、一九四五年秋―冬の英米金融交渉においては何と「シャハト主義」を公然と批判します。米国の経済援助が不可欠なので、米国が要求する為替自由化案を呑んだのです。しかも一銭の無償援助も得られませんでした(借款のみ)。

結局、英米金融協定では早期のポンド交換性回復が合意され、協定が発効する四六年七月一五日から一年以内にポンドは交換性を回復することになりました。英国は八条国でもないのに八条国扱いされてしまったのです(非居住者に限り経常為替取引を自由化)。八条国に移行するまでは為替管理、通貨交換性を制限できる一四条国にとどまるはずが、そのもくろみは実質、打ち砕かれます。

しかしポンド残高が累積し処理しきれないまま、通貨交換性回復を試みるのはしょせん、無理なことです。英国の経常収支、貿易収支赤字の対ＧＤＰ比率もひどく悪化した一方、戦争終了時、海外スターリング地域残高は三五億ポンドを超え、英国のＧＮＰの三分の一に達していました。金・外貨準備は六億ポンドに過ぎず、海外スターリング地域のポンド保有者がこの残高をドルに組み換えて、これでドル圏の商品を買うとなると、スターリング建て資産の投げ売りも発生しかねない状況にあったのです。このように、戦争の疲弊、また膨大なスターリング債務の累積を考慮に入れれば、過渡期なくして交換性回復を実行するのは狂気の沙汰のはずです。この交換性回復に使用する借款の額はわずか三七・五億ドルであり、借款の条件も英国にとっては屈辱極まりないものでした。ケインズは、八〇億ドルの無償援助を勝ち取ると豪語していたのです（援助はゼロ）。巨額の援助があっても早期に通貨交換性を回復するのも狂気の沙汰だったのですが。

一九四七年七月に交換性を回復したポンドは八月に交換性停止に追い込まれます（ケインズは前年四月に他界）。ＩＭＦ協定では想定していなかった巨額の資本移動が生じたのです。ＩＭＦ協定の起草者のケインズ達は、経常取引の自由化を進める一方で、資本移動を規制できると考えていたのですが（第六条）、それは不可能な話です。なぜなら経常取引の交換性を認めると、ポンド残高は経常取引の分ばかりか、資本取引の分まで交換性を付与されてしまい、資本移動は規制できなくなるからです。経常取引が自由化されると、経常取引と資本取引を峻別するのはおよそ不可能なのです。雪崩と化した資本移動に対し、英国は米国から供与された三七・五億ドルのローンを使用してポンドの対ドル相場を支えようとしましたが、焼け石に水でした。ケインズが唱えた資本移動管理は現実の国際金融市場では絵に描いた餅にすぎなかったのです。

■ すぐに破綻した固定為替相場構想

米国はＩＭＦを立ちあげることに性急なあまり、英国経済の構造的脆弱性に対して十分に配慮することなく、スターリング圏の開放（自由・無差別）を求めてしまった結果、米国の期待したポンドの交換性回復は頓挫したのです。一九四七年夏の事件は痛ましい教訓となり、その後、英国は為替政策を大転換します。為替管理を維持しつつ、ポンドの交換性回復を徐々に推し進めていくことであり、まさにケインズの戦後通貨構想の否定でした。もちろん大転換する時に米国の承認も得ています。

資本移動規制というケインズ自身の主張を体現しているＩＭＦ第六条こそケインズの願望を打ち砕くものでした。一九四七年夏のポンド交換性停止は巨大な資本移動が大きな原因だったのですが、第六条の場合、ＩＭＦの融資は被融資国の経常取引から生じる国際収支危機の救済に限られ、資本取引のためには融資しないことになっています。これでは資本移動を原因とする国際収支危機には使いようがありません。ここでもケインズは条文の使い方を理解できず、図らずも自らの手でポンドの退路を断ってしまったのです。

ケインズは第八条ばかりでなく他の条項の効用も理解できていなかったのです。IMFは為替安定と流動性供給の役に立ちませんでした。戦後に予想されるドル不足問題に鑑みれば、スターリングの交換性に関し、英国は持続できない確約を求められていました。英国の国際収支赤字は米国からのローンで対応すればよいとケインズは甘く考えていましたが、ポンドの守護神のイングランド銀行はそのような考えを懸念していました。米国の大量の無償援助が絶対不可欠だったのです。

ケインズは戦後の国際通貨システムにおいて為替管理を望ましい特長とみなしており、特に資本移動に関しては資本が投機的に赤字国から流出することに懸念を示していました。ポンドが戦後、弱くなると予想されていたからです。ケインズの場合、戦後の米国主導の国際通貨体制（自由・多角・無差別）は、英国のような国際収支問題を抱え、しかも拡張的経済政策をとらなくてはならない諸国にとっては制約になるとみていました。資本取引においては為替管理を必要悪どころか、望ましいものとさえ位置づけていたのです。英国は戦後のスターリング地域を、関税差別ばかりでなく為替管理が必要な機構であり、域内では統制から自由な取引を認める一方、メンバー諸国がスターリング残高をドルに転化するのを制限しようとしたのです。国際収支赤字問題を抱える限り、国際取引を自由化すると英国の拡張的経済計画はうまくいかなくなる。このような経緯から、ケインズはIMF協定に関し、資本移動の統制を強く主張していたのです。しかし第六条は機能できませんでした。

■ケインズの失態を取り繕ったチャーチル――「鉄のカーテン」演説の演出

一九四七年夏の事件は何を意味するのか？　英国をはじめ西欧諸国は深刻なドル不足に陥っていたということです。西欧諸国は経済復興に欠かせない輸入物資を確保するドルが絶対的に不足していたのです。そのような状況を一番喜ぶのは誰でしょう。冷戦で西側破壊を目論むスターリン率いるソ連です。この策謀を防ぐためには米国は西側諸国に多額の無償援助を行う必要がある。このように説いたのがチャーチルです。一方、「正義」の論理で米国を説得しようとし説得できなかったのがケインズです。英国が米国から戦後に大量の無償援助を引き出すためには「正義」という抽象的言葉でなく、ソ連の脅威を具体的に強調することが欠かせません。チャーチルは一九四六年三月六日、米国のフルトンで「鉄のカーテン」演説をし、ソ連の欧州進出に警鐘を乱打しました。チャーチルのすごいところはこの時は自国で政権を失っていたにもかかわらず国際政治において絶大な影響力を行使していたことです。「鉄のカーテン」演説はあまりにも有名です（「今や、バルト海のシチェチンからアドリア海のトリエステまで、大陸を横切って鉄のカーテンがおりている」）。しかし、チャーチルは同様の警告を一九四五年五月一二日に米国のトルーマン大統領に発していたのです。欧州が対ドイツ戦勝利に歓喜している時のことです。すでにこの時期にも、スターリンによる欧州侵出を警戒していたのです。

この「鉄のカーテン」演説がトルーマン政権の対ソ認識の転換点となり、一九四七年三月十二日にトルーマン・ドクトリンが、さらに六月五日にマーシャル・プランが発表されました。冷戦の本格的展開です。西欧の厳しい不況、失業を回避するため米国はマーシャル・プランを実施しました。ドル不足に苦しむ西欧諸国に対し、ＩＭＦを通さずにドル資金を供給し、自由貿易の厳しい適用も停止しました。大量に援助し、米国商品への差別も容認したのです。マーシャル・プランはＩＭＦよりもはるかに多くのドル資金を供与しています。西欧諸国のドル不足を緩和したのは、援助、米国の対外投資の膨張、軍事支出の急増であり、それを梃子にして西側諸国はドイツを代表として急速に経済回復を実現します。

にもかかわらず通貨交換性回復にはかなりの年月を要しています。一九四七年夏に交換性回復が頓挫した後、英国で通貨交換性回復が達成されたのは一九五八年末のことであり、ＩＭＦ八条国になったのは一九六一年二月のことなのです。

交換性回復の無理に関し、イングランド銀行はすでに一九四四年一月、ケインズや米国に警告しています。同行によると、ＩＭＦ案では為替安定と流動性供給の役に立たない。スターリング残高の累積、また、戦後に予想されるドル不足問題に鑑みれば、スターリングの交換性に関し、英国は持続できない確約を求められていたからです。当初、ケインズの側についていた英国大蔵省は次第にイングランド銀行の考えに傾いていきます。

イングランド銀行の不安はまさに的中します。イングランド銀行は、よりよい方法として、統制を維持し、欧州とラテン・アメリカ諸国と双務通貨協定を結び戦時中のスターリング固定レートを維持して輸出を振興させることであり、その後、徐々に交換性を回復していくべきであると主張しましたが、ケインズはこれは古臭い考えであると揶揄していました。しかし、戦後の歴史が示すとおり、過渡期には為替制限、貿易制限を行い、経済を立て直してはじめて為替自由化が可能なのです。日本の場合、それがうまくいっていました。八条国になるのは何と一九六四年のことです。

一九四四年までイングランド銀行総裁にあったノーマンはケインズが亡くなって間もない一九四六年六月一九日、「ケインズは偉大な経済学者であったに違いないが、ひどい銀行家であった」と記しています。これは一九四四年～四五年の英米金融交渉におけるケインズの非常にまずい対応を念頭においていると判断して差し支えないでしょう。

ケインズは、コロコロと自身の考えを変える離れ業の持ち主だったのです。「シャハト主義者」であった過去を清算し、開放体系に転じた自らを合理化する経済的根拠を見つけ出す必要がありました。それを象徴したのが、ケインズの生前の最後の論文（一九四六年一月）です。そこでは何と、戦後、英国は深刻なドル不足には陥らないと主張してしまったのです。

ドル不足解消論は当時の国際通貨情勢の示すとおり、現実離れしていました。先にみたとおり、ケインズが構想した戦後通貨体制はトランプの家のごとく崩れ去りました。英国政府は「大天才の個人の資質と判断を誤る資質を兼ね備えた人間に頼ることの危険を知った」のです。ケインズは一九四四年のブレトンウッズ交渉においてＩＭＦ協定を読み違え、その不始末に奔走し、しかも、ホワイトにだまされ続け、さらに次年の冬の対米金融交渉においては本国政府から実質解任されるような交渉力しかなかったのです。

英国にとって、戦後当初は、米国の多額の援助のもとで為替管理は不可欠であり、過渡期を経て後、英国政府は為替自由化を志向する戦術でした。ケインズは、これに逆行する条件を米国に呑まされたため、実質的に解任されました。当時ケインズ以上に適任の対米交渉人が英国にいたのかどうか？　いずれにせよケインズは不適な人物として烙印を押されたのです。もちろんケインズの世界的名声、あるいは英国政府の面子もあり、表向きは解任されてはいません。

ケインズの実像を描いた研究はもう二〇年以上も前から、英国を中心に有力な研究が多数、出されていますが、残念ながら本書で紹介しているような内容について、文献消化をしている研究は日本になかったようです。

◎コラム2　ホワイトにまつわる謎◎

「鉄のカーテン」演説の直後，同じ月にホワイトは失脚します。ホワイトはＩＭＦの設立・運営を協議するサヴァナ会議でＩＭＦトップの専務理事に指名される予定でしたが，突然，取り止めです。この頃ＦＢＩはホワイトを共産主義的行動の人としてトルーマン大統領に報告しています。ケインズはホワイトが専務理事になれなかったことに落胆しています。ケインズは親ソの人間に期待を寄せていたのです。

このような事情が絡んでいるのでしょうか？　戦時中，英国首相を務めていたチャーチルは六巻から成る『第二次大戦回顧録』でケインズに言及するのは一行だけです。世界的名声を博しているはずのケインズに対し実に異例な扱いです。しかしなるほどと思わせる逸話もあります。チャーチルが７人の経済学者に同じ質問をしたところ，何と８つの，全部間違った答えが返ってきたが，そのうち２つの答えはケインズからのものであったという皮肉です。

ホワイトは自分が財務省から罷免されると確信しており，ＩＭＦか世界銀行の新しい職を探していました。しかしこの時点でもケインズはホワイトに幻想を抱き，ホワイトが英国の立場を支持してくれると思っていたのです。44−45年の英米通貨交渉で何度もだまされていたにもかかわらず。

米国側はホワイトをＩＭＦトップの専務理事でなく，一般の常任理事になることは承認しました。米国側の表向きの理由は，ＩＭＦのトップの専務理事は欧州人が，世銀のトップは米国人がなるべきであるというものです。ケインズは重大なことを知らなかったのです。ホワイトが専務理事として任命されなくなったのは，２月４日，ＦＢＩがトルーマンに対し，ホワイトが監視されていることを伝えたためであることを。フーバーＦＢＩ長官は，1946年２月にホワイトハウスにＦＢＩが送ったホワイトに関する情報に関し，「全部で30の情報源からのものであり，その信頼性はすでに確証されている」と主張しています。ホワイトは起訴されませんでした。ソ連が警戒心を抱かないようにするためです。その代わり，ホワイトを少しずつ，政府の仕事から引き離します。最初は財務省から，次にＩＭＦから引き離すのです。だから，ホワイトは少しの間，ＩＭＦで常任理事になっていました。結局，レッドの疑いのあるホワイトはホワイトハウスの中枢には入れずじまい。もちろんレッドの広場のそれにも。ホワイトは1948年８月13日の反米活動調査下院委員会においてソ連のスパイ分子の疑いで査問されます。まさしく13日の金曜日です。ホワイトはその疑いをすべて否定し，３日後，心臓発作で亡くなります。

歴史は，パラドックスそのものです。この時，ホワイトを厳しく追及したのは，かの1971年夏のいわゆるニクソン・ショックの主人公です。ホワイトがソ連のスパイであったかどうか多くの議論があるようですが，確実なことはホワイトが親ソヴィエトである以上に反英国主義者だったことです。ケインズはソ連の西欧侵食の意図もあまり意識されていなかったのです。要するにケインズはホワイトにだまされ続けていたことになります（＜Skidelsky＞243，258，410，465）。

■ 国際金融に明るくない人物がブレトンウッズ協議を主導

このようにケインズはＩＭＦ協定において必ずしも適切な理解力を備えていませんでした。これは米国側の人材にも当てはまります。モルゲンソー米国財務省長官が一九三〇年代当時から国際金融問題に暗かったことに関し多くの逸話があります。その人が、ブレトンウッズ協議の責任者となったのです。

モルゲンソーが、一九四〇年代半ばに発言したことも国際金融の現場からあまりにかけ離れています。米国財務省の人達は、世界恐慌の混乱のために、民間の金融はその信用を無くしたので、政府が金融政策を管理して高水準の雇用と経済上の福祉の目的を達成しようとしました。それを代表するのが、モルゲンソー財務長官の次のような言辞でしょう。

「世界の金融中心地をロンドンおよびウォールストリートから米国財務省に移し、国際金融について諸国間に新しい概念を導入する」（＜Gardner＞二〇三頁）、あるいは、「民間の金融業者ではなく主権国政府の媒介機関として新しい国際機関を設立」(同)、これをより端的に言えば、「国際金融の神殿から高利貸しを追放する」等です。そもそも中央銀行、あるいは国際金融市場の担い手を排除して戦後の国際通貨体制が立ち上がるはずがないのです。

実際、戦後の国際通貨体制はモルゲンソーの企画とはまったく別の方向に歩んでいます。なるほど、「国際金融の神殿から高利貸しを追放する」は、気の利いたレトリックとして、研究者の間でしばしば引用されています。しかしながらレトリックがうまいということと、モルゲンソーが国際金融の動向に果たしてしっかりと理解する能力があるのかどうかは別問題です。

キンドルバーガー、ドラモンドなど国際金融史で多くの成果を収めている研究者はモルゲンソーの無知ぶりを遠慮なく紹介しているのです。また英米中央銀行関係者も彼のことを馬鹿にしまくる文書を多く残しています。

モルゲンソーに関しては、以右のような問題があったのです。

では、彼はいつから、国際金融問題に関して明るくなったというのでしょう？　一九三〇年代における話と四〇年代のブレトンウッズ会議における話がどうつながるのか？このような点は『国際通貨体制成立史－英米の抗争と協力』の名著の主ガードナーにおいても意識されていない、あるいは半ば意図的に回避している感じさえあります。

ブレトンウッズ体制とはそもそも一九三〇年代の世界的経済的苦境を教訓として創出されたものであります。したがって、ブレトンウッズ協議の時期と一九三〇年代の時期の比較は欠かせないのですが、実はその関連比較に関する研究は不十分なのです。そのためブレトンウッズ協議におけるケインズの役割も、あるいはＩＭＦの限界も充分に考察されないままに終わっていたのです。

第三章　ドル本位制で動く戦後国際通貨体制
——IMFのユニバーサリズムとの対比

Ⅰ　IMFユニバーサリズムに対するキーカレンシー・アプローチ（KCA）方式の優位性

■ 解体危機をはねのけて伸張したBIS——BISを解体の危機から救ったケインズ

BISは、現在、民間の金融機関の国際業務に関する重要な機関に成長しています。BISはその名の示すとおり(Bank for International Settlements)、一九三〇年五月に設立され、第一次世界大戦終了後の賠償・戦債問題に関する決済にかかわっていました。当時の主な業務は賠償金支払の受託及び代理業務ですが、現在は世界の先進諸国の中央銀行間協力・情報交換の場として大きな影響力があります。いわゆるバーゼルBIS自己資本比率規制は国際金融不安の時、必ず話題になるくらいです。このBISをブレトンウッズ協議の際に解体しようとしたのが、米国のモルゲンソー財務長官です。

それは、BISとナチスとの関係が祟ったからです。ナチスはBISにおかれているチェコの金を強奪したのです。その金はロンドンのイングランド銀行のBIS勘定におかれていたのですが、BISはその金をナチスに引き渡すことに反対しなかったのです。一九四四年のブレトンウッズ会議でBIS解体が提案されました。同会議の場は、各国大蔵省の意見が反映され、通貨次元の協力と外交は中央銀行間でなく各国大蔵省に任せたほうがよいと考えられていたのです。特にBIS解体に熱心だったのが、モルゲンソーであり、その部下のホワイトでした。

ところが、意外なことにケインズがBISを救ったのです。彼は両大戦間において、中央銀行の正統教義を強力に支持したことは一度もなく、特に自国の中央銀行総裁ノーマンを厳しく批判していましたが、ブレトンウッズの場では、ノーマンの守ろうとする聖域を擁護したのです。このBIS解体の提案をめぐり、ケインズとモルゲンソーは激しくやり合い、そのために肝心のIMF協定の最終文案を見る余裕がなくなり、第八条を誤解釈し、その取り繕いに大わらわになった経緯は、既に紹介したとおりです。

BISは、生き延びるだけにとどまらず、戦後、地位を高めます。BISはEPU（欧州決済同盟）の代理機関としての地位を確立し、欧州の対外支払の自由化を促進する上で決定的役割を果たしました。一九五〇年代はドル不足の時期であり、欧州は対外貿易差別をしながら域内取引の自由化を目指しました。BISはその動きを牽引します。戦後欧州の復興の鍵を握る一つの機関だったのです。

EPUは、ドル、金準備の節約の決済方式という点では、ケインズの国際清算同盟案に似ています。ドル差別方式であり、欧州域内の貿易を増加させるものだからです。米国国務省はこれを欧州の政治的安定を高めるものとして受け入れる用意がありましたが、米国財務省とIMFは当初は制限、差別を緩和するよう強く要求していました。

一九六〇年代、欧州は、通貨の交換性回復を達成します。その際、BISは通貨の支持操作を管理、調整する決定的役割を果たしました。ここで特筆すべき人物はヤコブソンです。一九三〇年代はBISの経済分析主任であったヤコブソンは、IMFのトップの地位にあたる専務理事となり、G10（先進国一〇か国蔵相・中央銀行会議）を組織する上で大きな役割を果たしました。

当時のG10は困難に陥った準備通貨国、すなわちドルとポンドを支援するものです。その一つの英国のポンドがブレトンウッズ体制の中で一番弱い通貨であり、世界の銀行としての役割を果たすはずの米国のドルも一九六〇年代には切下げ圧力を受けていました。この基軸通貨の苦境に対応したのがG10なのです。はるかに官僚的で厄介なIMFからでなく、BISで孵化したのがG10なのです。

こうしてBISは、中央銀行の仕事の中心となり、中央銀行が国際金融の場のプレーヤーとして復位したのです。この点について、英国金融史の泰斗・セイヤーズはBISの性格を見事に描き出しています。「この機関は戦時中と戦後復興再建期にみられた敵愾心に耐えながら、やがては、西側世界の金融機構の一つの大きな支えとなる基盤が強固にうち固められたのである」（＜Sayeres＞359、(訳) 五〇〇頁。訳文に従わず）。

ところで、BISを潰そうとした、モルゲンソーは、どう思っていたでしょう。彼は国際金融の中心地をニューヨークでなく、ワシントンに移そうとしていました。ニューヨーク金融業界の影響からIMFを隔離させようとしたためなのですが、歴史の示すとおり、国際金融の主舞台がワシントンに移ることもありませんし、ニューヨーク金融業界と通じる中央銀行の会議の場であるBISも解体されたこともありません。

二一世紀に入った今もなお、「解体」されるべきはずだったBISが大きな役割を果たしています。モルゲンソーからいえば、「追放」しようとした「高利貸し」の象徴たるはずのBISは追放されるどころか、「国際金融の神殿」にでんと座しているのです。

■ブレトンウッズ協議においてIMFのユニバーサリズムと対決したキーカレンシー・アプローチ（KCA）方式

第二次世界大戦後の国際通貨体制の構築をめぐる英米通貨協議において、ケインズ、ホワイトは母国の利害をかけて激しく議論を交した結果、英国のケインズ案が退けられ、米国のホワイト案を基にしてIMFが創設されたと解説されることが多いようです。しかし、すでに前章で紹介したとおり、IMF協定第八条の処理に端的なように、実際の協議は英国の為替管理網（スターリング圏）の解体をめぐる英米の角逐の面が強かったのです。この点が日本の研究でも意外に知られていません。

さらに知られていないことは、ＩＭＦのユニバーサリズムの対極にキーカレンシー・アプローチが提示されていたこと、そして戦後はこのＫＣＡ方式で国際通貨体制が律せられていることでしょう。戦後のドル不足などの解消にＩＭＦは無力であり、世界への流動性供給はドルを中心とするキー・カレンシー・システムが担ったのであり、ＩＭＦは制度的にこれを補完するという副次的役割を果たしただけなのです。

言い換えれば、ホワイト、ケインズ案のＩＭＦ方式よりも米国ドルを基軸とするキー・カレンシー体制が機能しているのです。そしてブレトンウッズ会議で葬られていたのがＫＣＡであり、それを提唱したウィリアムズ教授はニューヨーク連銀の副総裁でした。

■ ウィリアムズ教授（ニューヨーク連銀副総裁）のＫＣＡ案の有効性

ＫＣＡは、国際通貨問題は主要国間の通貨協定をもってすれば十分とする提案です。複数基軸通貨の提唱者のウィリアムズ教授やニューヨーク連銀総裁スプロウルは戦時中、ＩＭＦの創設に強く反対し、ブレトンウッズ会議への出席を拒否しました。

ＩＭＦが意図する全世界的アプローチよりも、主要通貨、いわゆる複数基軸通貨の為替レートを軸として、非公式な方法で安定を図る方法を選好したのです。

ウィリアムズ教授は、現実的路線で国際通貨体制の構築を構想していました。まず、通貨体制の構築の場合、一九三六年の三国通貨協定に倣い、「紳士協定」をさらに発展させようというのです。一九三六年秋のフラン切下げにより、英国はポンドの対ドル相場制御に関する術を確保すべく米国と通貨交渉に望み、英米仏の間で過度の為替切下げ競争を回避することが合意されたのです。そして、国が違えば通貨制度も違うという現実を認めようというわけです。要は、基軸通貨国の英米の協調が必要となる。ＩＭＦのような、新たな超国家機関の設立は提案しません。「紳士協定」という場合、事実上の通貨安定のことを意味しており、協定の定義もそれまでに提起されたものよりも緩くし、また拘束力も弱くしておく。そうしてこそ、受入れ可能なものとなる。通貨体制が安定するためには、英米の協調を含む、主要国の国内安定が必要となる。大事なのは、主要国の国内経済の安定にあり、為替切下げは他の手段が失敗した時にはじめて検討すべきことである。固定相場制の導入云々よりも、まずは国内経済の安定であり、これがあって始めて通貨交換性について議論すべきであるというのです。

さらに、ウィリアムズ教授はケインズなどの案に対抗した策を説きます。ドル・ポンド相場の安定から始め、国内政策の安定を強調し、そして、スターリングと欧州通貨に関する多くの諸問題を先送りする。欧州の再興が達成されるまでは為替の安定化はあり得ない。米国が戦後、唯一の債権国になるという状況だからというのです。

英米の協調を説くウィリアムズの場合、戦後に予想される英国、そして欧州の苦境を考慮して主要国の協調を説いているのです。機械的に通貨交換性回復を急ぐＩＭＦ方式とは大きな違いです。

ウィリアムズ教授の案は、英国の戦後スターリング問題をよく理解して出されたものです。実際、イングランド銀行もこのウィリアムズ教授案に基本的に賛成でした。同行も、一九三六年の三国通貨協定とその後の戦間期の国際資本移動・支払に関する諸々の協定が築き上げてきた基盤を実用的に利用していくことを望んでいたのです。

一九四五年四月、ウィリアムズ教授はブレトンウッズ協定をそのままの形で採択することに反対しています。これを早急に採択することが最も容易な対応策だろうが、そうしてしまうと、為替取引上の制限処置は温存されてしまい、真に協力的な基盤は期待できなくなる。これこそが、米国に最も不利なことであるというのです。

同教授は代替案として、ＩＭＦ協定の採択を引き延ばし、その間に英国のポンド残高問題を処理すべきであると主張しました。その場合、英国の問題はＩＭＦの枠外で、しかもＩＭＦ協定に矛盾しない方法で解決し、この条件のもとＩＭＦ協定を採択しようというのです。

英国は、戦後過渡期の問題について不安があり、米国こそがこの英国の問題に対処するために巨額の貸付、補助金を供与し、ポンド残高問題の徹底的解決を図ることが必要だったはずです。これこそケインズが対米通貨交渉で求めていたはずのものです。にもかかわらずケインズはＫＣＡを抹殺したのです（次節参照）。戦後のスターリング問題をよく理解していた国際金融の専門家の意見を抹殺してしまったのです。

英国の特有の問題は、ＩＭＦの枠外で処理すべきである。なぜなら、ＩＭＦは各国の国際収支の不均衡の短期的変動に対応する共同基金にすぎない。これが成功するためには、短期的変動はともかくも、国際収支の慢性的赤字があってはならない。しかし、戦争から平和への過渡期の異常な状態において国際収支均衡が実現できるのか、非常に疑問である。ＩＭＦ協定では、ＩＭＦの資金は救済、再建、そして、戦時のスターリング残高の清算に利用してはならない。だから基金は過渡期のあらゆる不都合に応えることはできない。各国は生じうる赤字をカバーするためにＩＭＦに援助を求めるだろう。ところがＩＭＦには充分な資金はない。かくて、自己否定となるような制限でＩＭＦを縛るよりも、好都合な状況が達成されるまで待つほうが賢明であるというのです。

現実の経緯を踏まえれば、ウィリアムズ提唱のキーカレンシー・アプローチ（ＫＣＡ）の有効性が確認できるでしょう。強引な英米金融協定に基づいて実行されたポンドの交換性回復（一九四七年七月一五日）はあえなく頓挫します（八月二〇日交換性停止）。この意味でも、英米金融協定は英国の援助としては不十分でした。英国を本気で支援するためには、ポンドの交換性回復を先送りし、後に実行されるマーシャル・プランのような大量の援助が必要だったのです。これこそが、英国を一支柱として維持する米国の世界政治戦略にかなうことになるのです。

ケインズと共にブレトンウッズ会議に参加していたロビンズ（ロンドン大学の経済学の教授―一九四一年―五年は戦時内

閣省の経済部局の局長）もウィリアムズ教授を高く評価しており、一九七〇年代初頭から振り返るに、戦後の通貨再建にはこのアプローチの方が適正であったとみています。たとえば、ＩＭＦの場合、最も重要な政策決定を行う際、参加国が多いと不適切となる。内部から本当に重要な有力国、いわゆるグループ10の方がより適切に対応できたであろう。あるいは、基軸通貨諸国のより緊密な連合の方が戦後過渡期の需要に対応できたであろう。しかし、これらはニューヨークの銀行業界からのものであり、民主党政権のトルーマンと財務長官のモルゲンソーが敵意むき出しの状況にある限り、この案は米国側から支持を得られなかった。しかし、戦後、実際に取られた進路よりもこの案の方がイングランド銀行には好都合だったであろう。これが事情に通じたロビンズの考えだったのです。

Ⅱ　戦後、国際流動性を供給したキーカレンシー・システムとしてのドル本位制

■国際流動性を供給できるシステムになれないＩＭＦ

戦後、いわゆる国際流動性（対外支払準備）を供給したのは何でしょう。一般にはＩＭＦと言われますが、その基金の規模は最初から制限があり、流動性供給の役割を果たせなかったのです。例えば、一九四七年夏のポンド交換性回復・挫折においてＩＭＦは役にたったのでしょうか？　ＩＭＦは、戦後直後のドル不足を解消できなかったのです。

冷戦時代の米国のトルーマン政権の対外金融は国際流動性の供給の観点からいえば、ブレトンウッズ機構とは別の、キーカレンシー・アプローチに立っています。マーシャル・プランがそれです。ＩＭＦをバイ・パスした米国のドル散布です。

その理由は二つあります。第一に、ＩＭＦは基金の規模、資金供給条件が厳格すぎ、国際流動性の供給機関としては不適格だったこと。第二に、ＩＭＦ設立の頃は冷戦の問題は視野になかったことです。冷戦がいよいよ本格化した

中、ドル不足問題は西側欧州諸国の政治的経済的不安定を呼びました。そこで、当初、復興援助に冷淡だった米国もソ連に対抗するためにマーシャル・プランを通じ、西ヨーロッパ諸国へ大量のドル援助を行ったのです。これがドル不足を緩和させます。

一九四六－五三年の間に米国はその他世界へ軍事援助を除く、援助とローンを通じ、財・サービスで三三〇億ドルを移転しました。これは米国の輸出の四分の一以上を上回っています。マーシャル・プランは西欧の基幹産業や交通網の再建、各国の貿易や経済協力の促進など、西欧経済の再建や援助のためのものでした。米国のＧＮＰの二％を二～三年の間に振り向けるものであり、一九九〇年代始めの金に換算すると年当たりほぼ一〇〇〇億ドルに相当します。しかも、このような長期にわたる援助計画の後も、その他世界は米国に対し、貿易と支払に厳しい制限を保持する必要がありました。それだけ、世界的なドル不足問題は深刻だったのです。

そのため、ＩＭＦが目指していたはずの通貨の自由な交換性が達成されたのは、主要西欧諸国が非居住者レベルでの経常収支の通貨交換を認めた一九五八年末のことにすぎません。ＩＭＦが目標とした通貨の自由化は一〇年以上を要していたのです。

西欧諸国が経済的に立ち直るにつれ、かつての米国の圧倒的経済力は相対的に低下し、これが米国の国際収支赤字問題を引き起こし、ドル不足はドル過剰の問題に転化します。これが、いわゆる「ドル危機」の醸成です。

そして、一九六〇年代に人口に膾炙された、ドルの「垂れ流し」、あるいは「過剰ドル」の供給は米国の国際収支構造にありました。ドル不安もあり、ＳＤＲなどの超国家通貨が国際流動性供給の役割を果たすと期待されることもあったのですが、実際には一国通貨ドルにとって代わることはありませんでした。これは何を意味するのでしょう。超国家通貨に対する一国通貨の勝利です。超国家通貨は基軸通貨になりえないのです。

■ ケインズに葬り去られたキーカレンシー・アプローチの再生

忘れてはならないのは、英国に同情的であったウィリアムズ教授に対するケインズの仕打ちです。キーカレンシー・アプローチについて、ケインズは懐疑的でした。銀行家のローンは紐付きであるといい、銀行家は定見もないので、財務省とコンタクトを維持したほうが賢明であると考えてしまったのです。一方、全米銀行協会会長のバージェスは、ケインズが通貨会議の英国代表メンバーであれば銀行、実業界に悪影響を及ぼし、そのかわりイングランド銀行総裁カットーならば米国の銀行家の信頼を増幅させると考えていました。これに反発したのでしょうか、一九四四年七月六日、ケインズは記者会見において、キーカレンシー提案を嘲り、これは「世界を磔にする」と皮肉りました。しかし、一九四七年の事態をみれば、英国を「磔」にしてしまったのが、一九四五年末に英米金融協定に調印したケインズだったことがわかります。

キーカレンシー・アプローチは、国際通貨問題は主要国間の協定をもってすれば十分とする提案です。現在、国際通貨協議の主要舞台はどこでしょう？　ＩＭＦではありません。これをバイ・パスした、主要各国の蔵相・中央銀行間会議こそが国際通貨調整の機能調整役として機能しているのです。

例えば、一九六四年一一月二四〜二五日にかけた、わずか一〇時間内に三〇億ドルもの中央銀行間信用（ＢＩＳ、米国とその他一〇か国）がポンド支援に動員されたことは何を意味するのでしょう。ＢＩＳが音頭をとっていたということです。主要国間で通貨協議が行われるというキーカレンシー・アプローチが応用されたということです。逆にみれば、ＩＭＦが機能不全に陥っていたということです。

ニクソン・ショック以降も、世界の為替協議を主導したのはＩＭＦでなく、主要先進国の蔵相・中央銀行間の協議です。この方式のクライマックスは一九八五年のプラザ合意でしょう。この時の米国ＦＲＢ議長ボルカーはウィリアムズの教え子です。Ｇ10、サミット首脳会議、また一九八五年のプラザ合意など一連の国際金融協力からいえば、Ｉ

ＭＦは国際通貨協議の主体でなく、通貨面における単なる象徴の存在に後退しているのです。実際の推移をみれば、ブレトンウッズ協議におけるケインズ、ホワイト案よりもウィリアムズ教授のキーカレンシー・アプローチの方が現実的だったのです。国際通貨事情・歴史に詳しい島崎久彌はこの点を一九七六年の時点で次のとおり、回想しています。

今にして思えば、異質的な加盟国の諸通貨をイコール・フッティングに並列することによって単一の通貨圏に包摂し、発展段階の較差を過渡期間の概念によって超克しようと試みたＩＭＦのユニバーサル・アプローチは、むしろ戦後の過渡期が生み出したユートピアにしか過ぎなかったのである（〈島崎〉四頁）。

ブレトンウッズ協議でケインズ、ホワイトに葬り去られたはずのＫＣＡで動いているのが、二一世紀現在のドル体制です。よく国際金融研究の解説では、「ＩＭＦ＝ドル体制」という用語が頻繁に使われてきましたが、戦後のドル本位制の歴史を見れば適切なタームになりません。

例えば、一九四七年夏のポンド交換性停止の時もＩＭＦは何も機能しておらず、またそれ以降もＩＭＦの貸出は低迷しており、この時期はＩＭＦの休眠期でした。「ドル散布」をしていたのは戦時中はレンド・リースであり、戦後はマーシャル・プランであり、また、その後は米国の国際収支赤字構造です。一九五八年末に西欧諸国が通貨交換性を回復するまで「ドル散布」の役割を担っていたのは米国経済であり、ＩＭＦではないのです。戦後の国際通貨体制は当初想定されていたＩＭＦ的枠組みでなく、キーカレンシー・アプローチ（ＫＣＡ）の原理によるドル体制として機能していたのです。

ここでケインズとＩＭＦとキーカレンシー・アプローチの関係を総括しておきましょう。ケインズはホワイトと共にブレトンウッズ協議の場でキーカレンシー・アプローチを抹殺しました。このアプローチは主要国間の中央銀行間協力方式を唱えています。さらに面白いことに、ＢＩＳ出身のヤコブソンは、ＩＭＦが否定していたはずのキーカレンシー・アプローチの熱烈な支持者であり、この人がＩＭＦトップの専務理事になり、一九六〇年代、Ｇ10を組織し、一連のドル危機対策を打ち出したのです。

基軸通貨は超国家でなく、一国が担い、世界に流動性を供給するのです。こうして、ブレトンウッズ協議で葬られたはずのキーカレンシー・アプローチが復活を遂げ、超国家通貨を唱えたケインズに勝利し、また、国際機関を通じ国際流動性供給を図ったホワイトにも勝利したのです。国際流動性の供給を担うのはホワイトのユニタス、ケインズのバンコール、また後のＳＤＲのような超国家通貨でなく、一国通貨のドルだったのです。基軸通貨は世界最強の経済国の国民通貨が担う。これは基軸通貨を担っていたポンド、ドルの歴史の教えるところです。

ここにケインズのパラドックスが生じます。ケインズは、ＢＩＳを救い、キーカレンシー・アプローチを抹殺しました。一方、ヤコブソンはＢＩＳ、キーカレンシー・アプローチのいずれも熱烈に支持しました。そして、ケインズ的資本移動規制をはずします。ここにＢＩＳとキーカレンシー・アプローチが合体します。モルゲンソーの晩年、ＢＩＳはＫＣＡ方式のもと、ドル危機防止に奔走していたのです。これに関し、ガードナーの絶妙の皮肉を引用しておきます。このＢＩＳもかかわった中央銀行間信用が動員された時、「その晩年を送っていたモルゲンソーははたして何を考えていたのであろうか」（＜Gardrer＞一四頁）。

第四章　短命に終わる運命にあった戦後固定相場制度

Ⅰ　ブレトンウッズ構想では想定外の事態の急進展
——冷戦体制における資本主義の拡大的不均等発展

■攪乱的資本移動が生じる場合、「基礎的不均衡」と一時的「不均衡」の区別は不可能

ブレトンウッズ会議が産み出したＩＭＦにおいては、次のような経済目標が設定されています。第一に、完全雇用、物価安定、経済成長。第二に、為替レートの固定。第三に、財・サービスの国際取引のための為替取引の自由化。要するに各国通貨は、お互い自由に交換可能にすることとなったのです。

以上の三点は、一九三〇年代の悲劇を繰り返さないという決意のもとに決定されました。しかし、この三つを同時に実現するのは不可能なことなのです。第一の目標の場合、一国の経済政策を他国の動向にかかわりなく実現しなくてはなりません。しかし、これは第二の目標、すなわち、為替レートの固定と両立させるのは幸運と偶然がなければ不可能なことです。さらに第一の目標は第二、第三のそれに従属させられます。もちろん、ブレトンウッズ体制の創始者も、これらの諸目的を同時達成するためには多くの摩擦が絡まってくることを認識していました。

そこで、この三つの目標を実現する際に生じる国際収支赤字に対処するために、ＩＭＦが仲介して国際貸付制度を創設したのです。そして、国際収支不均衡が一時的でない場合（「基礎的不均衡」の場合）、為替相場の変更も認められました。「基礎的不均衡」に陥った国は、その他諸国の国際的同意のもと、為替レートを不連続的に変更できるというのです。そして国際収支の不均衡が「一時的な」不均衡の場合、当該諸国は外貨準備の使用や新設のＩＭＦからの借入により、ある程度対応できるので、為替レートの変更は認められません。

しかし、問題は一時的不均衡と「基礎的不均衡」の区別がおよそ困難であることです。例えば、通貨投機は各国間の不均衡に反応して生じ、そして資本移動が激しくなりますが、資本移動によって生じる「不均衡」は「基礎的不均衡」の分類の枠に入りません。当初のＩＭＦ協定の場合、通貨を経常取引では交換可能とし、資本取引の場合、交換を制限することができます。しかし、リーズ（leads）とラグズ（lags）の例に示されるとおり、経常取引と資本取引を峻別するのは困難なのです。リーズの場合、自国通貨の切下げを予想する輸入業者は輸入や輸入代金に要する外貨の支払を早めます。ラグズの場合、自国通貨の切下げを予想する輸出業者は輸出や輸出代金に関する外貨の受取りを遅くします。このため切下げを予想される国は輸出が抑えられ、輸入が促進されます。輸入業者は輸入に必要な外貨購入を直物、先物いずれの為替市場でも買いを急ぐのです。為替が切り下げられると輸入に要する外貨の値段が上がるからです。逆に、輸出業者は輸出で得る外貨の売りを直物、先物市場いずれでも遅らせます。為替が切り下げられると輸出取得金の外貨の価値が上がるからです。こうして直物、先物いずれも、為替切下げが予想される自国通貨は、ますます下落圧力を受けてしまうのです。

結局のところ、ブレトンウッズ体制の創設者は一九五〇－六〇年代に生じた貿易、国際資本移動に関する大きな変化を予想していなかったのです。通信手段の改良と低廉化もあり、資本移動は、電信送金で比較的低コストで簡単にできるようになりました。多くの企業内取引が国際取引の形をとっていました。国際貿易も伝統的な商品貿易から特殊でリード・タイムの長い製造品貿易に次第に変化していました。そして、これらに関する支払には貿易支払と信用取引が分かちがたく結びついており、経常取引と資本取引を分離して資本取引だけを規制することはますます困難になりました。そして、資本移動も為替レートの不連続な変化を見込んで膨張していました。相次ぐ通貨切下げを予想して、投機的に国際資本移動が大規模に生じたのです。このため、ブレトンウッズ体制では保たれるはずの国内経済の独立性は大量の資本移動のために脅かされてしまうのです。旧西ドイツの場合、一九六九年、わずか一週間で貨幣供給は二五％も増加しました。マルク切上げのために世界の短期資本が洪水のように西ドイツに流入したのです。

たしかに、「基礎的不均衡」の場合に平価を変更できるという、調整的釘づけは、通貨交換性が回復せず、資本移動が厳しく制限された時代には可能でした。しかし、通貨交換性が回復し、世界の金融市場の統合が進行する一九五八年以降は、およそ時代遅れになったのです。投機的資本移動は制御不能になるまでに膨張し、その結果、一九七〇年代初めにブレトンウッズ体制の固定相場制度は崩壊するのです。

「不均衡」は、実際は英国、西ドイツの例にみられるとおり、資本移動によって生じることが多い。すると、この「基礎的不均衡」の例で明らかになったことは、ブレトンウッズ体制において資本移動が規制されていたというのはＩＭＦ協定の条文の額面解釈にすぎず、逆に資本移動に振り回されていたのが当時の国際通貨体制だったということです。

■ ブレトンウッズ構想では全く想定されていなかった冷戦体制

ブレトンウッズ体制における戦後経済計画者が予想できなかった事態は他にもあります。その一大要因は、冷戦構造の定着でしょう。ブレトンウッズ協議では、冷戦の話は特に出てません。ソ連も協議に参加していたくらいですから。

冷戦、低開発国の巨額の需要、米国に典型的な多国籍企業の発展（これ自身、西欧の高成長に対応したもの）、米国の海外軍事支出、対外援助の必要性、あるいは米国の貿易収支黒字を著しく超過する民間資本の流出。さらには、先進国間の拡大的不均等発展を現す西欧の復興、戦後の世界的技術革新の展開。これら戦後の世界資本主義のダイナミズムは当時、ブレトンウッズ体制の始まりの頃は予想外だったのです。

しかし、ダイナミズムこそが「基礎的不均衡」の定義の再検討を迫るものでした。為替調整が必要とされる状況という、ＩＭＦの規定にある「基礎的不均衡」の中身の不明瞭さがますます明瞭になったのです。そして、「バランス」が崩れるのはこのホット・マネーなど短期資金の動きからであり、経常勘定よりも資本勘定で「基礎的不均衡」が露呈するのです。資本勘定の動きは「基礎的不均衡」の範疇にありませんでしたが、実際のところ、「基礎的不均衡」を具現させるものは、この資本勘定なのです。モノ、人の動きより、カネの動きの方が大量、かつ迅速な時代になっていたのです。

資本移動の膨張という、戦後の急変を予想できなかったのはＩＭＦばかりではありません。他ならぬ米国自身も、永続的な国際収支赤字に悩まされたり、ドル不足がドル過剰に転じるという事態はとうてい予期できなかったのです。ＩＭＦ開始当初、世界はドル不足の状況にあったのです。しかし、このドル不足は長くは続きませんでした。米国の生産性がその他のそれを圧倒するという状況は、日本、西欧の経済復興に伴い、持続しなかったのです。冷戦体制における資本主義の拡大的不均等発展はめざましかったからです。

Ⅱ　資本移動膨張に対処できなかったＩＭＦ

――資本移動の抑制から容認へ方針転換

■ ブレトンウッズ企画者が想定していなかった資本移動の膨張――「ドル不足」から「過剰ドル」の時代へ移行

しかし、このような資本移動はブレトンウッズ体制が機能し始めた時からすでに活発だった点です。ＩＭＦが実際に機能するのは一九四七年ですが、固定相場制度が一般化するのは一九五八年末以降のことです。西欧諸国の通貨の交換性が回復するのは五八年末のことだからですが、これにより自由になった経常取引は多量に短期資本移動を発生させ、国際流動性問題は新たな局面を迎えます。これが、ブレトンウッズ体制の固定相場制度を脅かす存在となります。西欧通貨の交換性回復で資本移動に対する為替管理が大幅に緩和され、外国為替市場も再生します。世界はドル不足の時代からドル過剰の時代になります。一九六〇年代以降に明らかになったことは、為替相場は貿易収支の動向でなく、投機資本の動きでより大きな圧力を受けることになったことです。

経常取引における通貨交換性の回復は、資本移動を促進する副次的効果をもたらしました。さらに、資本移動が増大すると各国間の国際収支不均衡は拡大します。この不均衡を埋めあわすためにはＩＭＦ参加諸国の間でクレディットの供与が必要となります。資本規制を緩和すればするほど、投機的動きを相殺するためにＩＭＦを通じた各国間のファイナンスが必要となるのです。これが一九六〇年代のいわゆる「国際流動性」問題です。国際収支不均衡が拡大する中、国際収支の弱い国の通貨は固定相場を維持するのが困難となり、国際準備の供給の増加をＩＭＦへ求めざるをえなくなります。しかし、これはあくまでも短期的な不均衡とみなされ、「基礎的不均衡」のカテゴリーにはないものでした。

■「ドル不足」ならぬ、「過剰ドル」に悩まされるようになる米国

意外にもその資金援助を最も必要としていた諸国は米国、英国の基軸通貨国でした。この場合、不均衡はドル不足でなく、ドル過剰の事態によるものです。ところが大きな問題が出てきます。ＩＭＦの条文はドル不足の時代を予期して作成されたものです。通貨交換性を回復する場合にドル不足が予想されるので、このドル不足に対応した資本移動規制を導入していたのです。後にドル過剰となるという考えは毛頭なかったはずです。

すると、膨張する資本移動に対処しなければならないＩＭＦのはずが、過剰ドルを背景とする資本移動には対応できなくなります。ＩＭＦは、ドル不足の時期とドル過剰の時期を一律に資本移動規制で対応するわけにいかなくなったのです。

そこで、問題になったのが、ＩＭＦ協定第六条の扱いでした。ＩＭＦは経常勘定を自由化しながら資本移動は規制できると考えていましたが（ケインズの資本移動規制策の反映）、ブレトンウッズ協議の時も、米国の銀行家たちは、全く実効性のない全体主義的発想であると批判していました。実際、一九五八年末の通貨交換性回復によって経常取引が自由化すると資本移動は膨張したのです。ケインズ的第六条は、使い物にならなくなったのです。

この第六条の効用性に関し、すでに一九六二年の時点、わが国でも問題点が認識されています。東京銀行会長も歴任している堀江薫雄の場合、「海外旅行のために必要とする外貨の売却を全く自由にするときは、海外旅行に名を借りて資本流出が行われる」等の事態が予期されており、経常取引が自由化される中、「資本取引に対する規制は、実際問題としてきわめて困難となる」（〈堀江〉一四四頁）と指摘されています。

堀江のような見解はＩＭＦ正史にも記述されています。これによれば、経常取引と資本取引の扱いに関する区別は一部守られただけであり、この区別は実際の為替市場では不明である。区別をしている国もあるが、交換性を達成した諸国の多くは主要国経済の統合が進展しており、資本取引に制限を加えると経常取引が制約される。これが資本移動制限を課した当のＩＭＦの見解なのです。

このように、経常取引が自由化されれば資本移動は制限できなくなるのですが、これに関し、ヤコブソンは実に鋭い見解を提示しています。前の章で見たとおり、ヤコブソンは戦前はＢＩＳの経済分析主任であり、戦後はＩＭＦトップの第三代専務理事を務め、またＧ10を組織する上で大きな役割を果たした人です。両大戦間の一九三三年、米国は英国がポンドを不当に下げる操作に出ていると批判し、そして、自国は大幅な貿易収支黒字であるにもかかわらず英国の為替操作に対抗すべく同年にドルを切下げ金本位制を停止しました。しかし、実際には一九三〇年代の英国の経常収支は赤字であり、ポンド安定操作を担う英国為替平衡勘定（ＥＥＡ）が外国為替を獲得できたのは、為替を不当に切り下げて輸出を増強できたためでなく、投機的な資本が大量に流入したためでした。

そのため、ヤコブソンは、投機的な資本流入によりポンドが不当に引き上げられることを阻止すべく、英国がポンド上昇の相殺操作を行うのは当然のことであると主張して米国に反論していたのです。また、国際的な資金移動の場合、それが経常取引か資本取引によるのか識別が困難とみていたのが英国ＥＥＡでした。ヤコブソンはそれを深く承知する一方、承知できていなかったのはケインズなどのＩＭＦ策定者でした。

資本取引は、捕捉しがたい面があり、また経常取引と資本取引をはっきりと区別することは実質上、困難なことが多いのです。実要とヘッジ需要、投機的需要を区別して処理するのは困難です。これは、すでに一九三〇年代の例からも明らかなことでした。例えば、一九三三年三月、米国の銀行恐慌の最中にもあり、ドルが切り下げられる状況でしたが、米国の有力銀行は自国の利益に鑑みて、むしろドルを買い持ちする行動に出て、そのヘッジとして海外で金を購入していました。ところが、この行為はドル支持のはずなのに、金購入の行為だけが切り離されて、米国通貨当局から金投機行為として非難の的とされてしまったのです。

経常取引が自由化されれば資本取引は制限できなくなる。現在の為替相場を決定する要因が経常勘定ではなく資本勘定であるのは常識中の常識です。そして経常取引が自由化されれば資本取引の規制はできなくなる。これがケインズにはよく理解されていなかったのです。それも当然でしょう。『一般理論』のケインズは封鎖体系志向であり、資本移動は当然規制されるからです。

以右から明らかなとおり、経常取引における通貨交換性の回復は資本移動を促進する副次的効果を発揮します。しかも、経常取引を自由化しながら資本移動を規制するという願望はすでに一九四七年夏のポンドの交換性回復のたちまちの頓挫によって、ものの見事にうちくだかれています。ＩＭＦ協定では想定されていなかった巨額の資本移動が生じたからです。この点は第二章Ｖ節に書かれています。

Ⅲ　ＩＭＦの換骨奪胎

■資本移動規制を謳った第六条改訂の意味

資本移動が膨張するとブレトンウッズ体制における固定相場制の維持は困難になる。資本移動が増大すると各国間の国際収支不均衡が大きくなります。この不均衡を埋めあわすためにはＩＭＦ参加諸国の間でクレディットの供与が必要となります。資本規制を緩和すればするほど、投機的な動きを相殺するのにファイナンスが必要となるのです。これが一九六〇年代のいわゆる「国際流動性」問題です。国際収支の弱い国の通貨は固定相場を維持するのが困難となるので、それを補うべく、ＩＭＦを通じ各国へ国際準備の供給を増加させようとしたのです。

このため、ＩＭＦ第三代専務理事のヤコブソンは、起こりうる民間資本の国際的動きの衝撃に対応できる処置をＩＭＦに求めます。資本流出によって国際収支困難に陥った国をＩＭＦが資金支援しようというのです。しかし、これが大きな問題となります。このような類の資金支援は旧来のＩＭＦ第六条に明らかに違反しているからです。それまでの同条の場合、ＩＭＦの資金の利用は経常収支赤字で国際収支危機に陥った国に限るとされていたのです。

たしかにＩＭＦの場合、資本移動は一般に規制され続けることとなっていました。しかし、一九五七年以来、国際資本移動を規制から自由にする動きが徐々に進行していました。特にＥＥＣを形成する欧州六か国の場合、一九六〇年以前に国際資本移動を許容する動きが相当進んでいました。公的立場としては資本移動は必ずしも望ましい方向に進んでいるわけでないが、資本移動の自由化の利点もどんどん広く認知されるようになり、その移動の制限も縮小されていたのです。この結果、投機的性格の短期資本移動から生じる国際収支危機が再び問題となったのです。

こういう経緯もあり、加盟国がこのような資本移動危機に陥った場合、ＩＭＦの資金を利用することを許容する方向になりました。一九六一年二月一〇日、ＩＭＦの理事はそれを認める方向で検討するよう指示しています。

たしかにＩＭＦの条文草案の時期には、大半のメンバーは資本移動に対して為替管理を課す権限があると考えていました。資本移動による赤字をファイナンスするためにＩＭＦの資金を利用するのでなく、その資金移動を管理する権限を保持すべきだというのです。資本移動に対してＩＭＦの資金利用を限定しようとしていたのは、一国の準備が減少している時に、その原因が経常収支によるものか、資本収支によるものなのか、はっきり区別できると前提されていたからです。また、資本移動を管理しておけば、大規模に持続的に減少しないと想定していたからです。

しかし、これは欧州通貨の交換性回復以前の場合、あるいはドル不足が前提のことです。そして、経常取引を自由化しながら資本取引を規制することが無理であることは一九四七年夏のポンド交換性回復の頓挫で明らかに示されています。

ＩＭＦが資本取引で生じる国際収支危機に対して融資しないとなると、国際通貨危機は放置されます。ＩＭＦは本来の目的である固定相場の国際通貨体制を維持できなくなってしまいます。このため、ＩＭＦは資本移動で国際収支危機に陥った国に対して融資できることを決議したのです。

資本移動の時にも基金の資金を利用してもよいという決定は、一九六一年七月二八日に下されます。第六条を実質否定し、それまで禁止されていた、加盟国へ資本移動対策として基金の資金利用を可能とさせたのです。よい資本移動と悪い資本移動とに性格区分することはできないと考え、資本移動禁止全般では資本移動には対応できない、だから資本移動で国際収支危機に陥った国にもＩＭＦは資金支援してもよいという案をヤコブソンは通させたのです。

第六条が従来のままであれば、資本流出による国際収支危機に陥った国はＩＭＦからは借入できない。しかし、そのままでは資本移動対策はますます効力がなくなる。当時の固定相場制度は維持できなくなるのです。ＩＭＦの調査局長、理事を歴任したポラックも第六条を「かび臭い条文」と揶揄したのもこのためです。

第六条の修正で動きがとりやすくなったのが米国です。資本移動激化への対応（ドル切下げ不安）に対応すべく、米国は主要通貨をＩＭＦから借り入れ、これをドル支持に使用して金準備減少を防ぐのです。これが一九六二年一月に承認されたＧＡＢ（一般借入協定）です。

ＧＡＢ協定の背景には、米国の国際収支赤字の拡大、その対極をなす西欧、日本による黒字の膨張という国際収支不均衡問題がありました。一九六四年一一月、英国は二億ドル、ＩＭＦよりＧＡＢを使用しました。また、諸中央銀行は活発化した投機的国際資本移動に民間資金移動を相殺するために通貨スワップ網を形成しています。民間資本移動が大規模となり、固定相場制度の脅威になっており、多量の国際短資移動を相殺するために短期貸出制度が各国間に利用できるようにしたのです。

ところが、ＩＭＦ第六条の実質的変容に注意の向かない日本の研究の場合、ＩＭＦ体制における固定相場制度の下、国際資本移動は厳しく規制されており、資本移動は活発でなかったと解説することが多いのです。このような解説では一九六〇年代に頻繁に話題となっていた「ホット・マネー」や「チューリッヒの子鬼」などはどう扱われるのでしょう。当のＩＭＦの正史と正反対のことを、日本の多くの学者は書いているのです。彼らは日本の通貨政策の当事者が書いていることも知らないようです。日本の学者と正反対のことを、したがって正しい解説をしていたのは旧東京銀行会長の堀江でした。同様の解説はＩＭＦ正史にもあります。さらに例を加えましょう。

日本銀行理事を務めたことのある吉野俊彦は、この資本移動について、一九六〇年代初旬の資本の自由化以降、「国際的な資本移動はかつて想像もできなかったような規模に達し、それが世界各国の中央銀行の金融政策に大きな影響を与えるようになっている」（〈吉野〉四頁）と書いています。あるいは、日銀元総裁の速水優も同様の回想を記しています。

「ブレトン・ウッズ体制ができた当初には、予想もしなかった大量の短資の流出入は、為替安定の阻害要因になるのであった」（〈速水〉二二頁）。

ヤコブソンを継いで専務理事となったシュバイツァーも、資本移動の膨張に注目しています（一九七一年一〇月二七日）。「一九六〇年代の中頃以降の期間は、主要な金融センター間における巨額な資本移動により明示された金と外国為替市場の危機の頻発によって特徴付けられてきた」（〈Beckhart〉五五四頁）。

さて、日本の国際金融の学者は以右に挙げた国際金融の権威の話を知っているのでしょうか？　ＩＭＦ協定の条文の訓詁学的解釈に明け暮れていたのです。国際金融の現場に立ち会う人間は実態と条文を相照らし合わせながら資本移動の経済的意義を明らかにしようとしているにもかかわらず。

これもある意味で当然です。ＩＭＦ協定作成におけるケインズの失態について日本の学者は何も解説してきませんでした。ＩＭＦ法制局長を務めたゴールドが、ケインズの失態に関し、詳細にパンフレットに記しているにもかかわらず。ということは日本の学者は真の権威も知らずに幻の権威にすがりついているということになります。

モノの取引が自由化されるとマネー（資本）の取引は当然膨張するのです。一九五八年末に西洋諸国の通貨は非居住者を対象とする経常収支レベルで交換性を回復しましたが、それ以前の場合、ＩＭＦからの資金引出総額ではドル以外の引出は一〇％にも満たなかったのです。六一年二月、西欧諸国はＩＭＦ八条国に移行し、居住者にも交換性が拡大され、これに対応して国際資本移動はさらに活発化します。しかも、米国の国際収支問題が深刻視され、いわゆる「ドル危機」問題が発生し、ドル防衛のために米国自身もＩＭＦから資金引出をする可能性が高まったのです。

■ IMF協定の致命的欠陥——通貨危機の時に役に立たない、穴だらけの「種々の通貨が入った袋」

その場合、旧来の第六条が大きな障害になっていたことは、すでに確認したとおりです。しかも、IMFは構造的弱点を抱えていました。IMFはしょせん、「種々の通貨が入った袋」（<Dam>148）にすぎず、その皮は穴だらけだったのです。

では、その心を明らかにしましょう。当初のIMF規定にはドルが弱くなる事態は想定されてません。ホワイト方式をとるIMFの資金は各国が自国通貨で払い込んだ額で構成されていますが、最大の拠出国の米国（四一・二五億ドル）、第二の拠出国の英国（一九・五億ドル）の双方の通貨はドル危機には何の役にも立たないのです。なぜなら、ドルでドルを買い支えることはできないからです。また第二の拠出国英国のポンドもドル支援には何の役に立ちません。一九六一年八月、英国はポンドを支えるためにIMFから多額のドルを引き出しており、ドルを支える立場にはなかったのです。そして米国がドルを支えるためにポンドを売るとポンドはますます弱くなってしまうのです。

したがって、IMFにおける最大の拠出国米国はドル支持のため、自国通貨はおろか、第二の基軸通貨のポンドを活用できないのです。その他の先進工業国八か国の通貨ではドルを支えられません。その拠出額は合わせても三七・九五億ドルにしかなりません。さらに別の五〇億ドル程度の拠出金が発展途上国の通貨で構成されていたことも大きな問題です。これらの通貨はそもそも交換性がないから、ドルを支えるわけにはいかないのです。これらの使いものにならない通貨がIMFで七割を占めていました。

さらに悪いことは重なります。IMFが保有するこれら先進八カ国の通貨は英国による引出しの結果、一七億ドルへと減少していました。これは米国の国際収支の赤字額、あるいは拠出額の大きさからみれば、全く不十分な額でした。IMF開設の当時は世界的にドル不足であり、ドルが「過剰」となる事態は全く念頭になかったのです。だからドル危機対策には役に立たないのです。ホワイト方式を基にして採用された「種々の通貨が入った袋」は実は穴だらけだったのです。

このようにドルが弱くなる事態の場合、ＩＭＦの資金は実際には役に立ちません。さらにＩＭＦ第六条の場合、国際資本移動による対外支払準備減少とか国際収支不均衡に陥った国には資金援助しないことになっていました。ケインズが思い入れの深かった第六条は国際資本移動を制限するのが狙いなので、資金移動の膨張には対処できないのです。しかし、当時の実際の国際収支危機は経常取引よりもむしろ資本取引から引き起こされています。とすると、このままではＩＭＦは資本移動で国際収支危機に直面する諸国を援助できなくなります。このため、一九六一年に第六条は実質上改竄され、資本移動で国際収支危機に直面した諸国もＩＭＦから資金援助を受けてよいことになったのです。

資本移動を禁止しているケインズ体系の否定、それが第六条の改訂なのです。先進国が第八条に移行するにつれ資本移動は膨張します。資本移動は特に一九六〇年代後半、固定為替相場の維持にとっては「破壊的作用」を発揮します。一九五〇年代末、全般的交換性回復が達成されると、ＩＭＦの企画者にとって、資本移動は当初の想定とはかなり異なる方向で進化せざるを得なかったのです。

■ 資本主義諸国間の拡大的不均等発展の象徴となった資本移動

すでにみたとおり、グローバル化を象徴するものといえば何といってもマネーの動きです。特に世界の資本市場の膨張が著しく、それを端的に表現するのが、工業諸国の対外債務・債権の伸びです。その合計の対ＧＤＰ比率は一九九〇年から二〇〇三年の間におよそ三倍増加し、二〇〇％を超えています。この資本移動を動機づけるものは、成長率格差に端的な、各国経済の間にある相違です。資本主義諸国間の拡大的不均等発展といってもよいでしょう。

グレイを借りれば、制約のない資本移動と束縛のない自由貿易の促進、工業生産と新しい技術の全世界への拡散、これこそが経済のグローバル化でしょう（<Gray>一〇頁）。資本と生産が国境を越えて自由に移動するグローバル市場が機能するのは、まさしく地方と地方、国と国、地域と地域の間に違いが存在するからです。この資本移動の膨張が特に目立つようになったのは一九八〇年代のことです。先進諸国では資本取引規制が撤廃され、先進諸国間の経常収支不均衡が拡大した時期です。資本移動の規制撤廃、グローバル化、技術革新があり、資本移動が急増したのです。これは米国の経常収支の赤字化が常態化し始め、米国が世界最大の借金国になったと言われ始めた時期と重なっています。米国は経常赤字の膨張を埋めるべく、世界から資本を吸収しなくてはドルが危機に陥るという説も広く流布されていたのもこの時期でしょう。

実際、貿易高の取引高よりもマネーの取引高が急増しています。一九七三年の場合、一日平均の外為取引額は一〇〇億ドル～二〇〇億ドルであり、外為取引の貿易取引額に対する比率が二倍を超えることはなかったのですが、九二年には八八〇〇億ドルで貿易取引額の五〇倍へと膨張し、さらに九五年には一・二六兆ドルで貿易取引額の七〇倍に達し、世界全体の公的金・外貨準備に相当するものとなったのです。これはあくまでも一日平均の取引額であり、ポンドがＥＲＭより離脱し、仏フランが投機的攻撃に曝された九二年九月の場合、平均取引額をはるかに上回っており、しかも通貨取引の断然大きな割合が超短期のものでした。

このように一九九〇年代にマネーの取引高が貿易取引高をはるかに上回る傾向が強くなっています。しかし、国際的資金移動が激しくなる傾向は一九七〇年代にもはっきりとみて取れます。一九五九―七五年までニューヨーク連銀の外国為替担当副総裁を務め、外国為替市場の最前線で活躍していたクームズよると、「市場で行われる毎日の多額の取引のうち、外国貿易や長期投資といった基礎的要因に由来するものはほんの一部にすぎない。市場は一日一日を基準に、目先の利潤や為替リスクに対するヘッジを求める短期資本移動によって支配される。貿易統計よりも、ニューヨークと欧州の短期金利差の方が為替相場に対してはるかに決定的な影響を何か月も与えうるのである」（<Coombs>

八頁)。クームズの著作は一九七六年に出版されており、外国為替市場の叙述はそれ以前の状況を念頭においたものです。

第五章　一九六〇年代の「ドル危機」の真相

I 「ドル危機」の発現となる金投機

■ ロンドン国際金市場の意味

西欧諸国が経済的に立ち直るにつれ、かつての米国の圧倒的経済力は相対的に低下し、これが米国の国際収支赤字問題を引き起こします。「ドル不足」から「ドル過剰」問題への転化です。いわゆる「ドル危機」が醸成されます。この国際収支赤字問題もあり、特に中東、極東から、そして、国際的政治危機の際、ドルやスターリングを金に換えようとする人々が金市場に殺到するようになります。

ドルは国際通貨であり、海外の個人、法人に広く保有されています。米国は外国の通貨当局に対してだけ、ドルを一オンス＝三五ドルの公定価格で金交換します。これによりドルの固定相場を維持します。しかし、民間の人もドルを金に換えることができます。そこにロンドン金市場の存在意義があるのです。ここの市場価格は公定価格一オンス＝三五ドルを基準にしています。しかし、世界中に「過剰ドル」がまかれると、金は海外の民間市場では投機の対象になりやすくなります。金の市場価格が公定価格を超えてしまうと、この二つの価格差をねらって利益を得ようとする金裁定取引が盛んになります。しかし、これでは、一オンス＝三五ドルで成り立つ国際的固定相場体制が維持できなくなります。外国の通貨当局が米国へドルを一オンス＝三五ドルで金兌換し、これをロンドン金市場で売れば裁定利益が出るからです。しかし、これでは、米国の公的金準備が減少してしまい、金兌換に応じられる金が不足してきます。この意味でロンドンの金市場は、「ドルの金平価とブレトン・ウッズ体制に対する信頼のバロメータ」(<Coombs>二七頁)でした。

ロンドン市場の金価格が公定価格を上回る限り、米国以外の中央銀行は米国財務省の金窓口(gold window)とロンドン金市場の間で金の裁定取引を行う可能性があり、これで米国の金準備が侵食されてしまいます。すなわち、外国の中央銀行の中にはロンドン金市場で金をプレミアムで売り、この資金で米国財務省から公的価格で金を購入すれば、確実に利益を稼げるからです。とはいえロンドン金市場は再開されて以来六年間、平静であり、価格も米国財務省の金売買価格の範囲に収まっていました。

■トリフィン・ジレンマ論の登場——ドルを基軸通貨とする国際通貨体制の弱点⁉

しかし一九五〇代半ば以降、欧州の主要中央銀行は米国から積極的に金を購入していました。米国政府当局も、米国の公的対外短期ドル債務と金準備の関係の悪化、あるいは、これによる金準備の減少を懸念するようになっていました。そして一九六〇年夏にはトリフィン論文が出て、理論的にしか問題視されていなかった問題が一挙に表面化しました。

トリフィンは、ドルを基軸通貨とする通貨体制の弱点として、次のとおり批判しました。

各国の対外準備となるべき国際流動性は金と米国の国際収支赤字を通じたドル散布によって供給されなくてはならないが、金は世界的に供給不足なのでブレトンウッズ体制のもとでは各国は国際流動性の供給をドルに頼るしかない。しかし、そうなると米国は国際収支上、赤字が増加し、基軸通貨ドルの対外短期債務が累積する。この結果、各国の国際準備の中にあるドル債権が膨張し米国の金準備を凌駕すると、ドルは金一オンス=三五ドルの対外金交換性を維持できなくなる。国際流動性の供給を円滑にするためには米国の国際収支赤字が必要であるが、それでは、ドルの対外短期債務が膨張してしまう。世界の流動性供給は必要であるがドル危機の潜在的要因となってしまうジレンマがあるというのです。当時、これが「トリフィン・ジレンマ」として大きな話題になりました。

しかしこれはジレンマでも何でもありません。歴史的にみれば金準備の比重はもともと低いのです。たとえば、第一次大戦前、世界の基軸通貨ポンドを支えるはずのイングランド銀行の金準備は英国の輸入額の五％程度、世界の準備保有総計（金、外国為替）も世界の輸入の二〇％にすぎませんでした。これに対し、ドル不足の時代の、国際流動性の供給が飢餓状態にあった五七年の場合、五一％もあったのです。基軸通貨の信認は金準備率に必ずしも依存していないのです。

ここで再度、トリフィン・ジレンマの内容を要約します。国際流動性（対外的に流通するドル）の必要量は増加しているのに、ブレトンウッズ体制ではそれに見合う金は十分に供給されていないし、ドルで流動性を十分に供給するとドル不信が高まってしまう。ドルという流動性を供給し続けるとドルは金兌換できなくなるというのです。

■トリフィン・ジレンマ論の陥穽――対外ドル債務と金準備の関係

このトリフィン説に関し、ドル危機の根拠とされた米国の対外債務比率に対する米国保有の金準備の関係について再確認することが必要です。一般に、預金総額に対する金準備額の比率が金準備率と呼ばれることが多いようです。しかし、これは、実際の米国の金準備率と対外的金兌換の話とは直接には何の関係もありません。たしかに、米国は金本位制の時代、連邦準備券に対し四〇％の金準備を、市中銀行の連邦預金に対し三五％の金準備を持つことが必要でした。この金準備規定は一九三〇年代のニューディール時代、連邦準備券については二五％へ、連邦預金については二五％へ引き下げられています（両者が二五％になったので四分の一準備法と呼ばれる）。

みられるとおり、金準備率という場合、連邦準備券に対する金準備の比率であって、外国通貨当局保有のドルに対する比率とは何ら関係ないのです。実際のところ、同じドルといっても、米国国内の人はいうまでもなく、国外の民間人は金兌換できません。外国通貨当局保有のドルだけが金兌換の対象にすぎないのです。

たしかに、外国通貨当局保有のドルに対する金準備の比率が低下すればドル不信につながります。ドルの対外金兌換性が危なくなるからです。米国の国際収支赤字から生じた短期資金（いわゆる海外保有のドル残高）は一九七一年末までに六四〇億ドルを上回りました。通貨の交換性が回復されるようになる一九五八年末、それは一七〇億ドルにすぎませんでした。この結果、米国の金ストックの対外短期債務比は一二〇％から一六％へと低下したのです。

しかし、この短期債務自身に対し、米国通貨当局が金支払責任を負うことはないのです。責任を負うべきは、対外短期債務のうち、外国通貨当局が保有するドル資金に対してだけです。外国勘定における公的ドル残高に対し、金交換に応じるということであり、外国勘定における民間保有のドル残高に金兌換で応じることはないのです。

外国通貨当局保有のドル債権に対する金準備の比率は一九六〇年代のドル危機の勃発時のかなり前から低くなっています。一九一四年から七〇年までの間に米国の金ストックは約二〇億ドル（金一オンス＝三五ドルとする）から一〇一億ドルへ増大しました（米国の貨幣用金、為替安定基金にある金を除き、すべて財務省が保有）。一方、連邦準備の銀行券と預金の債務総計に対する金及び金証券の準備比率は約八八％から十三％へと低下しました。それまで米国には金準備率（流通ドル銀行券に対する二五％の金準備を保持）があったのですが、この準備率規定はドルの国際的地位を守るのに邪魔になってきます。準備率を超える金（これを自由金と呼ぶ…free gold）が米国の対外金兌換に動員されるわけですが、この自由金が急減すると外国の通貨当局による金兌換請求に応じる金が確保できなくなります。このため一九六八年三月一八日に対連邦準備券に対する金および金証券の必要準備は廃止されました。

これに関し、同年一月三〇日、時の米国財務長官（H.Fowler）は実に興味深い声明を出しています。

ドルの強さは連邦準備銀行券の二五％の法定必要準備率にでなく、米国経済にかかっていることを世界は事実として承知しており、この事実を法律で認めることが非常に適切である（＜Duckenfield＞455－6）

結局、金は通貨発行準備ではなく、一国の国際準備に属することが再確認されたのです。ドルの強さは金に対する法定準備率にでなく、ドルでどれだけよい商品、サービスを国内外で購入できるのかにかかっています。ドルを背後から支えるのは米国経済の強さと健全さの程度です。国内の均衡ある成長と国際競争力があるからこそ米国国民はドルをポケットマネーとして使うのです。米国経済の膨張には通貨の追加的供給が必要であり、連邦準備銀行券が発行されます。

■　一九六〇年代のゴールド・ラッシュ――金投機の勃発

ドル不安はロンドン金市場における金価格の高騰となって具体化します。一九六〇年六月以降、ロンドンの金取引業者の言葉を借りれば、「市場は空に雷の気配をかぎとった」（＜Coombs＞六六頁）のです。夏の米国大統領指名大会でアイゼンハワー大統領（共和党）は一一月の大統領選挙には出馬しない旨を明らかにしました。世界は一九六一年一月の大統領選挙で米国の政治・経済政策は大きな変化が生じると予想するようになっていたのです。具体的に言えば、金の公定価格引上げなど、ドルの減価も予想されたのです。

金投機は一九六〇年一〇月一五日(土)に始まりました。その週末、欧州、特にスイスでは民主党のケネディが圧勝すると予想されました。これはドル切下げ予想を連想させます。一九三三年の民主党ルーズベルトが大統領就任以降、ドルを切下げた事例があり、ケネディの勝利はドル切下げ、インフレの進行につながるとみなされていたのです。実際の話、ルーズベルトも当時、ドル切下げをしないと明言したにもかかわらず、切下げを実施していました。ケネディも六〇年一〇月三一日まで、金を三五ドルで交換維持することは正式には表明していなかったのです。一〇月一七日、スイスの銀行は顧客に金の投機買いを勧めるようになり、自身も金の投機へ参加しました。この日、ロンドン市場の金価格は三五・二五ドルのちょうど上になりました。イングランド銀行はゴールド・ラッシュに直面したのです。この価格が米国への金輸出点に届く範囲内にあったのです。イングランド銀行は一〇月一七日(月)に金価格を三五・二四ドル、一八日には三五・三七ドル、一九日(水)には三五・三八ドルへと引き上げました。その日の正式の取引の終わった後は三六・五五ドルへ上昇しました。急騰の原因は投機的需要に売り手が不足したことにあります。今こそ金を買うべきであるというスイスの指令が市場で脚光を浴びていたのです。欧州の諸中央銀行は過剰ドルを自己勘定で金に交換しており、一〇月に米国財務省は二二日までの時点に一億ドル以上も金を失っていました。

今回の投機的需要によりロンドンの金市場価格が公定価格以上に上昇することはドルへの挑戦につながります。米国通貨当局が恐れたのはこのことなのです。ロンドンの金価格が上昇すると、金一オンス＝三五ドルというドル平価の信頼性はなくなる。すると世界中の中央銀行が過剰ドルを金に交換しようとする。他方、米国がロンドン金市場の相場を維持しようとして介入すると、外国中央銀行と自由金市場の双方の需要に応じなくてはなりません。金の流出が倍加する恐れがあるのです。特に、ロンドン金市場へ介入する場合に厄介なことは、米国民間人の動向でした。米国民間人は国内では金購入が禁止されていましたが、ロンドン在住の米国人は金保有が認められており、市場介入で金を放出すると米国民間人もその金を買えるのです。米国民間人がドル投機できるのです。

イングランド銀行は市場の取引が活発化するようになり始めた時、意図的に介入を慎み、金価格が四〇ドルまで上昇するのを許容し、米国が衝撃を受けて対応に出るよう仕向けました。一〇月二〇日、金市場価格が理論的には三六・五五ドルで引けましたが、実際の売りは後にあり、四〇ドルに上昇しました。このため、一〇月二七日、米国財務省はイングランド銀行の金市場介入を全面的に支援すると発表しました。イングランド銀行が金価格の上昇を抑える緩衝器の役を演じ続けるという了解の下に、米国は自国の金をイングランド銀行に注ぎ込むことにしたのです。ロンドンの金市場価格と公定価格の均衡を保つためです。これは後の金プール形成につながります。

■金投機抑制のための金プールの形成

一九六〇年九月に始まった金投機を教訓として設立されたのが、金プールです。ドルの国際的信認を揺るがすような金価格の高騰は回避しなければならないからです。金プールの創設案が出されたのは一九六一年一一月、BISの月例会議です。先進国の中央銀行がロンドン金市場の投機を抑制するため公的介入を行い、米国の金準備急減を最小化するのがねらいです。イングランド銀行は金プールの代理機関として行動します。手持ちの金でロンドン市場へ介入し、この金が純減する時、月末に金プール加盟国から拠出割合に応じて金を補充します。これら中央銀行の金準備を引き出せるのです。金プールへ金を売却して得たドルについては、加盟中央銀行は保有額が必要以上に膨らまない限り、そのままドルで保有します。米国で金と交換するのは差し控えます。

■金の二重価格制への移行——ポンド危機を契機としたドルの公的金兌換の実質的終焉

しかし、ドルの過大評価問題は収拾できませんでした。ドルの太刀持ちにあたる第二の基軸通貨ポンド不安は即、ドル不安につながります。一九六七年一一月一八日(土)、ポンドが切り下げられ、民間投機家によるゴールド・ラッシュが生じました。為替市場はポンド切下げが英国の国際収支の悪化を阻止すると考えておらず、むしろ次にドルが切り下げられると考えていたのです。米国通貨当局は、その場合、焦点は欧州通貨よりも金に集中するとみていました。民間資金が金へ大量にシフトすることを確信していたのです。

一九六七年の最初の一〇か月間、金プールの売りは四億ドル以上になりました（主に一〇月に集中）。プール参加国は定期的に各々、五〇〇〇万ドル、追加的に拠出することに賛成しましたが、フランスは六月に金プールへの拠出を止めます。実際に、これが公になったのはポンド切下げ（一一月一三日）の後のことでした。この参加停止がポンドの次はドルの切下げであるという懸念を強めます。フランスの拠出の穴埋めをするために、米国の金プールの拠出率を五〇%から五九%へと引き上げざるを得なかったからです。金プールのロスの数字は大変な額であり、このことがフランスの新聞に載るようになり、他の欧州の中央銀行もすぐに金プールから離脱するという噂もあり、アルジェリアはフランスの教唆で米国から一億五〇〇〇万ドルの金を購入していました。とはいえ、フランス自身は一九六七、六八年、金は購入していません（その事情は次の節で明らかにします）。

米国の通貨当局は、その他の中央銀行の金購入の動きに神経を尖らせます。中央銀行が金裁定取引に乗り出し、米国の金準備を侵食するのを恐れたのです。金の自由市場価格が急上昇すると公定価格もすぐに上昇するという期待が生まれる。こうなると中央銀行は米国財務省へ保有ドルの金交換を請求します。これが大量に生じることがなくとも、金を売る必要にある中央銀行は市場で金を売るでしょう。一方、金を買いたい中央銀行は金市場でなく米国財務省から金を購入するでしょう。これにより、いくつかの中央銀行は米国から金を三五ドルで買い、高い価格で市場に金を売る裁定取引に従事すると予想されていたのです。いずれにせよ、米国の金準備は減少し、遅かれ早かれ米国のドルは金交換停止に追い込まれると予想されます。

結局、金プールは終焉します。英国は一九六八年三月一五日朝、銀行休日を突然、宣告し、「米国の要請により」、金市場を閉鎖します。金プール諸国の中央銀行総裁は三月一六日、ワシントンで会合し、金の二重価格市場を認め、三月一六、一七日、ロンドンあるいはその他の民間金市場に金を供給することを差し控えることを決定します。これにより、金価格は公定価格三五ドルとこれとは関係なく需給で決まる民間の市場価格という二重価格制度へ移行しました。要するにドルの一オンス＝三五ドルの固定相場は事実上放棄されてしまったのです。

Ⅱ　フレンチ風に仕上げられたドル危機説
——ドゴール大統領によるドル体制批判の衝撃

■フランス・ドゴール大統領の反ドル・キャンペーン

トリフィン説に力を得てドルの金交換性に不安を焚きつけたのは一九六五年二月四日、ドゴール大統領(de Gaulle)の鳴り物入りの記者会見でした。米国の金準備と対外ドル債務の均衡関係が崩れ前者の額を後者の額が大きく上回っているにもかかわらず米国がドルを過剰に発行しているというのです。たしかに当時から、西欧六か国合計の金準備は米国のそれに並んでおり、この六か国が一斉に手持ちのドルを金兌換すると米国は金交換に応じられなくなり、ドルは対外金交換性を失います。こうなるとドルに国際的優位を与える条件はなくなるというのです。

ドル金為替本位制の場合、米国という準備通貨国は無限に国際収支赤字を続けられるそうです。なぜなら、一般の国は国際収支の赤字は金か対外借り入れで決済するしかないのに米国はドルで自在に対外決済できるというのです。しかし、米国によるドル金兌換能力が疑わしくなっているのでドルがそのような特権的地位にあるのがけしからんというわけです。準備通貨ドルの米国は国際収支赤字を持続し続け、世界経済にインフレ的圧力をもたらすというのです。ドゴールのブレインとなったリュエフ(J.Rueff)は次のように、ドル体制を批判し、これが世界に大きな衝撃を与えました。

（金本位制時代の）昔であれば当然、国際収支の赤字は全額、金で支払わなければならず、したがって赤字国はときにきわめて厳しい不均衡是正策を講じなければならなかったわけであるが、現在、アメリカは赤字決済に必要な金の手持ちがないという理由で、毎年、国際収支の赤字を続けていることなどは特に見落とすことのできない現象である（＜Rueff＞九二〜四頁）。

このドゴール＝リュエフのキャンペーンは大きな効果をあげ、世界的にドル不安を焚きつけ、フランスは保有するドル残高を大量に金に交換し始めました。これで米国の金準備は減少するのでドルの金交換性はますます疑いをもたれるわけです。勢いに乗ったフランスは自国フランを大量の金に支えられた非常に安定した通貨であると宣言します。国際流動性の供給は金に裏打ちされていなくてはならないというわけです。

■ドル特権論にならないフランス版のドル特権論

ドゴール＝リュエフの説は経済学的に見れば問題の多い主張です。例えば、金の裏付けのない通貨発行は何も基軸通貨国の特権ではありません。金本位制が放棄された戦後はいずれの国も金の裏付けなく通貨を発行しています。しかも当時、対外金兌換性を保持していたのはドルだけです。フランスがＩＭＦ八条国入りしたのは一九六一年二月のことです。それ以前のフランは自国国民に対する経常取引レベルの通貨交換性さえ許容されなかったのです。要するにフランでは外国からモノを自由に買えなかったのです。ろくに通貨の交換性もなかった国が最初から交換性のあったドルを批判するのは実に奇妙な話なのです。

信用貨幣は任意に増発されません。つい最近の日本の不良債権問題を思い出してください。民間の銀行が不良債権を抱えて倒産しかかっている時、中央銀行の日本銀行がこれを救済するために通貨を増発供給したという経済ニュースが報道されたでしょうか？　米国のドル債務が金に交換されていないからといっても、米国は自国でも不当な信用創出行為を放任しているわけでありません。通貨は金準備でなく、銀行原理によって創出されるのです。

■トリフィン、リュエフの出自

ここでこの二人の民族性を確認しておきましょう。トリフィンはエール大学の教授ですが、フランス系ベルギー人であり、リュエフも同じくフランス系です。フランスは、何ごとにもあれこれと米国に対抗意識を燃やす国です。フランスがドル体制を批判するのには歴史的理由があります。フランスは伝統的に金本位制に固執しており、英米型の金為替本位制には執拗に反対してきた経緯があります。第一次大戦前、あるいは両大戦間にフランスは英米の体制に異を唱えてフランの国際金融覇権の野望を抱きました。しかし、パリがニューヨーク、ロンドンに比類すべき国際金融センターになり得ないという現実や、国際通貨準備としてのフランの役割の限界もあり、フランスは自国フランが基軸通貨の地位に就くことはあきらめざるを得なかったのです。そのために余計、ドルがその地位にあることに反発するのです。最近のイラク紛争を見てもあきらかです。この二人とも反ドル体制論者であり、トリフィンはドルに代わる超国家的世界通貨を、リュエフは純粋金本位制の再興を提唱していましたが、そのような非現実的な提案を世界資本主義が受け入れるはずがありません。

■「法外な特権」で欧州企業を買収していた米国企業

リュエフ説が出現する理論的背景には、米国企業の欧州進出を警戒する西欧諸国の感情があります。米国による欧州企業の乗っ取り、いわゆる、「アメリカの挑戦」を危惧したのです。米国のドルによって欧州企業が乗っ取られるのがフランスには我慢ならないのです。その買収の原資を米国はドル体制の特権という、「苦もなく借金をすることのできる立場」を利用して供給されているという政治的キャンペーンを張って米国をけん制するのです。

このリュエフの主張が正しいとすれば、「ドル体制」において米国は「法外な特権」を得ていることになります。米国は国際収支の赤字を無制限にドルで決済できるからです。しかし、これはキツネが煙にまいて木の葉をお札に変身させる類の話であり、実は経済学的には根拠がありません。

ここで問題にすべきは外国企業を買収するのに用いられるドルの特質です。はたしてフランスの企業を買収するのに米国はドルを乱発するのでしょうか？　乱発するとすれば一体誰でしょう？　乱発されるとしたらドルは国内でも同じく乱発されるはずです。乱発される通貨は一体、国内で流通できるのでしょうか？　そうなったら海外で通用するわけがありません。

実際の米国の企業は国内で無条件に購買力のある通貨をフランス企業の買収のために支払っただけのことです。ドルを受け取ったフランス企業もこのドルを国内、国外、いずれにおいても無条件に使用できます。ドルを受け取った者が非居住者であるという理由からドルの使用を制限されるわけではありません。受け取ったドルは世界で無条件に通用するからこそ、フランス側はドルを受け取り、対価として企業を売るのです。

この点、第二次戦時中、そして戦後過渡期の同じ基軸通貨であったポンドとは大きな差があります。その時期のポンドは非居住者が保有する分の通用（対外交換性）が大きく制限されていたのです。

たしかに件《くだん》のドルは金本位制の時期と異なり、米国の国内では兌換されず、対外的には外国の通貨当局だけに金一オンス＝三五ドルで金兌換されます。民間勘定では国内、国外に対し金兌換されません。一方、ドゴールやリュエフが国内で使うフランは国内はおろか、対外的にも金兌換はないのです。当然のことながら、対外的金兌換のないフランはドルよりも国際的にみても交換性が劣るのです。ですからフランスのドゴール大統領によるドル批判は的はずれなものだったのです。もちろんドルは西欧諸国通貨に対して相対的に弱くなっていたので、ドルの対外価値は下方調整する必要があります。すると金一オンス＝三五ドルの金兌換も修正するべきです。しかし、それは反面では西欧通貨の切上げを意味します。しかし当時西ドイツ、オランダ以外、例えば、フランスや日本は通貨切上げを極度に嫌がっていました。自国の輸出産業の利益に反するからです。しかし、一九七〇年代以降の通貨史の示す通り、ドルの下方調整は歴史の必然でした。円も一ドル＝三六〇円から一〇〇円台になっているのが現状です。

ところが、フランス版ドル危機説は衣装の着せ替えをしながら、最近も流布されていました。今でも米国はドルの特権を駆使しながら任意に外国から借金を積み重ねることができるので経常収支赤字を膨張し続けても平気なのだという類の議論です。このような議論こそがフランス版の既視体験・デジャ・ヴュです。すなわち、二一世紀初頭にも盛んに喧伝されている米国の経常収支赤字の累積＝「ドル危機」論です。すると興味ある主張ができあがります。米国は経常収支赤字が定着した一九八〇年代前半以降ばかりでなく、経常収支がかなりの黒字であったドゴール・キャンペーンの時代の六〇年代前半にも外国から借金を重ねてようやく成立っている国になってしまいます。この議論による限り、米国は実に四〇年以上も対外的に借金を重ね続けていることになるのです。それでは一体どうやって世界最大の経済大国の地位を保持できるのでしょうか？　あるいはなぜドルは国際通貨体制において基軸通貨の地位を保持できるのでしょう？

米国は、国際収支赤字をファイナンスするために自国通貨ドルを思いのままに発行しているわけではありません。実際は世界最大の経済国家米国で無条件に購買力を持つ通貨ドルの購買先が国内でなく海外にも向けられるだけのことなのです。

■　批判していたはずのドルに跪いてしまったフラン

結局、フランスの反ドル・キャンペーンは挫折します。ドルを激しく批判して止まなかったはずのフランスはドルに助けられたのです。それは一九六八年の「五月危機」のことです。六八年五月に反政府闘争が高揚します。六月の総選挙でドゴール派は圧勝し、政治的には一応、収拾しましたが、フランス経済への不安の高まりから、フランスの金・外貨準備は急激に減少し、フランは惨澹たる状況に陥ります。フランス危機に直面したフランスは米国などから多額のドルを借りざるを得なくなりました。七月一〇日にECの四つの中央銀行（西ドイツ、ベルギー、イタリア、オランダ）、ニューヨーク連銀、BISがフランス銀行へ総額一三億ドルの短期信用を供与します。一一月、G10の蔵相・中央銀行総裁会議においてフランスは新たに二〇億ドルの中央銀行クレディットを供与されます。

同年一一月十三日、ドゴールはフラン切下げは「もっとも馬鹿げたやり方」であると言い、同月二四日にはフラン切下げを拒否する声明を発します。「国家の威信は平価の維持にある」というわけです。米国のジョンソン大統領もこれを支持しました。フランが大やけどしドルが火消役に回ったのです。結局、フランは六九年八月八日、一一・一%の切下げに追い込まれます。

かつて「私はフランスである」と豪語していたドゴールでしたが、六九年四月に国民投票で敗れて退陣し、七〇年十一月に死去します。ドゴールはアングロ・サクソンに復讐し彼らをフランスの前に跪かせようとしましたが、そのドルに救われたのです。ドゴール将軍がドルを蔑み米国から引出してくる金をほれぼれと眺めている間にも、米国人はドルでフランスのおいしい料理、ワインを楽しみ、かぐわしい香水で心を浮き立たせ、フランス優良企業を買収していたのです（＜Bernstein＞四三四～五頁）。

Ⅲ　ユーロダラー市場成立――国際資本移動膨張の導管

■　ポンドの凋落――ユーロダラー市場誕生の契機

ドルの下方調整が不可欠だったのが一九六〇年代後半の国際通貨情勢でした。これを促したのが国際資本移動です。

「天文学的に膨大な数値」に達した国際的資本移動がブレトンウッズ体制という固定相場制度の存続を困難にしたのです。一九六〇年代は資本主義の「黄金時代」の一つです。拡大的不均等発展がめざましかった時期です。これに対応して資本移動も膨張し続けます。そして巨大化する資本移動を目の当たりにすると、各国通貨当局は固定為替相場維持の政策において無力化します。この資本移動を一層、促進していたのがユーロダラー市場です。一九六六年までにユーロダラー市場は世界の短期資本市場の最大の一つとなりました。

ここではポンドの母国、ロンドン金融市場においてドル国際金融市場が成立する経緯を明らかにしましょう。ドルは米国を母国とする基軸通貨です。しかしこのドルは戦後、世界的広がりを加速化させます。理由は戦後間もない頃、国際的に通貨交換性を保持できていたのはドルだけだったからです。

そして、西欧諸国が通貨交換性を回復させる一九五八年末前後にかけてドル市場が米国ばかりでなく現在のユーロ地域、具体的にはロンドン金融市場に成立します。これがユーロダラー市場と呼ばれます。米国と離れた欧州にある市場だからです。これは要するに米国から見れば非居住者地域に成立するドル市場なので、ユーロダラー市場と称されるわけです。ドル不足の時代から「ドル過剰」の時代に入るとドルの機動的な運用は米国国内に限られなくなるのです。

ではなぜ、ほかでもないロンドンにユーロダラー市場が成立したのでしょう（一九五〇年代後半）。それはポンドの基軸通貨としての衰退、それとは裏腹な、ロンドンの卓越した国際金融市場の地位に密接に関連します。

周知のとおり、ポンドは第二次大戦後、その基軸通貨性を著しく減退させていました。逆に、ドルは世界における準備通貨の地位を不動のものにします。したがって、図6に表示される以上にドルの地位は高いのです。世界の準備におけるスターリングのシェアは一九四〇年代半ばの二〇%が六〇年代初めには一〇%へ、そして一九六七－六八年にはシェアの低下がさらに著しくなり、一九七三年には約五%へと下がっています。

図6　世界の国際準備の構成（1948—71年）

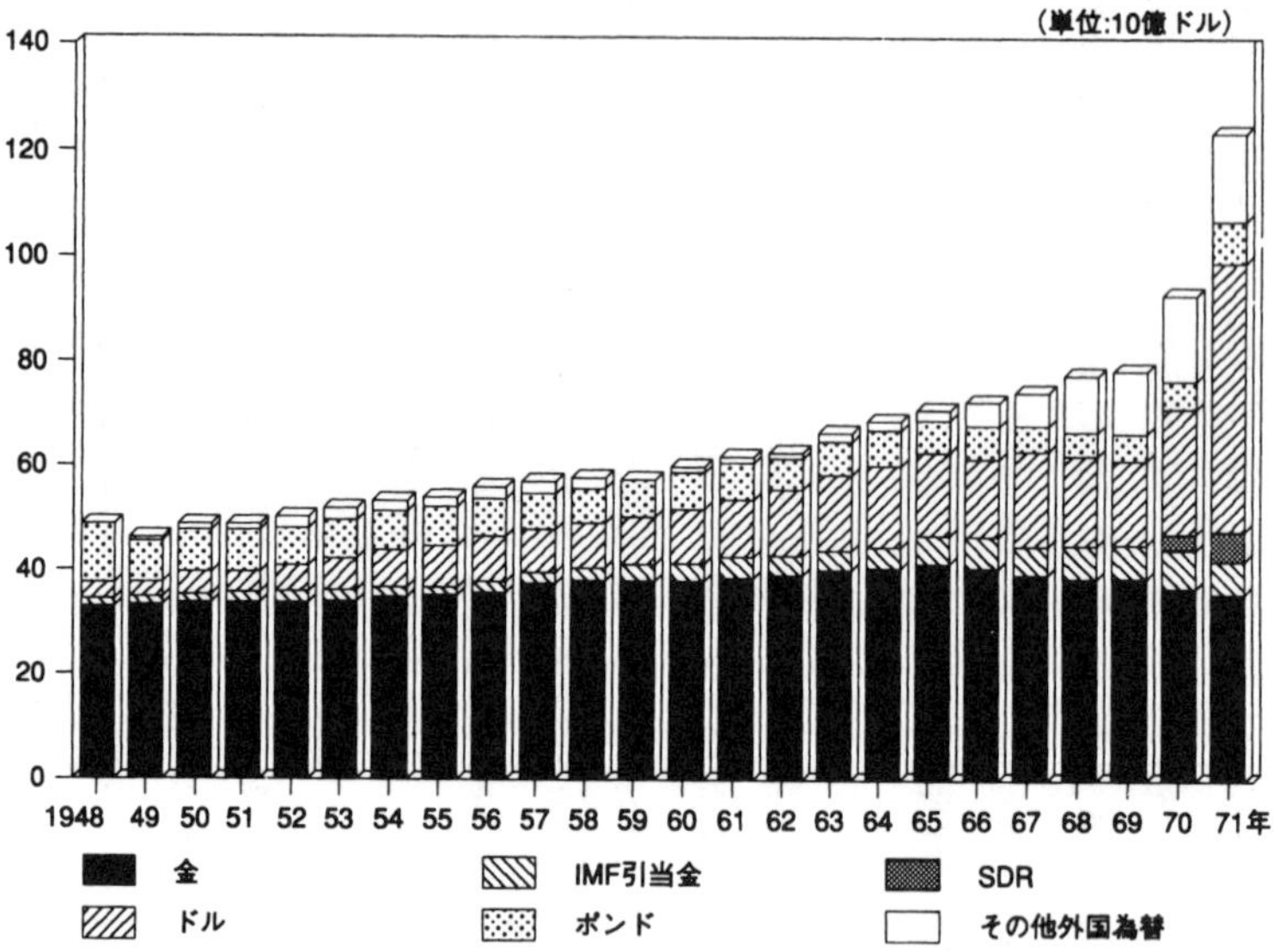

（出典）　M. D. Bordo, The Bretton Woods International Monetary System: A Historical Review in M. D. Bordo & B. Eichengreen (ed.), The Retrospective on the Bretton Woods System, The University of Chicago Press, 1993, p. 48, Figl. 15.

しかも、ポンドの比率自身はかなり割り引いて理解しなければなりません。一九五〇年代の場合、準備通貨として保有されているポンド残高は実際には封鎖された分やスターリング圏と振替可能地域だけにしか使えない残高があるのです。図6の限り、ポンドの準備通貨としての地位は過大評価されてしまうのです。他方、ドルは世界貿易における重要度が高く、民間レベルでも国際通貨として台頭しており、ドルは輸出入の契約通貨として、またインターバンク市場で機能する媒介通貨として、また民間債権の価値保存手段をして広く利用されています。もちろん、公的な面でも国際通貨です。IMF加盟国間の平価を決める際の計算単位であり、また主要通貨にとっての介入通貨でもあり、加盟国はドルの売買を通じて固定為替平価を維持していたのです。

　交換性のドル残高と交換性に制限のあるポ

ンド残高を保有している人がいる場合、どちらを選好するでしょう。将来、価値の保証のないポンドをできる限り早く処分したいと思うはずです。交換性が地域、使途で著しく限定されている通貨は早く処分、利用しようとするわけであり、このような通貨が基軸通貨として機能するはずがないのです。

■ ポンドでなくドルで国際金融市場の地位を保持するロンドンの金融業者

このため、ロンドンの金融業者はポンド建てによる国際金融取引はあきらめます。その代わり、ドルによる国際金融取引をロンドンに確立しようとします。その手始めに、ロンドン金融市場は主にスターリング圏外の居住者を対象としたロンドン金市場を再開させ（一九五四年）、ポンドでなくドルによる国際金融市場の地位を保持しようとするのです。これがユーロダラー市場です。

逆に言えば、ロンドンにおけるユーロダラー市場の成立はポンドへの為替管理、ポンドの弱化との関連なしには語れないのです。戦後の最初の、ロンドンの銀行へのドル預金の起源は一九五五年にあります。その年の前半、英国はインフレ対策のための引き締め時期にあったため、英国の銀行はポンド建てでは不足する流動性を補充するためドル預金を手がけたのです。このドルをポンドに換えてポンド建て流動性不足を補うのです。この為替取引がユーロダラー市場を生んだ金融的改革の第一段階であると言われます。ドル預金は英国の流動性圧力を解決するため、また、英国への利益ある投資機会に反応して引き寄せられたのです。

当初、中央銀行のイングランド銀行は国内金融引き締めの都合上、民間銀行によるドル預金の取入れに難色を示していましたが、この取引がドル流入を呼び、英国の外貨準備の補強になるという効果もあり、ドル預金の導入を認めます。ドル預金規制はロンドンの国際金融センターとしての地位を傷つけることになります。逆に、ドルの流入は英国の対外準備の強化にもつながるのです。そして一九五七年、英国は国際収支危機上、公定歩合を禁止的な高さまでに引き上げ、非スターリング圏の第三国間貿易金融にポンド建て引受信用を利用することを禁止しました。このスターリング金融がポンドへの売り攻撃として利用されているという理由からです。英国通貨当局は、ポンドの国際通貨としての地位が低下していることを公に認めたことになります。しかし、ロンドンのマーチャント・バンクは非スターリング預金を積極的に求め、国際金融業務を保持しようとします。

そして、ロンドンがドル預金市場を拡張させる国際的環境も整っていました。第一に、一九五八年末、西欧主要通貨が交換性を回復したことです。これによりドルと欧州通貨間の裁定取引が可能になりました。西欧における為替管理の緩和も銀行、企業による外国資本取引を容易にしました。この頃からドル不足は「過剰ドル」と言われる時代に変化します。欧州はドルを豊富に持つようになり、この運用を米国でなく近場のロンドンに求めたのです。

■非居住者勘定のドルの運用のはけ口としてのユーロダラー市場

これを裏返して言えば、ユーロダラー預金は米国の国際収支赤字の累積で容易になったということです。米国外で保有される公的、私的に保有されるドルが増大し、このドル流動資金を欧州の金融機関はロンドンで運用するのです。そしてその資金を求めるのは主に米国の企業です。このユーロダラー市場は米国の銀行システムが海外へと拡充したものとみなすことも可能でしょう。

米国の企業が国内の信用引き締めに対応して海外でドルを借り入れるようになったことも、ロンドンにおけるドル建て金融業務の拡張を促しました（一九五九年）。一九六二年、ロンドンにはドル建てインター・バンク預金が開設され、ドルの銀行間貸出の市場が成立します。ユーロダラー市場の創始者はマーチャント・バンクですが、最も積極的に関与したのは米国の銀行です。米国の企業は海外で積極的にドルを借り入れていたのです。

ユーロダラー市場の成長は米国の銀行の貸出行動抜きには語れないものがあります。その二大要因とは、第一に、一九六四年から七三年にかけて米国で実施された金利平衡税です。これにより、米国の銀行は国内の支店から海外の支点に貸し出す際のコストを引き上げられました。その結果、ユーロダラー預金金利は米国国内の預金金利より高くなり、外国企業などのドル預金者はその資金を米国でなくユーロダラー市場へ移したのです。国際的活動を拡張する米国企業は国内の金融規制でその活動を制約されるのを嫌います。米国国内の金融的規制から自由なドル資金の調達の場を求めます。その約束の地、それがロンドンのユーロダラー市場だったのです。

第二は、第一次石油危機の後、OPECの石油輸出黒字のリサイクリングの機能を果たしたことです。莫大なオイルマネーがユーロダラー市場を膨張させたのです。

■資本は規制されると必ず自由な場所を探し出す

自由主義経済を前提とする限り、為替管理など、規制の有無にかかわらず、資本は国家間を大量に移動します。逆に、規制は国際的資本移動の助産婦になります。それはロンドンのユーロダラー市場の発生の経緯からも明らかです。規制があれば、資本はそれを回避しようとして、より規制のないところへ移動するのです。ユーロダラー市場こそが一九六〇年代後半の国際的資本移動の基幹を担っていました。この意味で、資本移動の膨張の理由を規制緩和に求めることと自身、あまり意味はないのです。

市場の参加者は規制が強ければ強いほど、国際資本移動に対する障害を克服する方法を見出すものです。電信電話の発展、情報処理技術の向上で力をつけた金融市場は、国際資本移動を抑制する種々の規制をかいくぐるようになります。ユーロダラー市場の発展にみられるとおり、欧州における銀行取引の規制が緩和されると、ロンドンを基盤とする諸銀行は直ちにドル預金を受け入れるようになりました。米国国内で金利の上限を課せられてた預金も米国からユーロダラー市場へと移され始めた。多国籍企業の成長も資本もユーロダラー市場の発展を促します。海外で事業展開する米国企業は、資金調達を本国ばかりでなくユーロダラー市場にも求めるようになったのです。

なお、規制、管理が緩いのに注目したのは旧西側だけではありません。旧ソ連率いる東側諸国が保有するドル預金は冷戦構造の中では米国に没収される恐れがあります。そのため自由に取引されるロンドンへドル預金を移したというのもユーロダラー成立の一つの説明とする向きがありますが、最近はあまり強調されなくなっているようです。しかし、米国と対立する石油産油諸国の場合、国際的政治的緊張の高まりで米国におけるドル資産凍結の処置に遭うこともあり、旧東側諸国がドルを米国本国から為替規制の緩い地域へ移転させるというのは経済的合理性があるでしょう。

ユーロダラー市場は、一九五八年から八年以内にその純規模は一〇〇億ドル以上となり、そのグロスの規模は二〇〇億ドル以上となったのです。しかもその後も急膨張し続け、六八年末にはグロスのベースで推定三〇〇億ドルに達します。六九年の間にはさらに五〇％も膨脹し、四五〇億ドルの規模となり、以降も膨張し続けることを止めません。

資本移動の撹乱的効果の事情もあり、通貨当局はこのユーロダラー市場の膨張に不安を抱いていました。これに関しては元日銀総裁速水の回想を引いておきます。「こうした無国籍のカネが機会を求めてどこへでも自由に流れると、短期資本の大きな移動を引き起こすという心配もあった。ブレトン・ウッズ体制ができた当初には、予想もしなかった大量の短資の流出入は、為替安定の阻因になるのであった」（速水〈二〇〇五〉一二一頁）。

■ 固定相場制度の保持を不可能にしたユーロダラー市場

このように、巨大化した資本移動がブレトンウッズ体制の弱みの一つになっていたのです。たしかに、この体制は始動した当初、短期資本移動の均衡破壊作用を意識して、それを抑制することが国際通貨体制の安定にとって必要であると考えていました。

すでに一九五〇年代にも巨大な均衡破壊的な国際資本移動が生じており、英仏は一九五〇年代、大きな投機的資本流出を被っていました。また、各国の金利格差もかなりの資本移動を引き出すことが明らかになっていました。ＩＭＦは統制でこのような流れを抑制しようとしたわけですが、すべての国際的取引を統制することなくして資本移動を統制することは不可能であることを何れの国も認めざるを得なくなったのです。ＩＭＦ・ガット自由貿易体制と言われる時代なのにモノの取引だけを自由にしておき、マネーの動きを抑制することは不可能なのです。実際、資本移動を規制するＩＭＦ協定第六条は実質上、改竄されました。

経験の示すところ、為替相場の安定が保持されなくなると市場が感じ取る場合は、通貨から別の通貨へと大規模な投機的資本移動が生じています。一九六四―六七年の英国、一九六八―六九年の独仏、そして一九七一年の米国がその例です。米国がこの年に記録した巨額の赤字（三〇〇億ドル）のうち、三分の一は国際収支の記録に出ない「誤差・脱漏」の項目です。これは主にリーズ・アンド・ラグズによるものとみられています。記録に出る短期資本移動の流出は一〇〇億ドルを超えていました。このような資本移動の場合、必ずといってよいほどリーズ・アンド・ラグズがついて回ります。一九七一年、米国の輸出、輸入は月当たり、七五億ドルに及んでいますが、この輸出受け取りを一か月遅らし、輸入の支払を一か月早めると民間資本移動は七五億ドル流出することになります。このような潜在的に大きいリーズ・アンド・ラグズを阻止するためには、企業の事業への厳しい統制が必要になります。しかし、これは国際事業を効果的に展開する企業の妨げになるので、米国、その他の主要国には到底受け入れがたいことです。すると、リーズ・アンド・ラグズは止められない、したがって資本移動も止められない。したがって、固定為替相場の維持など到底不可能なことだったのです。

■ユーロダラー市場を信用膨張インフレ増長の温床とする説のまやかし

米国の国際収支赤字によって過剰ドルが累積するとユーロダラー市場が膨張し、これが世界的インフレの温床となるという説が一九六〇年代に盛んでした。実際にそうなのでしょうか？　ユーロダラー市場は当時よりも現在の方がはるかに規模は拡大しています。米国の国際収支赤字も貿易黒字減少どころか貿易赤字が常態化し経常収支赤字の膨張はとどまるところを知りません。するとユーロダラー市場は世界インフレをますます激化させるはずですが、周知のとおり、一九八〇年代以降、世界的インフレは収まっています。逆に、日本の場合はついこの間までデフレ・スパイラルによる金融市場崩壊が叫ばれていました。金融のグローバル化、国際的過剰流動性の増大が言われているのですが、インフレは収まっているのです。インフレを貨幣的要因で説明しようとする一部の経済学の限界がここに見てとれます。

一九六〇年代のインフレは、世界的高度成長に伴う活発な需要に供給体制が追いつかなかったことが原因です。その中で石油など一次産品は価格が抑えられていたので七〇年代初頭、石油危機をきっかけに一気にインフレが進みます。また資本と労働の関係でも労働側の賃金引き上げ圧力が強かったこともインフレを高進させる要因になっていたのです。

レーガン政権による急激な金融引き締め策や一九八〇年代以降の世界経済のグローバル化に伴い、インフレ圧力は弱まります。エレクトロニクス技術の発展、ＩＣ、ＩＴの広汎な応用が生産性を上昇させます。またグローバル化、冷戦体制の終焉で旧東側から安価な労働力が豊富に世界市場に供給されます。中国の例が明瞭です。生産性上昇、労働力の増加により需給逼迫は弱まります。貨幣的要因だけでインフレを説明しようとするのは無理なのです。もちろんユーロダラー市場は米国本国の金融規制から自由なので、国籍に囚われない銀行間の資金の貸し借りが盛んであり、その連鎖が広がると大きな信用拡張効果も生まれます。しかし、逆に国際金融危機の場合、急速に縮小するのもこのユーロダラー市場の特長です。それは二〇〇七年夏のサブプライムローン問題に端を発した国際金融恐慌にも現れています。

Ⅳ　ドルと金の関係――ブレトンウッズ会議における逸話

■ドルが王位に就いたのは豊富な金準備のせいでなく、自由な交換性があったため

周知の通り、ブレトンウッズ会議で主役を演じたのは米国はホワイト、英国はケインズです。ホワイトの野望は明白です。戦後国際通貨制度においてドルを金に続く中心におくことです。一九四三年初旬、まだ戦後通貨計画は何も公表されていない頃、ドルは「戦後の安定的諸通貨の礎石になる」と語っています。ケインズはこれをけん制し、一九四三年九月、ホワイトに対し、英国は金本位、あるいはドル本位になるつもりはないと語り、ドルが特別の地位を与えられることには反対していました。かつての基軸通貨ポンドを擁する英国としては当然の話です。ケインズは「金に兌換できる」(gold-convertible)通貨という表現に反対し、「そのような通貨は現在存在しない」と主張していました(一九四四年六月二一日)。また、同年七月六日のホワイトとの共同記者会見において、ケインズは、分別ある人ならば世界の金準備を無価値にしようとしないが、金は世界に対し暴君になってはならないと米国へ釘をさしていました。ケインズは金準備を立憲君主制の国王にたとえ、主権は国民にあるとしており、金を戦前のような地位には戻さないというのです。

もちろんケインズの主張するとおり、主権は金でなく通貨にあるはずです。しかし、通貨の中でも戦後直後から通貨交換性を維持できるのはドルだけでした。通貨の交換性、要するにその通貨で外国通貨に自由に換えてモノを買える能力が問題になるのであって、金交換性どころの話ではなかったのです。戦後の通貨体制において基本的に問題に

なるのは、通貨交換性であり、金兌換性ではなかったのです。

ところが、ホワイトはケインズの知らないうちに、後のＩＭＦ協定の第四条第1項(a)において明記されている、各加盟国の通貨の平価は金、あるいは一九四四年七月一日現在の金価値を有するドルで表示されるという内容の提案を提示しました。これは会議の正式記録としては米英提案になっていますが、実際にはホワイトと彼の部下達が作成したおびただしい代替案の一つにすぎなかったのです。

米国は英国側をうまくだまして説明しています。米国の代表団はこの提案を「大して重要でない」、また、この案では「金を売る義務は明記されていない」と説明した一方、「この協定による定義によれば、金に交換される通貨が存在することになる」という説明もしていたのです。明らかに英国側からすれば大きな矛盾になるはずですが、この案は毎日、積み重ねられる案件の書類の山に埋もれてしまい、代表の誰もこれが意味するものに関心を向けることなく、承認されてしまったのです。こうしてホワイトの野望はめでたく達成されました。ドルは公定金価格の金取引に従事する以外、為替レート維持の責任からはずされる条項も設けられました。まさにドルが「戦後の安定的諸通貨の礎石」になったのです。

しかし、これも当然のことなのです。当時、通貨交換性を保持できる主要通貨はドルだけの状況でしたので、条文では金の取引で自国通貨を支える唯一の国の加盟国が米国であるとされたのです。ケインズはこの条項を「いくじなく不条理に誤って」受け入れてしまったと後悔しました。しかし、世界の金準備の七割を占めていた当時の米国のドルが世界で中心的役割を果たしたのは当然のことです。「ドル不足」の時代は特にそうです。英国は大量のドル援助を受けても自国通貨の交換性を回復できる経済力はなかったのです。国内経済は戦争でたいへんな打撃を受けていたからです。

◎ コラム3　金兌換停止の時にも中央銀行券はきちんと流通する事例 ◎

例えば，ナポレオン戦争時代の英国の金兌換停止の状況です。1797年の支払制限法（The Restriction Act）で20年間，イングランド銀行の銀行券は金兌換停止されていましたが，英国国民は何の不満を感じず，金兌換停止されたイングランド銀行券を使用しています。また　金本位が停止されていた時の米国のグリーンバックは流通性に問題はなく，第一次世界大戦中の金本位停止にあった英国でも，金貨でない紙幣が信認されて流通していました。第一次大戦勃発以降に英国で発行されたカレンシー・ノートはイングランド銀行券でなく政府紙幣です。低額面紙幣（1ポンド券，10シリング券）が金貨流通に取って代ったのです。

大戦勃発で英国では銀行パニックが生じましたが，これは兌換券の請求殺到，あるいは銀行取付というような混乱ではなかったのです。株式銀行は顧客の預金引出の際，1ポンド金貨の支払を渋ったので，その代りに日常生活ではほとんど使いようのない5ポンド銀行券を持たされた公衆はそれを小額貨幣に交換するために1914年7月31日と8月1日(土)にイングランド銀行の前に行列しました。彼らの求めていたのは小額貨幣であり，金貨でなくてもよかったのです。だから彼らは金兌換のないカレンシー・ノートを受け取ったのです。小額貨幣が不足していたからこそ，カレンシー・ノートが発行されたのです。

1930年代はどうでしょう。1931年秋に金本位制を放棄した英国ですが，金兌換されなくなったポンドはドルに対して基軸通貨の地位を保持し，金本位にとどまっていたフランス・フランよりも国際的信認ははるかに高かったのです。かの『ロンバード街』を著したバジョットは，イングランド銀行は支払制限法の期間，正金で支払う必要がなく，その欲するだけのものを貸し付けることが出来，いわば不死の生命をもっていると形容しているくらいです（＜Bagehot＞116頁)）。通貨の信認を支えるのは金準備の多寡でなく，その国の国民経済力によるものを示す有力な一例です（＜金井＞3，12～16，27，92～93頁)。

ブレトンウッズ会議でケインズが、金に兌換できるような通貨は現在存在しないと語ったのは正しい判断です。ドルはすでに国内で金兌換できず、対外的にのみ金兌換できる通貨に変化していたからです。金はもはやドルの発行準備ではなかったのです（これについては拙著、『落日の肖像』四五～四八頁）。世界的に金本位制が廃止されていたから当然のことでしょう。ケインズが金を通貨発行の準備とすることを「野蛮の遺物」として揶揄したのは、一九二三年という、七〇年以上前の話です（『貨幣改革論』）。そして、ドルの金兌換は外国通貨当局に限られ、通貨発行の見合いは金ではなく国債になっていることは、国際的に金本位制が廃棄されていた一九三〇年代からのことなのです。したがって、戦後ドルのことを金為替本位制と定義することは不正確でしょう。それでは一九二〇年代の国際的な金為替本位制の時代と何ら区別がつかなくなってしまうからです。

■戦後のドル下方調整は世界の資本主義の健全な発展の証

ドル信認問題に関し、米国の国際収支の悪化をもって国際的なドルの「垂れ流し」を強調する説がこれまで有力でした。ドルの「垂れ流し」ならぬ、ドル危機説の「垂れ流し」です。一九七一年のニクソン・ショック以前は米国の貿易収支黒字が減少し、資本流出が増加していることが、ドルの「垂れ流し」の例として説明されてきました。

しかし、米国からの資本流出はドルの「垂れ流し」になるはずがありません。成長率の高さが欧州に期待されれば、資本は当然、米国から成長の高い地域に流出します。一九六〇年代初めまでに米国の対欧直接投資は、自動車、電気、機械、石油化学などの技術集約的、あるいは製品差別化の度合いの高い、高所得消費者が対象となる製品の分野へ集中したのです。戦後産業の高成長の中心をなす分野です。欧州側はこれを「アメリカの挑戦」として米国企業による欧州産業支配をおそれました（これがフランスのドゴールによる反ドル・キャンペーンを引き起こしたのです）。当時の米国の対欧州投資の意義は重要です。現在のグローバル化の進展と絡ませて評価すれば、欧州への資本流出は米国企業のグローバル展開の先駆けの性格がみてとれるからです。

一九六〇年代の米国の国際収支赤字増加の主因は、資本流出、輸入増加、冷戦構造にあります。西欧、日本が経済復興する一方、米国経済が相対的に低迷していたため、米国の対外直接投資、対外証券投資が増大したわけです。逆にいえば、成長著しい欧州、日本は資本不足の状況なので、これを米国から手当していたのです。

特にドル不安の要因とされたのが短期資本の流出です。西欧諸国通貨の交換性回復、欧州・米国間の金利格差の開き、ケネディ大統領選出に絡みドル切下げの噂があり、投機的なホット・マネーの流出が増大したのです。これに、冷戦対策としての対外軍事支出、対外経済・軍事援助が重なり、米国工業の国際競争力の低下が問題にされ始めていました。特に重要輸出部門であった鉄鋼、機械で輸出不振と輸入増加を招いていたのです。一九五〇年代半ばから六〇年代初めの米国経済は国内的には停滞色が強く、失業率も高く、米国とそのほかの先進諸国の経済格差は縮小していたのです。このため世界のドル問題も一変します。世界経済におけるドル不足問題は過剰ドル（$urplus Dollars）問題に転じ、ドルの対外金交換性が懸念されるようになったのです。

このような事情からすれば、米国ドルの下方調整は当然のことです。これはドル危機を意味しないのです。各国間の経済力、経済成長率格差の縮小、逆転が生じるとそれは当然、各国間の為替相場に反映されなければなりません。日本経済の背丈が伸びれば一ドル＝三六〇円という衣服は窮屈になる。身の丈に応じた衣服が必要なとおり、円の対ドル相場も上方調整が必要になっていたのです。ドルが切り下げられたからと言って米国国民、あるいはその世界の人々にとってドルの購買力への信頼は揺るがないのです。

ブレトンウッズ体制において、米国ドルが無条件で世界に通用したのは通説によくいわれる、金兌換性があったからではありません。外国が米国製品を購入する額は米国が外国から物を買う額よりも圧倒的に多く、国際収支決済上、米国は金準備を豊富に累積したためにドルだけが対外金兌換を維持したのです。世界経済に対する米国の供給力が絶大であり、米国の国民通貨であるドルが国外でも自由に交換性が維持されていたからこそ、ドルは無条件に基軸通貨の地位にあったのです。

V　超国家通貨は基軸通貨になれない——一国通貨ドルの勝利

■ しおれたSDR（特別引出権）——超国家通貨の幻想のあだ花

SDRは一九六九年に創設が決定されました（次年、機能開始）。これが国際準備資産として創設されたのは、IMF加盟国の既存の準備資産（公的金、外国為替の保有、IMFにおけるリザーブ・ポジション）を補完するためでした。特に過剰ドルと言われていた時代でしたが、発展途上国にはドルなどの外貨準備が不十分でした。そのドルを供給すると過剰ドル問題が激化する。その矛盾を解決するために発展途上国のためにIMFから流動性準備を引き出す方式が編み出されたのです。SDRが特別引出権と呼ばれるのはそのためです。

SDRは主要な国民通貨のバスケットをベースとして評価され、IMFとその他、国際機関の計算単位として機能することになりました。しかし、実際はその機能は限定されていました。超国家通貨が一国通貨に代わって国際基軸通貨になることはありえないのです。SDR創設の数年後、主要通貨が変動相場制度へ移行したことによりSDRの機能は縮小した状態になっています。

また、諸国家は国際資本市場が発展し、ここから容易に借り入れられるようになったことも、SDRの必要性を減退させました。また米国の国際収支赤字増大を通じて供給される国際流動性も爆発的に増加したので、多くの人の期待に反し、SDRは主要な準備資産として進化することはなかったのです。一九八〇年代初旬からはSDRの配分は何もありません。SDRの意義が減退していることを象徴しています。

現在、ＳＤＲの主な役割はＩＭＦといくつかの国際機関の計算単位として機能することにすぎません。ＩＭＦと加盟国の間の取引に限られています。実際、国際金融危機が頻発する時に、その際の流動性不足を緩和するためにＳＤＲが出動したという話を聞いたことがあるでしょうか？　一九九七年のアジア通貨危機、九九年のＬＴＣＭ危機、二〇〇七年夏のサブプライムローン問題、これらいずれの場合も流動性が収縮し、ドルが不足していたのです。ＳＤＲは話題にさえなっていません。

一国通貨を超えた通貨体制を構築しようとしたＩＭＦのユニバーサリズムはキーカレンシー・アプローチ（ＫＣＡ）の前に敗れ去っています。国際通貨体制はＩＭＦでなくドル本位制を軸として動いています。

この点、ＫＣＡの立場の人は事態をよく理解しています。ＳＤＲに関する評価、期待が高かった当初、ウィリアムズ教授の弟子のクームズ元ニューヨーク連銀副総裁は次のとおり、このような種類の構想を提案してきた大学教授達を痛烈に批判しています。

「大学の経済学者はほとんど、世界貿易の順調な拡大のために国際流動性の増大が必要だという単純な論理に固執していた。彼らは、交渉で決まる信用供与に対して、一般に嫌悪と不信の念を感じていた。この種の信用取決めは、人的なつながりに頼りすぎるとみていたのである」（＜Coombs＞二一六頁）。大学の学者の無用な提言は何時の時代もかわりないということでしょう。

ＩＭＦから基軸通貨は生まれようもありません。国内でペーパー・カレンシーが通用するのはそれが税金の支払に使えるからです。したがって、徴税権のないＩＭＦが通貨を発行できるわけがありません。ＩＭＦが世界の各国に対し徴税権があれば各国はＩＭＦ発行の通貨で税金を支払うことができるでしょう。しかし、各国がＩＭＦへ徴税権の一部でも委譲するのでしょうか？ドルの不安定性を主張する人々も超国家通貨の創出を唱える人はさすがに現在はいないでしょう。

第六章　国際通貨制度の大転換
──固定相場制度から変動相場への移行の確立

Ⅰ　通貨投機、金投機はドル逃避でなくドル利殖行為の格好の機会
──ドル回帰の典型

■ 金投機の例

金価格が急騰するゴールド・ラッシュは、たしかにドル金交換性への危惧を示すという意味で通貨危機ですが、厳密にいえばドル危機ではありません。金投機はドル利殖行為であり、ドル回帰の典型だからです。ロンドン金市場ではポンド建てで取引されており、金投機家はポンドで金を購入するためにドルを調達してポンドに換えます。その場合、ドルを借ります。その際の金利コストは金投機で得られると期待できる収益で十分にカバーできると踏んでいるのです。特に、ドル金利コストを日割りで出すと、コストはますます下がりますので、金投機収益は膨らむ可能性が高くなります。仮に金価格が上昇しなくてもかまいません。その場合はドル借入コストが損失になるだけですみます。非常に安価な投機です。

そして、金投機が成功することはドル回帰を意味します。なぜなら投機家はドル建てで収益を計算するからです。最初に金を買った時のドル・コストと売った時のドル収益の差額を算定するのです。そして買った金は売らなければ

投機利益は出ないし、借りたドルも返済できません。だからここでドルに最終的需要が生じるのです。この意味で金投機とは金を媒介にしてより多くのドルを獲得する方法となります。ドル平価の維持が危ういという意味では「ドル危機」ですが、最終的にはドルに回帰するという意味ではドル本位それ自体は信認を失っていません。この意味では「ドル危機」にならないのです。

■ マルク投機の例

通貨投機の場合も同様です。かつての西ドイツ通貨のマルクが切り上げられると予想される、あるいはマルク建て金利が上昇すると市場が予想したとします。ここでもマルク投機家はドルを借りてマルクを購入します。首尾よくマルクが切り上げられれば、投機家はこのマルクでドルを買い戻します。切上げ以前に比べ、より多くのドルを得られるからです。この増えたドルでドル金利を支払う。仮にマルクが切り上げられない場合、損失はドル金利コストに限定されます。マルクのままでもっておくとマルク建て金利とドル建て金利の差が収益となり、これでドル金利コストもある程度カバーできる。だから非常に割安な投機なのです。

以上から言えば、金投機、通貨投機のいずれもリスクの低い投機になります。これではドル平価に対応する金価格やドル平価自体を維持することは無理なことです。特に米国経済とその他の先進諸国経済格差が縮小すれば、これは当然にも為替相場に反映されます。ドルが下方調整されるのです。特に資本移動が膨張している場合には、為替相場の調整は不可避となります。これは、戦後の通貨史で幾度となく繰り広げられてきた光景です。

■ ニクソン・ショックの時もドル回帰現象

戦後最大のドル危機とされた一九七一年のニクソン・ショックによるドルの対外的公的金交換停止という事態も実

は「ドル危機」ではないのです。ニクソン・ショックという名の「ドル危機」はドル本位自体の危機ではないのです。それは経済学的に言えば世界的為替調整の劇的な一幕にすぎません。

ここではニクソン・ショックに関し、興味深い新聞報道を紹介しておきます。ドル危機のクライマックスを伝えるはずの報道が実はその意に反し、ドル回帰の典型例を伝えているからです。

例えば、朝日新聞は七一年八月一六日（夕刊）に東京株式市場における史上最大の暴落を伝える一方で、ユーロダラー金利が急騰したことを伝えています。これこそ「ドル危機」の真っ只中におけるドル回帰でしょう。

一六日のロンドンはドル不安を反映し、前週末のドル売り持ちが買いカバーとなり、翌日、一七日の短期金利は一時五〇％までつけました。この買い埋めが一服すると二〇～三〇％にまで下落します。ドル投機のためにドルを借りる需要が増大し、また、そのドルを返すためにドル金利が高騰していたのです。さらに下落するのを期待する投機家は買い戻さず、ドル借入を続けるためにドル金利は上昇するのです。

この同じ朝日新聞は、モスクワでは「東京を恐慌とろうばいに陥れた」と報道され、ソ連側は世界資本主義の崩壊過程と考えていると伝えています（一六日付けのタス通信を紹介）。しかし、同じ朝日新聞（八月一七日）は、ニクソンによるドル金交換停止を歓迎してニューヨークの株価が急騰していることを伝えています。

さて、タス通信と朝日新聞の報道はどちらが正しいのでしょう？　ドル危機によってもドルの購買力そのものは崩壊していないのです。それを一番よく知っているのはドル投機家でしょう。彼らはドルを借りてより多くのドルを稼ごうとする人種なのですから。あるいは危機なのに株価が上がるのでしょうか？

Ⅱ　戦後最大のドル危機とされた一九七一年のニクソン・ショックの意味
――劇的為替調整の一幕

一九七一年八月、米国のニクソン大統領はドルの対外的公的金交換停止を停止しました。これがいわゆる、「ニクソン・ショック」と称されるものですが、実はこれは「ドル危機」ではありません。ドル本位自体の危機でないからです。ドルは対外取引を制限されたり、為替管理されたりしたことはないのです。「ニクソン・ショック」は、経済学的に言えば世界的為替調整の劇的な一幕にすぎないのです。

■　変動相場制度移行後の不安解消

たしかにニクソン・ショック以前、固定相場制度が崩壊すると世界経済はたいへんなことになると危惧されていました。変動相場制は不安視されていたのです。ドルの金交換停止は国際金融に大混乱をもたらし貿易と支払の制限が広がると恐れられていました。開放的で繁栄する経済を維持するためにはドルの金一オンス＝三五ドルでの金兌換が絶対の不可欠の条件とみなされていたのです。実際、米国通貨当局はニクソン・ショック以前の一九七〇〜七一年、起こりうる国際危機としてドルへの取付効果を予想していたくらいでした。個人、企業、金融機関、そして中央銀行でさえもドル減価（諸通貨、あるいは金に対し）から身を守るためにドル資産から抜け出す。いわゆるドル逃避の危険性が想定されていたようです。またドル切下げで安価になった米国製品に対し外国は自国産業を守るために貿易制限を課すだろうという、いわゆる近隣窮乏化政策の悪夢の再現があると恐れられていました。

しかし、実際には最悪の恐れは現実化しませんでした。金融市場は第二次大戦以降、厳しい国際通貨システムへの衝撃に対して非常に強靭であり、米国の銀行からの外国預金引揚げも多くはなかったのです。米国とデンマークが課した輸入課徴金制度以外、国家による国際貿易の統制はありませんでした。

一九七〇年代以降から現在に至るまで国際通貨体制は一九三〇年代と同様、変動相場制にありました。にもかかわらず、前者の時期に国際貿易が拡大しています。その理由は自由貿易の普及でしょう。米国は戦後一貫して平均関税率を引き下げています。他方、一九三〇年代には高率の関税をかけています。

二一世紀の現在も世界各国間の国際収支不均衡は膨張し続けています。しかし、経済成長も維持されています。世界経済がグローバル化傾向を強めているので、保護主義の台頭が抑えられているのです。自由貿易の利点が広く理解されているためです。

■ドルが切り下げられたのは世界的拡大的不均等発展の賜

ドルの金交換停止はたしかに一大事件でしたが、ドルそれ自身の信認を崩壊させるものではありませんでした。ドルが金一オンス＝三五ドルで金兌換することは維持できなくなるという意味で、ドルの過大評価を是正するだけのことだったのです。有力通貨が切下げ後に国際的信認を回復する例は実は多いのです。一九三〇年代の場合に限ってみても、三一年秋の英国の金本位制離脱の後、ポンドが急速に国際的信認を回復したこと、三八年一〇月のフラン回復の例があります。信認回復はいずれの場合も、切下げした後の国内財政の立て直しが決定的要因になっています。

「ドル危機」が発現した一九六〇年代は、実は「黄金の六〇年代」と称されるとおり、持続的な経済成長が達成され、技術革新が目覚しい時代でした。高分子化学技術の発達で合成化学材料の開発が進み、エレクトロニクス技術は電子機器産業を急速に発展させ、航空宇宙産業、原子力産業の拡張に弾みをつけました。鉄鋼、自動車、電気など旧産業でも技術革新が進展した時代です。投資の対ＧＮＰ比率は一九五〇－六〇年代に戦前水準を大幅に上回っていました。

この面で預言者ケインズの悲観主義は完全に打ちのめされます。資本への需要が減退し、金利は下落し、持続的経済成長の機会は減少する。これが『一般理論』を書いた当時のケインズ得意の言い回しでした。一九三〇年代のケインズは悲観主義者であり、電気、内燃機関という大発明ができたので多くの資本投資を必要とする重要な発明をこれ以上は期待できないと語っていたのです。ところが六〇年代初期までの二〇年間に実に多くの華やかな発明の成果がありました。ジェットエンジン、新化学合成製品、エレクトロニクスばかりでなくあらゆる生産部門における多くの発明があり、これは多くの資本投資を必要としており、農業部門での発明の応用も著しかったのです。

その反面、インフレも進行しました。米国の場合、労組に強い賃金交渉力があり、寡占企業も市場支配力により賃金上昇を製品価格に転嫁することができていたのです。価格、賃金の下方硬直性がみられ、インフレ要因が醸成される状況でもあったのです。この結果、労働コストは六〇年代に先進国のいずれでも上昇しました。

しかし、石油危機の勃発以降、技術革新がこれを克服しました。資源節約・労働節約的技術の開発であり、マイクロエレクトロニクス、新素材、バイオテクノロジーの分野で大きな成果が上がります。特にマイクロエレクトロニクスの場合、半導体、ロボット、コンピュータの利用を広汎にして、効率的な多品種少量生産を可能にしました。インフレ高進、労働分配率の増大の効果を殺ぐべく、八〇年代は省資源、省力投資が進行したのです。

インフレは労働生産性上昇の障害となり、生産性上昇をもたらすはずの長期設備投資が困難になるばかりでなく、高金利をも引き起こし、これはこれで長期投資の阻害要因となります。さらに、インフレは貯蓄率の低下も招きます（<石崎>一四九～五〇頁）。しかし八〇年代初め、米国はレーガン政権時代の金融政策が功を奏し、資本主義の不治の病とされていたはずのインフレを収束させました。このインフレ鎮静はドル信認回復に絶大の効果を呼びます。一九八〇年代前半、米国は景気低迷、財政赤字と経常収支の赤字化（「双子の赤字」）という問題を抱えながらもドルは上昇し続けたのです（図2（二一〇頁）参照）。

■ ニクソンが国際資本移動を批判したのは筋違い

この国際資本移動の活発さを誰よりも痛感していたのがニクソン大統領でしょう。七一年夏、ドルの金交換停止を宣言したニクソンは国際資本移動を非難していたのです。一九七一年八月一五日、ニクソン声明が出されたのは、「国際的な金融投機業者」の攻撃からドルを守るためだったのです。それまでの過去、七年間、年平均、一つの国際通貨危機がありましたが、ニクソンの言明するところでは、利得者は国際通貨投機業者であり、「彼らは危機にもとづいて繁栄し、危機をつくりだすことを助長する」ものであり、投機業者に対しては、ドルを防衛しなくてはならないと主張されていたのです。しかし、これを投機業者のせいにしてはいけません。彼らがドル切下げの根本的な原因ではないはずです。むしろ資本勘定による国際資金移動こそが、経常勘定における為替レートの不均衡を是正する水先案内人であると言った方が正確です。しかも経常収支の動きは資本勘定で金融されることが一般的であり、ＩＭＦの「基礎的不均衡」を是正する契機は資本勘定における資本移動にあると言って差し支えないでしょう。

ニクソンが次期大統領選挙を意識した景気政策を打ち出したことも、ドル投機を助長したのです。欧州、日本の中央銀行は為替切上げ、これによる輸出企業への打撃を回避するため、大量のドル購入を強いられていました。金の公定価格と市場価格の差が拡大するにつれ、やがては公定価格も上昇するであろうという予想も強まり、金投機にも弾みがつきました。ドルは原則的には公定価格で金に換えることができるので、米国の金準備流出も加速されました。新産金は自由市場にいくので、通貨当局の国際流動性増加には利用できませんでした。米国は一〇〇億ドルの金を持っていましたが、他の国の保有するドル準備五〇〇億ドルもありました。当然のことながら、ドルの対外公的兌換を停止することになるのです（図7）。

歴史的にみても、開放経済を志向する限り、国際資本移動を効果的に抑制するのは不可能な話です。特にグローバル化の現在、それを唱えるのは非現実的でしょう。コンピュータ技術が発展し、キーをたたくだけで資本が瞬時に世

図７　米国の金準備と対外債務（1948―74年）

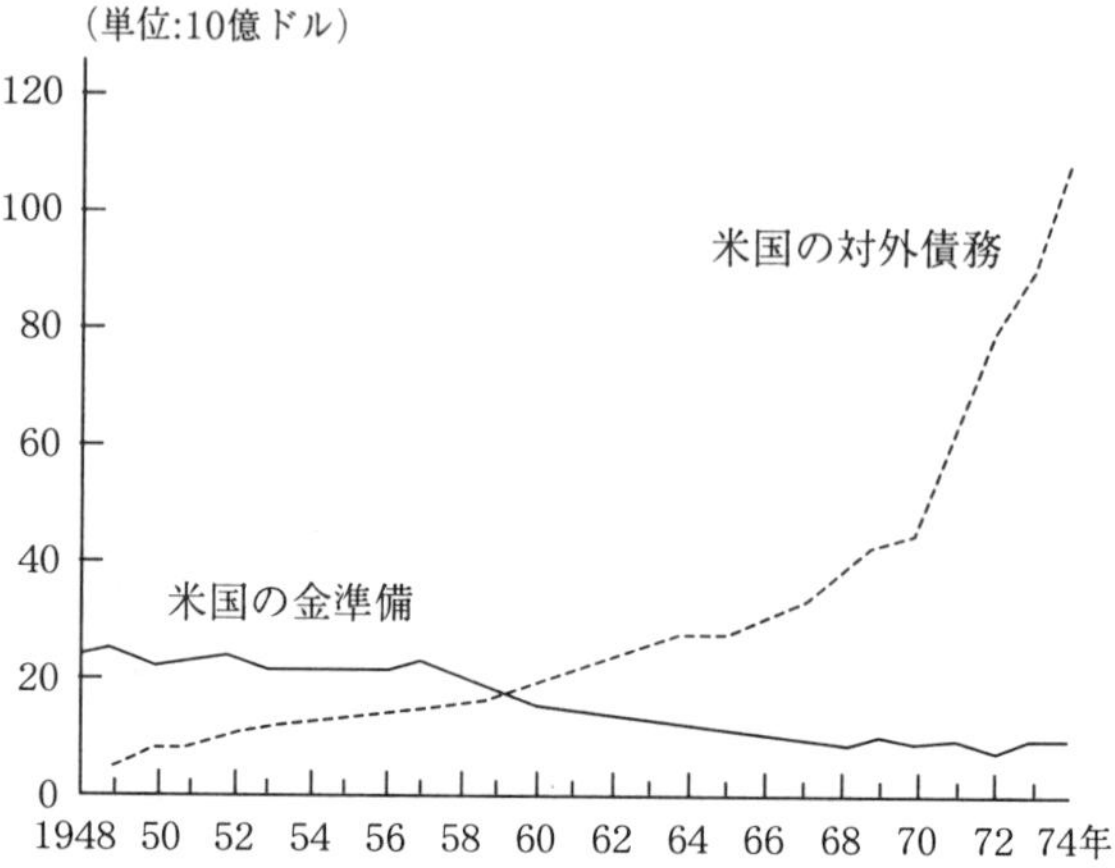

（出典）　B. Kettel, Gold, London, 1982, p. 55, Fig. 3―2.
原資料はＩＭＦより。

界を駆け巡る。これが現在の世界の現実です。デリバティブなど金融技術の発達もこれを加速しています。しかもグローバル化の中、各国間の直接投資が活発であり、外国の外国為替規制をかいくぐるよう、現地会社が利用されています。

こういう中、資本移動の錯乱的効果を抑制するために資本移動を規制しようとする説が話題になったこともあります。いわゆるトービン税です。しかし当のトービンもこの規制効果に疑問を投げかけ、反グローバリズムの運動とは一線を画そうとしていました。こういう状況で資本移動規制を導入すると、導入する以前よりもわずらわしい規制機関が必要になります。その運営には大きなコストがかかるし、国際的商業、金融活動に混乱を来すだけのことです。通貨当局が種々の規制を設けようとすると民間の資本はそれをかいくぐる工夫をこらします。ロンドンにおけるユーロダラー市場の成立の経緯が何よりもそれを物語ります。

実際にやるべきは、撹乱的な資本移動につけこまれないよう、強靭な経済体質を保持することです。これが各国の通貨当局者に求められます。それぞれ自国の経済運営に関し、自己責任と協調が世界各国に求められるのです。

■ニクソン・ショックの洗礼を受けた日本の通貨当局

ニクソンが金の公的金兌換を停止した時の日本の為替投機は有名な話です。当時の日本は為替管理の厳しい国のはずでしたが、ドル・円間の国際資本移動はすさまじかったのです。

ニクソンの新経済政策が発表されたのは日本時間では一九七一年八月一六日、午前一〇時です。この混乱で世界の為替市場は閉められています。ところが、日本では為替取引の閉鎖処置は採られませんでした。世界の為替市場で開いていたのは東京市場だけですから、世界中からドル売りが殺到します。下がるはずのドルを下がらない相場で買い取ってくれる市場があるとすれば世界のドルはその市場になだれ込みます。もちろん日本の民間人もその動きに遅れをとりません。それが東京市場だったのです。

日本ではこの時、為替市場を開くか、閉鎖するか激しい議論が交わされました。閉鎖論は、米国と欧州の市場は閉鎖されるはずであり、日本だけが開けてドルを買う理由がない、そしてドルが切り下げられた場合、政府が大きな損失（ドル為替差損）を受けるというものでした。一方、市場開放論によると、市場を閉鎖すれば市場が再開された時には変動相場制に移行することになる、あるいは円切上げの選択を迫られることになる。しかも民間銀行が多額のドル資産を保有したままであった。これは大蔵省、日銀の民間にドル売りをしないよう強く要請していたためです。もし、市場を閉鎖すると民間の銀行はドル資産を売却できず、大きな損失を被るというのです。

日本の通貨当局は為替管理は完璧であると思い込んだふしがあったようです。ドル売りはほとんど生じないと読んでいたのです。しかし、民間の人間は役人ほどやわではありません。ドルを借りて売るのは絶好の利殖機会です。世界のあらゆるところからドルを引っ張り出してきて東京市場で売れば大もうけです。

ここには日本の通貨当局の大きな誤認があります。彼らは、それまでの米国側の説明から、ニクソンはドルを切り下げないと信じていたそうです。米国の真意はドル切下げにあるのでなく、ドルを金から離し、平価でドルをできるだけ速やかに安定させるとみていたのです。

当時の日本の通貨当局の人達は歴史的教訓を学べなかったようです。日本でも広く読まれていたはずのヌルクセの名著『国際通貨』も読んでいなかったのでしょうか？　そこでは一九三一年秋のポンドの切下げの顛末も書かれています。国際短期資本移動が激しくなると基軸通貨も切下げに追いやられます。日本の通貨当局の人々は一九三一年ポンド信認危機の動向も知らなかったことになります。ポンドを切り下げないという英国側の言葉を信じてしまったオランダの中央銀行総裁は、ポンドの切下げで大きな損失を被り、責任を問われて総裁を辞任しました（コラム4）。

◎ コラム4　英国の中央銀行にだまされたオランダの中央銀行 ◎

英国の金本位停止に直結したポンド信認恐慌の最中，ロンドンにおくポンド残高に金保証を求めた欧州の中央銀行はオランダ銀行です。同行総裁のヴィサリングは，1931年9月18日(金)，自行のスターリング資金の金価値は大丈夫なのか，イングランド銀行へ電話で問い合わせたところ，大丈夫という保証を得たのでポンドを金に兌換しませんでした。イングランド銀行の話を真に受けたばかりに，ポンドが金本位停止した結果，オランダ銀行は資本金に相当する額の損失を被り，ヴィサリングは政府に厳しく批判され総裁の地位を失いました。

9月18日といえば，イングランド銀行は金本位制維持を実質的に放棄している時期であり，オランダ銀行はだまされたも同然です。イングランド銀行に忠義を尽くし，非常に協力的であったオランダ銀行は，ほとんど大半の金を使用してまでも，英国は金本位を死守すると考えていたのです。

オランダ銀行に対するイングランド銀行の処置は米仏に対するそれと比べるとかなり，差別的です。なぜなら，米仏が与えたクレディットの合計1億3000万ポンドには実質的に金担保を設定しているのに対し，オランダ銀行の残高にはそうしていないからです。英国はこの担保を確保するために金本位を停止したのです。しかも以前にも，イングランド銀行は金価値保証を求めてきたオランダ銀行など，複数の中央銀行に対し，ポンドはポンドであり，何も心配する必要がないと説明していたのです。

例えば，8月1日，イングランド銀行副総裁のハーヴェイは第一次信用（米仏中央銀行信用）が供与されたので，ポンドの信認は回復し，この一次信用を使用する必要性もなくなるかもしれないと多数の中央銀行に対して希望的観測を伝えています。8月26日，ヴィサリングはハーヴェイを訪ね，イングランド銀行の金準備の一部をオランダ銀行の勘定に保持しておくよう求めています。この強い主張に押され，ハーヴェイは，8月28日，第二次信用がまとまった時，ヴィサリングへ（他の中央銀行家にも），このクレディット公表でロンドンにある外国残高の安全性には何の問題もなくなると伝えてしまいました。この言質で各国中央銀行が安心したのかどうかはともかくも，オランダ中央銀行はロンドンから資金を引き揚げていません。以上の事情からすれば，イングランド銀行総裁ノーマンが金本位離脱以後のＢＩＳ会議において，各国中央銀行の，めったにない敵意に満ちた雰囲気の中におかれたのは当然です。

市場開放論の大きな誤りは、日本が米国の言葉を簡単に信じてしまったことです。一ドル＝三六〇円を支えることが米国の利益にもなり、協調的行動とみなしてもらえると考えたことにあります。しかし、さすがに日本の通貨当局もドル買い支えは不可能であると考えるようになります。八月二八日、ようやくドル買い支えを放棄し、市場再開の後は円相場を変動させることになりました。大蔵省、日銀が為替差損を防いであげようとしたはずの日本の銀行、商社は実は八月一五日以降、海外からドルを借入れて東京市場で売っていたのです。為替管理が強化されても、日本の銀行はユーロダラー市場ばかりでなく、米国のあらゆる借入先からドルを調達し、円に交換し、ドルの買い持ちを清算していたのです。日本の通貨当局は、日本の企業が海外で借入れる資金力を過小評価しており、為替管理も完璧でないことを思い知らされたわけです。

通貨当局が為替切下げを否定する時は、必ずといってよいほど切下げを断行します。国際金融史を少しでも知っている人間には当たり前のことです。ニクソン声明後からの二週間、日本は市場を開き続けましたが、これはクームズ（ニューヨーク連銀副総裁でウィリアムズの教え子）に言わせると、「まったく無益な措置だったばかりか、両国間のコミュニケーションがいかにひどい状態にあったかを示していた」（＜Coombs＞二五〇頁）のです

ニクソン・ショック後に日本通貨当局が市場介入を続けドルを三六〇円で買い支え続けたのは、中小の輸出業者を救済する狙いもあったそうですが、いずれにせよ、日本の通貨当局はニクソン・ショック後の一一日営業日の間に四〇億ドル以上のドル買い介入を続けました。さらに、それに続く三か月間の変動相場期に三〇億ドル以上、外貨が増加しました。八月以降の四か月の間に同年度のＧＮＰのほぼ三％、二・五兆円もの円資金が市場に散布されたことになります。日本の八月初めの公的準備は八〇億ドル弱です。これと比べると、介入額の大きさが明らかになります。為替管理の厳しいはずの日本でも国際短資移動は活発だったのです。

Ⅲ　変動相場制移行後も拡大し続けた世界経済

■石油危機の意味

石油危機により米国、英国をはじめとする先進諸国はインフレと不況が複合したスタグフレーションに悩まされます。エネルギーの大半を輸入に頼る日本は二度の石油危機で一番打撃が大きかったはずですが、省エネ・高付加価値化の体質に転換し、先進国の中で一番早く景気を回復します。マイクロエレクトロニクス技術を一番早く応用・活用したのが日本でした。エズラ・ボーゲル米ハーバード大学教授の『ジャパン・アズ・ナンバーワン』の本が出たのも一九七九年のことです。そして、一九八〇年代前半、日本は米国の異常なドル高のおかげで対米輸出を増加させており、これが日米貿易不均衡拡大問題を引き起こしていたのです。

■プラザ合意の意義――円高による国内産業空洞化論の流行

一九八五年九月二二日、ニューヨークのホテル・プラザでG5が開催され、①ドル高是正のための為替市場協調介入、②対外不均衡解消にむけた政策協調、③保護主義への抵抗が合意されました。

この合意ではドル高へ逆戻りさせないことが基本であり、ドル高への揺り戻しの場合、協調介入し、ドル安が進めば介入を減らし、市場が混乱した時はドルを買い支えることとなりました。当時、一ドル＝二四〇円台だった円は八五年末には一ドル＝二〇〇円にまで一気に上昇し、その後、円高・ドル安の傾向が続きました。

しかし、これで日本企業は東アジアへ工場移転する動きを強めます。もちろん日本の企業は本国に中枢部分を残します。これにより東アジアも一九八〇年代に大きく経済発展します。日本が部品、機械を輸出し、アジアが工場となり、米国が主な輸出先となるのです。このトライアングル構造に中国、インドも組み込まれるのは一九九〇年代以降のことになります。

中国は日本、韓国、台湾から特にエレクトロニクス産業の中間財（部品、コンポーネント、中間素材、部品）を輸入し、これを加工して全世界に向けて輸出します。米国・中国・東アジアの三角貿易構造というトライアングルは「今日の世界経常収支不均衡」の要因ですが、しかし環太平洋経済圏の成長の象徴でもあるのです。この意味でプラザ合意という日米通貨調整は、世界経済発展のダイナミズムの起爆剤となったのです。単に円ドル相場の一大調整ばかりでなく環太平洋経済圏の発展の一契機をも担っていたのです。

「国内産業空洞化論」が虚ろに響くと本書が主張するゆえんです。たしかにプラザ合意以降の急激な円高が「国内産業の空洞化現象」を呼ぶという議論が円高恐怖症候群と相乗作用をなし、日本では俗耳受けしていました。しかし、その円高はそれまでの異常なドル高の正常な調整にすぎず、結局、「空洞化」してしまったのは日本産業でなく、「国内産業空洞化論」でした。

■ 一九八七年一〇月のブラックマンデー

一九八〇年代前半のレーガン政権の下、あるいはボルカー（P.Volker）FRB議長（グリーンスパンの前任）の金融政策が功を奏し米国はインフレを収束させることができました。しかしその反面、景気が沈下したばかりでなく、財政赤字、貿易赤字が増大しました。いわゆる「双子の赤字」の問題です。にもかかわらずドルは急激に高くなりました。しかし、このような状況は長続きするはずはなく、ドルはいずれ急落する。そして世界は深刻な不況に陥ると主張する説が注目を浴びてきました。それはマリス説に代表されています。

この説によると、米国は膨張する経常収支の赤字をファイナンスするために多額の対外借入に依存せざるを得ないが、外国資本が十分に流入し続けることはいずれ期待できなくなる。ある時点でドルの信認が揺らぐとドルが暴落する。ドル相場が下がると米国の経常収支赤字は改善するが、インフレ圧力が高まり、金利が上昇する。そうなると米国の景気が低下し世界恐慌を引き起こすというものです。また米国の経常収支赤字がＧＤＰの三％を超えるとドルが崩壊してしまうと唱える学者も出ていました。そして、このシナリオが実現するとして注目されたのがブラックマンデーです（一九八七年一〇月一九日）。

ニューヨーク株式市場は史上空前の大暴落に見舞われました。一日当たりの下落率としてはダウ平均史上、最悪でした。かの米国大恐慌の発端となった一九二九年十月二八日よりもはるかに大きな下落率でした。このため大恐慌の再来につながるなどと不安を煽る学者も続出したのです。しかし、「ブラックマンデー」と大恐慌では、実体経済の中身はかなり異なっています。一九八七年の場合には国内経済活動は急落していないのに対し、二九年の暴落の場合、経済活動の低下が先行していたのです。株価暴落の後に銀行恐慌が続き、これが金融システムを麻痺させ、経済は停止状態になったのですが、八七年の場合は経済は強く、株価は一時的調整のあと、九〇年代末まで急上昇し続けます。

マリスのようなドル危機説は現実の国際金融市場には通じませんでした。マリス自身も「ブラックマンデー」の株価暴落の原因をドル急落に求めることはできませんでした。つるべ落とし的な株価下落はそれまでの過熱化していた株式市場の一大調整にすぎなかったのです。当時、Ｍ＆Ａブームで株式市場は過熱気味でした。インフレ懸念、あるいは「双子の赤字」に関してドル不安が進行し、金利先高観が株価過熱への警戒感を強めていた矢先にブラックマンデー事件が起きたのです（コラム５）。

◎コラム5　第二のブラックマンデーを引き起こしたと報道された橋本龍太郎首相の発言の真相◎

1997年6月23日(月)，時の橋本首相がニューヨークで爆弾発言をしたと伝えられました。「米国が基軸通貨ドルの価値の維持に関心が薄いと感じる時は米国財務省証券を売却したい誘惑に駆られる」と発言したのです。ＮＹダウ平均は急落しました（87年10月のブラックマンデー以来の記録的な下げ幅)。しかし，ここで注意すべきことがあります。発言が本気に受け取られると米国国債価格こそが急落するはずですが，実際には債券価格は落ち着いていたのです。ところが日本報道の大半は米国の債券市場の動向に一切ふれないまま，橋本発言が株価急落を引き起こしたと解説してしまいました。

発言の飛び出す前週末の6月20日(金)，ダウ平均の終値は過去最高であり，債券価格も急騰していたのですから，最高値を更新した株価が下方調整されるのは当たり前のことです。この調整時期に橋本発言が重なったのです。また第二のブラックマンデーと形容することも必ずしも正確でないのです。下落幅自体でみれば歴代のトップ100にもなりません。ダウ平均は過去数か年で大幅に上昇しており，それ自体大きな下落幅であっても市場の時価総額から比べると下落率は小さくなるのです。

仮に日本政府が，保有する米国国債を大量に売ったとしても，巨大な米国国債市場はびくともしません。橋本首相自身も，「仮に，日本が政府保有の証券を一度に放出した時，米国経済はそれを受け止める力を持っている」と言っており，国債売却で米国に圧力をかけられるはずもないことは承知していたのです。

幸いなことに橋本発言はニューヨーク株式市場に打撃をあたえていません。むしろ市場のプロは株の大幅下落を歓迎しました。現金を株に投資しようとしていた人々にとって絶好の買い時だからです。市場のプロは橋本首相のような脅しが株式市場に打撃を与えるはずがないと判断していました。その後の米国の株価の動きを見ればその判断は妥当しています。

橋本首相が米国に対し一見強硬な発言をしたことには布石があります。日米通商交渉のもつれです。1990年の場合にも当時，蔵相だった橋本首相は米国から，日米構造協議の名の下に中期的な公共投資の対ＧＮＰ比率10%の支出公約を求められたことがありました。これは内政干渉にひとしいものです。日本は10年間で430兆円の公共投資を米国に約束しました。この経緯について蔵相だった橋本首相はひどく怒っていたのです

1997年にも米国から貿易不均衡削減，内需拡大を強く求められました。財政再建をめざす橋本首相としては面白くありません。橋本首相は米国側の高圧的な態度には相当苛立っていたようです。だから一矢を報いる誘惑に駆られ，「米国国債売却」の話をぶち上げたと思われます。

もちろん元首相の深層心理に関しては，1億円小切手受取問題と同じく，「謎」のままです。そのためなのでしょうか，日本の代表的経済紙の編集者は別の著書で「ニューヨーク市場では株式，債券，ドルとも急落し，ワシントンも巻き込んで大騒ぎとなった」と解説してしまいました。当の経済紙は「債券」も「ドル」も急落していないと報道していたのですが（詳細は拙著，『ドル危機の封印－グリーンスパン』第7章)。

第七章　堅牢強固なドル本位制
――経常収支赤字膨張をものともしない盤石のドル国際決済システム

Ⅰ　一国通貨が基軸通貨として世界に通用する根拠

■金を「野蛮の遺物」と喝破したケインズは正しかった

有力な国民通貨は、国内の通用性を根拠にして世界的に通用し始めて基軸通貨の地位を確保します。ドルは米国とその他世界の間の取引ばかりでなく、その他世界諸国間の取引にも用いられることが多く、国際取引に占める地位は他の通貨より圧倒的に高いのです。だから基軸通貨になります。それに金交換性があるか否か、あるにこしたことはありませんが、関係ないのです。もちろん多量の金準備保有はドルの世界における権威を象徴するものとして役立つでしょう。しかし他の指標における経済諸力がドルの世界的権威を支えるとしたら、金は一体、どうなるでしょう。ケインズのいわゆる、「野蛮の遺物」に格下げされるのです。

■ドルは強制力で世界に通用しているわけがない

ここでドルが国際的に流通する理由を再確認しておきましょう。ドルは国内通貨として、ひとまず、無条件に流通します。米国財務省が製造するドル紙幣は、公私ともにすべての債務と交換される法貨とされており、支払においてドルの受取りを拒否すると連邦法で犯罪となります。サービスや財産の交換にドルが受領される。この保証を政府が行っていることがドル信認につながっているのです。これは何も強権的なものでありません。ドル発行の場合、国内上、ましてや対外的にも金準備の裏付けはありませんが、ドルは国内外で何の支障もなく流通しています。ドルは、米国の世界における圧倒的経済力に裏付けられているからこそ、国内は無論のこと海外でも絶対的商品購買力として通用するのです。

もともと、建国上の歴史から見て、自立精神の強い米国国民です。したがって、強権だけでドルが米国国民の間で流通するはずがないのです。このドルが国内で発行され、国内の財・サービスの取引を媒介するドル残高として米国の銀行に保持される。財・サービスの購入が海外へ向けられると外国人は対価として残高を保有します。これが、国際収支上、米国の対外債務となるのです。ドル残高が居住者に保有されようとも、非居住者に保有されようとも、ドルは、一覧払い債務性（無条件の対商品交換性）を有します。米国の発行するドル銀行券の債務性は国内ばかりでなく、海外に対しても同様に有効なのです。この国内の購買力が外国へ向けられる額が、外国が米国商品の購買に向ける額よりも多い時に貿易赤字につながるというだけのことです。

ドルが対外金兌換性があるか否か、あるいは固定相場制、変動相場制を問わず、米国の購買力は国内では無条件に通じます。海外でも無条件に通じます。米国ドルでは、国内外を問わず、その額が対価として見合う限り、何でも購入できるのです。これは何も米国が強権を発動しているわけでなく、米国経済の圧倒的力の賜物です。海外で受け入れられるからといって、対外決済のためだけにドルを無制限に印刷するわけにいかないのです。国内の取引需要に応じてドルは発行され、その一部が海外へ振り向けられるだけのことです。

■ $ound（健全）な$

通貨が受け入れられるための第一の条件は、健全（$ound）であることです。次に価値保持手段として市場で受け入れられ、将来、この通貨の購買力が財・サービスでみて予測できることです。この意味でドルは$oundなのです。米国はインフレを克服して久しい。ドルの購買力が減退すればこれを通貨として利用する意欲は世界的にも減退します。ひどい物価変動になるとその通貨を保有する意欲は減退します。一方、通貨が全般的に不確実性の時代の場合、強力な価値保持手段であれば、世界の投資家を引きつけます。二一世紀初めの現在、世界的な過剰貯蓄が主に向かう投資先はドルなのです。

それは二〇〇七年夏の国際金融危機が証明してくれています。ユーロが決済通貨であるはずの欧州の銀行の多くが関連会社を通じ米国発の住宅関連証券（サブプライムローン絡みの金融商品）を購入して大やけどした事件は、まだ遠くない事件として語り継がれるはずです。この時、世界の決済はドル不足で大混乱に陥ったのです。

国際通貨を保持できる国の条件は、強力で競争力のある経済を擁し、国際貿易金融が開放され、また、これに積極的にかかわれることができる経済力を備えていることです。このような経済の場合、自国通貨を軸にしながら、その広汎な対外事業活動を支える巨額の外国為替取引を生み出す。これが一九世紀、また二〇世紀初頭は英国ポンド、そして現在はドルが優勢であることの説明になります。

そして、世界に開放された、広く深い大きな国際金融市場の存在も重要です。こうなれば世界の諸国はドルという通貨で種々の取引をするほうが自国通貨で取引するよりも安価となり、また容易に資金調達ができるのです。経常収支赤字が膨張しているのにもかかわらず、ドルが強いのは、あるいは世界で主要な取引通貨の地位を保持しているのは、米国の持続的成長力があるからなのです。

■ インフレを克服したドル

一九七一年夏のニクソン声明でドルは公的金交換性を停止して二一世紀初めの現在にまで至っていますが、基軸通貨の地位を降りたためしがありません。米国はＩＭＦ第八条国のままであり、ドルが為替管理におかれて財・サービスの国際取引が制限される事態もないのです。ドルの購買力は国内ばかりか対外的にも信認を保持しています。米国企業は総体としては世界の株価時価総額の四割も占め、個別レベルでも世界企業の上位を常に独占しているのです。米国が本当に対外借金国であるとすれば、このようなことが資本主義社会であり得るのでしょうか？　米国は世界最大の経済大国のはずなのですから、その国の通貨が危機に陥るわけがないのです。

実際の米国ドルは二一世紀の現在、国内インフレも収まり、その対内的購買力は疑われることもありません。その証拠に、海外からの米国への金融資産投資も盛んです。ちなみに世界の億万長者番付もすべてドル建てで紹介されています。ドルが信認されている傍証でしょう。

■ 革命家レーニンの野望を打ち砕いたドル

かつて資本主義打倒の野望を抱いたレーニンは、インフレで通貨を台無しにすることが資本主義を打倒する最善の道であると主張しました。実に的確な主張です。ケインズも見抜いているとおり、通貨を台無しにしてしまうこと以上に、現存の社会の基盤を覆す精妙、確実な手段は存在しないのです（ケインズ『平和の経済的帰結』）。レーニンの洞察力を教訓にしたのでしょうか、資本主義はこのインフレを収束させ、レーニンが打ちたてた社会主義を崩壊させました。インフレ収束で金価格、石油価格も下落し、これが旧ソ連の外貨収入への打撃となったのです。一般人民に対する生活物資供給能力でも旧ソ連は資本主義側に完敗しました。これを教訓化したのが中国の鄧小平でしょう。彼は毛沢東の文化大革命路線の破産の修正に躍起となります。ソ連崩壊を予想していた彼は中国の政治体制を一新させる一大決意に踏み切ったのです。いまや中国は「世界の工場」と呼ばれるまでに経済発展し、資本主義のネットワークに深く組み入れられています。もちろん、「世界の工場」と言っても実際には多くの構造的問題を抱えています（第九章V節参照）。

Ⅱ　ドルは銀行原理によって発行——中央銀行の恣意的行為で増発されないドル

■鍊金術でドルを創出するのは不可能

日本の多くの、著名なエコノミスト達は経常収支赤字ファイナンスのために米国はドルを任意に印刷して過剰な輸入を続けていると解説し続けています。基軸通貨ドルの特権を濫用してドルを過剰発行して、国際収支赤字の膨張を止めようとする節度がなくなっているのが米国だというわけです。米国はなにやらよからぬことをしている邪悪な国なのでしょうか？

実は米国はドル紙幣（グリーンバック）は乱発できません。自国の経常赤字を埋めるために米国がドル札を過剰印刷するとドルは国内はおろか対外的に通用しなくなるのです。もし乱発が恣意的に可能であるとすれば米国で銀行の不良債権問題は生じるのでしょうか？　中央銀行にあたる連邦準備が不良債権に苦しむ民間銀行、企業にグリーンバックを追加発行すればよいという主張をする人がいるとしたらたいへんなことになりますが、多くの国際金融の学者は実質、そういう主張をしているのです。

■銀行は信用貨幣を乱発できない

原理的にいえば、銀行は無準備の預金を貸し付けて信用創造機能を担い、金融仲介機能も果たすのです。銀行券という通貨は銀行の貸付によって供給される「自己当て債務」ですが、信用機構を通じる場合、貨幣は実体経済側の資金需要に応じて受動的に供給されます。これはいずれの国も同じことです。基軸通貨ドルを擁する米国においても中央銀行は無制限の資金需要に応じるわけがありません。あくまでも、市場の財・サービスの取引に伴う市中の資金需要に対応して貨幣を供給するのです。

経常収支赤字が膨張したからといって、その赤字を埋め合わすために市中の資金需要に応じるわけではないのです。信用関係において発行される銀行券は貸付・返済の過程を繰り返しながら、将来の資金形成を媒介していくわけであり、銀行はこの新たに創造された貨幣をただちにだれにでも渡すのでなく、銀行が魅力的と考える種類の資産を提供できると判断する人々の手に渡すのです。要するに返済能力の確かな人に貸し出しするのであり、銀行の信用供与の活動は一国の財及びサービスの生産の総量と構成との双方に合致していなければ、いわゆる不良債権問題の危機に陥るのです。信用関係において発行される銀行券は貸付・返済の過程、裏をかえせば円滑な商品の売買取引を繰り返しながら、将来の資金形成を媒介していくのです。

米国の銀行組織を通じた購買力の創出を支えるのは国内の財・サービスの増産であり、これに見合って銀行預金が創出されるのです。これができなくなるとインフレにつながります。財・サービスの社会的再生産の裏付けのないままに通貨が乱発されると第一次対戦終了直後のドイツのようなハイパーインフレーションが発生します。物価が一兆倍も上昇した恐怖です。もし中央銀行が通貨を乱発しようものなら、米国国内の米国人自身がドルを信認するはずがありません。たちまちドルから逃避するでしょう。実際の米国はかつては不治の病といわれたインフレを克服しています。二一世紀の初めまではデフレ・スパイラルという物価下落＝景気低迷の危機にあったくらいです。

このように信用貨幣の発行流通は企業活動と消費支出に経済活動に支えられて行われるのであり、基本的には確かな実需要に裏付けられるからこそ、銀行は貸付けできるのです。この原則をはずして信用供与は行われません。それはつい最近まで不安材料とされていた銀行の不良債権問題を想起すれば簡単に説明がつきます。資金繰りに困った市中銀行に対し中央銀行は任意に銀行券を印刷し配給するようなことはしないのです。信用貨幣の発展形態である銀行券は近代的銀行信用制度においては、銀行家や政治家の気まぐれによって乱発することはできません。これは基軸通貨ドルの場合も同様です。ドルは海外に垂れ流しはできないのです。対外収支赤字を埋めるために恣意的にドル銀行券を乱発するわけにいきません。

■ ドルは国内、国外ともにグリーン色

もし対外支払のためにドル銀行券を乱発しているとすれば、非居住者がもつドルと国内の人が持つドルには大いなる区別が生じるはずです。それこそドルを国内、国外と色分けしなければならない。周知のように国内はグリーンバックですが、外国向けのドルもグリーン色に変わりありません。基軸通貨であるかぎり、ドルには国際通貨と国内通貨の区別はないのです。ドルはアメリカの銀行システムから創出され、国内取引にとどまるものもあれば、国際取引にも使われるものもあり、両者は同じグリーンバックのはずです。

もし米国が対外的借金で首が回らなくなる時が来るとすれば（例えば世界的戦争の費用を外国に依存する場合）、外国は米国に莫大なドル預金を持つことになりますが、米国は為替管理をしてこの外国人保有ドルの使用を制限するのです。このような事態が生じたのが第二次大戦中、そして終戦後間もない英国のポンドでした。外国人保有のポンド残高を対外的に使用するのが制限されていたのです。わかりやすく言えば封鎖されていたのです。ではこのような厳しい状況が現在のドルに想定されるのでしょうか？

■ 基軸通貨国の場合、対外債務が膨らむのは当然――国際金融業務のなせる技

外国保有のドル残高が増えること自体は何ら問題がありません。ここでは基軸通貨国における外国預金（外国残高）の性格について若干、考察してみましょう。国際金融市場においては、国際金融業務を行う銀行は二種類の預金を外国から引き寄せることができます。

一つは預金強制力によるものです。国際金融市場にある銀行が外国の企業へ貸付けしたり、債券発行を引き受ける場合、その信用便宜を受ける側はそれに見合う資金を国際金融市場の国建ての残高としてその金融市場に保持します。貸付、債券発行の便宜を受ける外国人はその資金返済を円滑にするために、ある程度、その便宜を与えた国際金融市場に残高をおくのです。これを預金強制力と呼びます（一種の拘束預金）。貸付の元本、金利の返済、債券発行の場合は元本、利子の返済に備えるための資金を当該国際金融市場に保持しておくわけです。

そして、海外の銀行も自国の顧客の国際業務に対応できるよう、この国際金融市場と連携した業務を構築する必要があり、この経路からも国際金融市場には海外の資金が引き寄せられます。基軸通貨国通貨建てで海外貸付業務が行われる限り、海外から基軸通貨国の国際金融市場に資金が流入するのです。この国際金融業務が行われる限り、世界の取引はこの国際金融市場における国の残高の振替ですませます。この残高を確保するために、世界からこの国の通貨に対する需要はつきないのです。よく新聞などで米国は資本流入が枯渇する危険性にさらされているといわれますが、そう言うことが万が一、生じる前に、米国で国際金融取引が行われなくなるはずです。

いま一つは預金勧誘力です。これは流出入しやすく、基軸通貨に大きな圧力になるものがあります。それは預金強制力によることなく、流入する資金です。預金強制力による流入資金でないので、流入の条件がなくなれば、海外へ流出する資金です。

これを再建金本位制の時期に関して説明しましょう。当時は基軸通貨はドルとポンドの二極化しており、そしてポ

ンドの力がかなり弱まっていました。しかし、ポンドの国である英国は世界の資金をロンドンに引きつけてドルに対抗しようとします。この預金勧誘力の資金とは、英国の相対的高金利に反応したり、海外の政治不安、通貨投機の事情からロンドンへ一時的に滞留している資金です。対外貸出資金の豊富な米国ドルで資金を調達し、これをロンドンで運用する資金もあります。米国で安い金利で借りて高い英国で運用するという話です。しかし、これは逃げ足の速い、すぐに流出する、いわゆるホット・マネーと呼ばれる資金です。このような性格の資金を原資として英国側が海外貸付、資本輸出を行っていくと、いわゆる短期借・長期貸となり、ロンドンの銀行の対外資金ポジションは劣化します。このような資金に過度に頼りすぎると、ポンドは基軸通貨の地位を保持できなくなります。例えばニューヨークで株式ブームが生じると世界の資金はニューヨークへ吸い上げられます。当然、ロンドンから資金が流出するのです。こうなるとロンドンは預金勧誘力を失ってしまいます。さらに悪いことに預金強制力も弱くなっていました。だからポンドは弱化するのです。

■基軸通貨という場合、ポンドとドルのどこが違うのか?

さて、かつて両大戦間に見られた、基軸通貨の地位をめぐるポンドとドルの角逐の関係が現在にもみられるのでしょうか? ユーロ参加を見送り続けている英国は一五年間も経済拡張を遂げています。他方、ユーロ参加国の経済パフォーマンスは非常に悪い期間が長く続いてきました。しかも国際資本移動の基幹は米英にあります。双方、いずれも経常収支は大幅な赤字国でありますが、英国は米国に対し、最大の資本輸出国です。これはアラブ諸国などの石油代金(ドル)がロンドンへ流入するからです。かつて両大戦間には基軸通貨ポンドとドルの間には激しい資本移動が繰り広げられ、これが国際通貨体制の不安定要因となっていましたが、現在、ドルとユーロの間にそのような攪乱的な資本移動が生じていることを報道する経済記事は見当たりません。

英国が外国資金に頼ってロンドンの国際業務を行っていると批判された背景には、一九二〇年代のフランス資金のロンドンへの大量の滞留がありました。一九二五年に金本位に復帰した英国はポンドを戦前の平価に戻したのに対し、フランは一九二六年に大幅に切り下げられていました。しかし、フランの安定は将来のフランの上昇を期待させるものがあり、フランス資本が海外から還流したり、フラン上昇を期待する外国資金、あるいはフランスの経常収支黒字による資金がフランスへ流入することになります。

当時、フランス側は自国が保有しているロンドン残高の累積がフランの過大な高騰を呼んでいることを懸念し、それを抑えるためにロンドンから残高を引き揚げようとしたのです。これでは英国から大量の金が引き出されてしまい、ポンドの金本位制維持は危機に陥ることになります。さてこのような状況がドル・ユーロの間に想定できるのでしょうか?

Ⅲ　基軸通貨の国際的信認を左右する財政事情

■　基軸通貨の信認の鍵を握る財政事情

基軸通貨の対外信認と基軸通貨国の財政政策には密接な関係があります。一九八〇年代前半の米国の「双子の赤字」問題でドル不安が喧伝されていましたが、一九九〇年代末以降、財政が一時、黒字化したことも好材料となり、二一世紀を迎えたドルは安定しています。例えば、二〇〇七年夏の国際金融不安の時、世界の投資資金は安全な逃避先として米国国債に殺到しています。米国の経常収支赤字が史上空前の額に膨張しているにもかかわらず、〝ドル暴落〟は未だ現実に起きていません。経常収支赤字が膨らんでも財政収支の改善の展望があると、基軸通貨は安泰を保てるのです。

これは、一九三〇年代の基軸通貨ポンドにもあてはまることです。英国の場合も一九三一年にポンドが金本位制離脱に追い込まれた大きな要因は、財政赤字の増大、経常収支の赤字化にあったのですが、金本位制の停止以降も経常収支赤字化は常態化したにもかかわらず、ポンドは安定基調を示します。それは均衡財政が実現されたからです。その後、ポンドの安定が確保できなくなるのは、第二次大戦に絡む軍備増強などによる財政赤字が拡大したためです。

古典的金本位制の時代においてもポンドが基軸通貨として国際的信認を保持できたのは、自由貿易（為替と貿易に障壁のないこと）が貫かれていたことにあります。何の為替管理もなく、資金が自由に出入りできたのは、英国の経済力の強さによるところも大きかったのです。そして、当時のポンドの国際的信認をいっそう強化したのは正統的な財政政策であり、国家予算の均衡主義でした。

■基軸通貨国の経常収支が赤字でも基軸通貨が平気な理由――ポンドの歴史的事例

基軸通貨というものは、当該基軸通貨国の経常収支が赤字化しても安定するものなのです。例えば、金本位制の瓦解した一九三〇年代の国際基軸通貨ポンドの場合もそうです。国際基軸通貨国の場合、その通貨の対外価値は自国の国際収支の動向ばかりでなく第三国間取引の動向が重要になります。この第三国間取引が自国の基軸通貨ポンド建てで行われる限り、英国自身は経常赤字になっても基軸通貨ポンドの対外価値は安定するものなのです。言い換えれば基軸通貨の価値は基軸通貨国と他国という二国間収支でなく、第三国間取引に及ぶ多角決済機構の動向で決まるものなのです。

これを再建金本位制が瓦解した以降の一九三〇年代のポンドを例にして明らかにしてみましょう。第一に英国とスターリング圏諸国の間の収支です。ここでは国際決済は英国のポンドで済まされるので、圏内諸国に対する貿易収支の赤字が累積しても金やドル等の外貨を動員する必要性は特にありません。金本位制停止以降、英国がスターリング圏諸国からの輸入の比重を高めていったのはこのような決済の性格のためです。第二に、英国とスターリング圏外諸国の間の収支です。この決済はポンドで済ませません。金やドルなど、英国にとっては対外支払準備を動員する必要性が高くなります。しかもこの第二の収支は英国にとって赤字です。しかし英国にはこれをカバーする経路がありました。

それは第三の、スターリング圏諸国と圏外諸国の収支です。この収支が圏内諸国側の黒字であれば、その黒字で得られたドル等の外貨は、英国にとって第二の赤字を相殺できる資金源となります。したがって、第一から第三の組み合わせが基軸通貨国に有利に展開する限り、基軸通貨は安定できるのです。逆に言えば、第三の経路が期待できなくなるとポンドという基軸通貨の不安に直結するのです。それが第二次大戦勃発以降のスターリング圏の構造変化であり、この地域はドルを稼ぎ出すのでなく、支出する地域に転じてしまったのです。

以上を要約すれば、基軸通貨の場合、基軸通貨国の国際収支が赤字となっても第三国間取引などによる基軸通貨需要がその赤字を相殺する多角決済機構として機能する限り特に大きな問題は生じないのです。基軸通貨国が国際的多角決済機構の軸になる限り、経常収支赤字が直ちに問題になることはないのです。

■ 第三国間取引を媒介する通貨こそが基軸通貨

現在のドルも同じようなことが言えます。例えば、石油価格が高騰すると石油純輸入国の米国の経常赤字は膨らみます。しかし、石油取引はドル建てです。産油国は対米貿易黒字国の日本、中国に輸出した石油代金によりドルを大量に取得します。このドルは一般にロンドンのユーロダラー市場に預けられます。するとドルは米国から石油輸出国へと移転しますが、結局は米国のドル建て銀行組織に還流するのです。

ドル建ての取引が米国国内ばかりでなく米国以外の第三国間でも保持されるのですから、ドル売り圧力が生じるはずがないのです。国際基軸通貨国の場合、その通貨の対外価値は自国の国際収支の動向ばかりでなく第三国間取引の動向が重要となるというのは、このような事情によるものです。基軸通貨国が国際収支赤字となっても第三国間取引などによる基軸通貨需要がその赤字を相殺する多角決済機構が機能する限り、特に大きな問題は生じないのです。

ところが、内外の大半の研究者は経常収支赤字化を基軸通貨国にとっては異常なこととみなしています。例えば、一九八〇年代に登場した米国の双子の赤字に関する評価です。当時、経常赤字が膨らんでいたにもかかわらず、ドル相場が上昇したことを異常視していました。しかしこれも、金融グローバル化の時代には為替相場決定要因としては資本収支の方が経常収支よりも決定的に影響力があることを認識しておけば容易に説明できることになります。

■対外債務が膨らんでも国際通用力の落ちないドル

現在の非居住者ドルの保有が膨らむのはなぜか。米国での運用機会が豊富、かつ高い収益性が期待されるからです。一方、戦後直後のポンドの場合、英国本国は疲弊しており、今の米国のような運用機会、収益性は期待できなかったのです。それどころか、居住者はおろか、非居住者が保有するポンド残高では自由に対外取引ができず、交換性に制限があったのです。

同じ基軸通貨であり、また同じく莫大な対外債務を負っているにもかかわらず、ドルはかつてのポンドのように対外交換性の制限がないのです。米国には世界に対する、いわば無限の供給力があり、また、世界から自由に物を輸入できる購買力が国内で創出されるためです。この国内で創出される購買力が外国へ振り向けられることが多くなった結果として、外国人保有のドル残高が増大して対外債務の累積が生じたのです。一九九〇年代に復活を遂げた米国経済の底力の証明であり、米国企業のグローバル化が進展したためなのです。

現在のところ、ドルという一覧払い債務の履行に疑問をはさむ投資家は世界にいないでしょう。ここにかつてのポンドと現在のドルの違いがあります。ポンドは為替管理されていましたが、現在のドルは為替管理などまったくありません。ポンドは対外的交換性を大幅に制限されていましたが、現在のドルは対外的交換性が制限されていません。その証拠に世界的金融取引はドルを中心にして行われています。

Ⅳ 米国の経常収支赤字のサステナビリティ（持続可能性）

■「ドル危機」説はどこへ消えた？

米国は経常赤字の膨張を海外からの借金で埋め合わせられなくなるという「サステナビリティ」（持続可能性）論が何と二〇年間以上も警告され続けていますが、借金づけ経済のはずの米国は破綻するどころか、つい最近までは株価も史上高値を更新し続けていました。これで一体どうして「ドル危機」を語れるのでしょう。米国の経常赤字はGDP比で、「警戒水域」の三％どころか六％を超えていますが、ドル危機は現実化するに至っていません。経常赤字ファイナンスの行きづまりの可能性が指摘されてはいるものの、世界の金融市場では米国企業を中心に資金調達は盛んです。二〇〇七年夏のサブプライムローン問題はどうでしょう。米国が対外借金して行きづまったとして報道されているのでしょうか？世界の投資資金は米国のドル国債に逃避したのです。

■ サステナビリティを可能とする国際資本移動

この点は、前FRB議長のグリーンスパンの認識が重要です。彼は、〇四年二月一三日、経常赤字がGDPの五％に及んでいることについて、「一、二〇年前までは恐らく維持できなかった」としながらも、地球規模でモノ、資本が動くグローバル化の中で耐久力がついたとし、「より柔軟な国際金融システムができれば、不均衡は混乱なく緩和できる」と発言しています。外国人による米国国債の保有が高いとされる現状について、「他国が米国国債を売ったとしても市場の混乱は起きるとは考えにくい」と語っています。もちろん、ドル安が緩やかに進行しているとしつつも、海外への資本流出や国内物価と投機などの「副作用は実質的に起きていない」と指摘しました。米国の経常赤字については、これまで何の困難もなくファイナンスされ、ドル安で経常収支不均衡の調整が進むと理解しているのです。とはいえ、財政赤字については九〇年代のような財政規律が必要であることを強調しています。財政赤字が黒字に転換した時期を念頭に入れているのです。

この「サステナビリティ」に関し、グリーンスパンは、「米国の経常赤字の規模からみて、いずれかの時点でドル資産への投資意欲が減退する」（〇四年一一月一九日）と発言し、一見すると、ドルをかなり不安視しているようですが、真意は違います。彼は次のとおり、説明しているからです。

大きな米国経常収支赤字のファイナンスが抵抗にあっていることは限定的にしか示されていない（傍点は引用者）。

米国経済の対外支払能力は国際収支尻の動向でなく、企業収益、そしてそれを資本還元した時価総額から判断すべきことです。経常収支赤字の対GDP比率が六％となったとか、あるいは対外純累積債務が二〇％になったということで支払能力を云々する話ではないのです。海外から資金を積極的に取り入れているのは投資機会が豊富であることを意味しており、借金という消極的側面に解消するわけにいかないでしょう。したがって、米国の企業は、支払能力が疑われない限り、海外からも資金を調達できるのです。

■対外借金国のはずの米国は財務内容が健全

近年も米国企業の財務基盤は健全です。S＆P主要五〇〇社の〇六年の利益は三五九五億ドル。配当額も一〇％増加の一〇七七億ドルで過去最高を更新しています（日経〇六年一〇月七日）。健全な財務内容がない限り高配当、自社株買いは不可能です。米国企業は大手五〇〇社だけでも現金保有高は一・五兆ドルにのぼり、〇六年の米国の自社株買い総額は五〇〇〇億ドル超です。これも、現金に余裕がなければ不可能なことです。〇六年末の米国家計の純資産は前年比七・四％増加の五六兆ドルであり、四年連続拡大であり、家計の金融資産も四二・一兆ドルに及んでいます。

過去四年で住宅資産は五割増加し、国民は住宅資産を担保とする借入れで消費する傾向は強いのですが、総体としてみれば米国の家計は借入能力が高いということになります。

むしろ優良企業こそ海外からの資金調達に積極的です。国際的企業は株式の公開、公募・売出しの際、あるいは社債を売り出す場合、世界の投資家から資金を募るグローバル・オファリング（Global offering）を活用しています。逆に外国から資金を調達できない企業は世界の金融市場における評価は低いのです。世界の優良企業は自社株を自国市場ばかりでなく、海外の取引所でも上場して国際的名声を高め、国内にとどまらず、グローバルに資金を調達するのです。米国の資本市場が世界から資金流入を仰ぐ（対外債務の増大）というのも、この米国企業の成長性、投資戦略の脈絡で理解すべきことでしょう。それを海外からの借金の増大と説明するのはバランスシートの片側しか見ないバランスを欠いた見方でしょう。

■ 世界最大の経済国が対外借金国であるはずがない

米国は世界一の経済力を誇り、米国の基準は事実上の世界標準になっています。石油など国際商品取引の大半はドル建てであり、あるいはドル建て価格を基準としています。米国は食料、工業、サービスの三大面でも超大国です。食料大国なので自給率はほぼ一〇〇％。自然条件、地理的条件が良好で、多彩な技術革新の高い農業生産力を誇ります。もちろん、工業超大国でもあり、大量生産システムを確立させた最初の国であり、耐久消費財の普及、ハイテク産業、情報通信産業の世界的発展においても主導性を発揮してきました。サービス産業の面でも超大国であり、金融、医療、情報処理能力は群を抜いています。米国は豊かな消費生活と強力な軍事力の大国なのです。本国経済はおろか国外においても圧倒的な海外展開力を誇ります。これが米国主導のグローバル化の象徴でしょう。

経常赤字の膨らんだ背景には一九九〇年代の「永遠の反映」、「ニューエコノミーの到来」と形容される米国経済の力強い大好況があります。決して経済競争力の弱い、敗北した国ではありません。米国が輸入を続けられるのは既述のとおり、国内の購買力が海外へ振り向けられただけのことです。また、資本流入は米国の景気の好調さ、企業の高い収益性を求めて投機資金が流入した結果にすぎないのです。

米国の企業の利益は〇三年第4四半期に二九％も増加し（八四年初め以来で最高の伸び）、〇三年は暦年で初めて一兆ドルを超えました。このような米国企業の収益力をみれば、米国の企業が海外から多額に資金を借入れすぎると、やがてはそのファイナンスに支障を来たすという想定自体、論拠に乏しいのです。米国企業総体についてみれば、経常収支赤字に伴う債務を返済する力を危ぶむ必要はありません。しかも経常収支赤字に対応するといわれる資本流入において、実際には債務を構成しない株式投資や、償還が直接は問題とならない直接投資が大半を占めているという事情も看過されてはならないでしょう。

たしかに米国の経常収支赤字は増加し、その傾向は続いています。GDP比三％となることが懸念された九〇年代から、現在の〇六年には六％に達しています。しかし、米国企業の世界市場を股にかけた成長率に照らし合わせれば、GDP比が六％を超えることは意味をなさないのです。しかも、米国の「衰退」論、あるいはパクス・アメリカーナ衰退論をよそに、米国の生産性の上昇率は〇三年第3四半期に九・四％となり、過去二〇年間で最高となっています。米国企業の成長力は高いのです。

V　拡大する国際不均衡の中で安定を保つドル

■ 米国のどこが、「過剰消費体質」なのか?

グローバル化の進む時代です。この中、世界の巨大企業の場合、生産拠点を世界的に分散化し、販売先も世界に広げています。製品の多くを海外で生産し、販売するのが当たり前の時代なのです。そのような巨大企業の多くを占めるのが米国経済です。海外で生産する製品を国内に輸入したからといって、即、米国企業の国際競争力の低落につながるわけではありません。むしろ、安価に輸入するという点で企業収益の改善につながります。この意味で、生産拠点、販売網の海外展開も企業収益の向上の姿勢とみるべきでしょう。海外で物資を調達する、いわゆるアウトソーシングの進展は米国の企業による海外直接投資が促進されることの一つの表現です。すると海外を生産拠点として米国本国へ安価な商品が輸出されます。米国の企業内貿易の比重が高まります。これにより米国の貿易赤字などの経常収支赤字も増えるでしょう。

ところが、多くの経済学者は米国の経常収支の赤字は米国の過剰支出体質の反映であると解説しています。米国の民間部門が過剰な支出体質になっており、この体質が是正されないかぎり、経常収支赤字の大幅な改善は望めないというのです。ではこの場合の、「米国国民の過剰支出体質」とはいかなるものなのでしょう? わずかに、「マクロ的に見れば経済全体として生産以上に支出している過剰支出」という記述などがあるだけです。このような説明で米国経済の実態が伝わるのでしょうか? アウトソーシングの進行の結果、輸入が増加していることをどのように説明するのでしょう?

こういう潮流の経済学者は、経常収支赤字をファイナンスするために米国は外国から借金していると解説します。

しかし、一九九〇年代後半以降の対米資本流入は相対的に高い収益が期待される米国経済という要因に引付けられたものです。別に借金の埋め合わせのために導入しているわけでありません。国際競争力の上昇に対応した対米直接投資やIT関連産業の設備投資に結びつく資本流入です。経常収支赤字に伴い借金が増大してこれを埋め合わせるために外国資本を導入したわけでもありません。最近、二〇〇七年の夏の国際金融危機に示されるとおり、世界の投資家は借金がかさむ企業、金融機関には投資しようとはしません。投資してもすぐに引き揚げます。

米国の輸入構成で注目すべきは財の輸出の中でIT産業の伸びが著しかったことです。この点に注目すれば貿易赤字増加が米国企業の国際競争力の低下、あるいは米国経済の衰退と解説するわけにはいかなくなります。九三年から九八年にかけて、IT産業による財の輸出は年率一一・九％（それ以外は七・六％）も増加しました。米国企業はIT製品市場のハイエンド分野（コンピュータ、半導体デバイス、計測器）で強さを維持したのです。しかもIT製品の輸入は輸出と同じ割合で伸びていました。IT機器の輸出入の半分ほどが企業内、あるいは企業グループ内の販売だったのです。

■ 米国の「借金」を埋め合わす地域は存在しない「謎」

さらに言えば、米国の経常収支赤字ファイナンス論者にとって都合の悪い統計があります。米国の経常収支赤字はその他世界の黒字で埋め合わせることができないという統計、資料があるのです。

この「世界的不一致」を示す図はすでに本著で掲載しております（図3（一二三頁）参照）。この図からみるかぎり、米国の経常赤字を埋めるべき黒字国、地域はこの世に存在しません。黒字、赤字が完全に相殺されるはずの世界の経常収支において、赤字が黒字を大きく上回る、「世界的不一致」はますます広がっているのです。

しかもこのような「不一致」はもう二〇年以上前に問題視され、IMFはすでに一九八七年九月に調査報告を出しています。現在もその拡大は止みません。この統計をみるかぎり、米国の経常赤字はこれまでの三〇年間近く外国からのファイナンスで埋まっていないのです。これで一体、どうやって米国は外国から赤字ファイナンスし続けることができるのでしょうか？

こういう事情もおかまいなく、あいも変わらず盛んなのがドル危機論です。最近は、米国の経常収支赤字が危機ラインと称された対ＧＤＰの三％どころか六％、あるいは八％台になっており、世界最大の純債務国の米国への資本流入が困難になるという説が勢いを増しています。

しかし、米国の経常収支赤字（対ＧＤＰ比率の六％）の増大はむしろ、米国の経済の強さを反映したものでしょう。米国の国内資産額からみても、とるにたりないのです。英国の経常黒字は一八七〇～一九一三年の場合、ＧＮＰの四％程度、旧西ドイツも東西統合前は一九八六～八八年の場合、約四％でした。

経常赤字の膨張する米国は「ドル危機」説論からすれば、赤字ファイナンスに苦しんでいるはずです。統計上、赤字を埋められないのですから。もしファイナンスに本当に苦しんでいるとすれば米国は金利を上げて外国資金の流入に頼らざるを得ないはずです。実際には米国の金利は低下傾向にありました。ＦＲＢ議長だったグリーンスパンは〇五年二月、短期金利が上昇しているのに長期金利が低下したことに関し、「謎」と形容しました。同年七月二〇日の議会証言において、世界的な長期金利の低位化は世界的な過剰な貯蓄、世界的投資機会の喪失で説明できると解説しています。また、投資家は長期投資をする場合、それに固有な不確実性に対する補償を求める、いわゆるリスク・プレミアムは縮小していると解説していたのです。実際のところ、統計上、米国への資本流入は経常収支赤字額をはるかに上回ることが多いのです。しかし、統計上、米国の経常赤字を埋めることをその他諸国はできない。これでは統計上の問題もさることながら、経常収支赤字ファイナンスの議論そのものの前提が問われているのです。

■「借金」という名の経常収支赤字膨張は実は高成長の証

ここで改めて、現在の米国の経常収支赤字膨張の意味を確認しておきましょう。「双子の赤字」によるドル不安が盛んに喧伝されていた一九八七年のブラックマンデーの状況と米国のドルを取り巻く状況には大きな違いがあります。当時はインフレ懸念があったのですが、現在の場合、例えば、〇四年初めの時点、世界は過剰な供給力があり、国際競争も激しく、物価上昇率も四〇年ぶりの低水準です。米国の生産性の高さは一九八〇年代と違い、非常に高く、経済成長率も日欧よりもずっと高いのです。

九〇年代の経常収支赤字は八〇年代のそれと異なり、強い成長を続ける米国経済と停滞する日本などの先進諸国経済の成長率の差が反映されたものなのです。企業の構造改革もあり、米国は世界における技術開発において先導役を果たし続けています。コンピュータ、情報技術産業でいわゆる、ＩＴ革命をリードする立場にあります。技術開発をリードし、その産業化も先導すること、世界経済において経済的覇権を確保することが米国のドルを世界に無比な国際通貨として、世界市場に君臨させることを可能にしているのです。

経済成長率は米国の方が現在のところ、日欧に比べ圧倒的に高い。この点で経常収支の不均衡が生じます。これは景気動向の差にあります。ではこの米国の好景気も外国からの借金で支えられているというのでしょうか?経常赤字を米国の借金と解説する人も、米国の景気上昇は外国からの借金で支えられていると主張するにはかなりの勇気を要するでしょう。米国企業の財務内容は日欧のそれよりもよくなっている。米国で投資が盛んなのも国内貯蓄が不足し、外国から借金しているという話にならないでしょう。ニューヨークのダウ平均は二〇〇七年にも史上高値を更新し続け、七月一九日には一万四千ドルの大台にまで乗りました。サブプライムローン問題で大打撃を受けたはずのダウ平均ですが、一〇月初旬にはまた一万四千ドルを回復し、史上最高値となっていました。常識的に言って借金を重ねる企業が高収益を維持し続けることは不可能なのです。米国の企業の支払能力問題とは企業が内外の債務にきちんと対応できる能力があるか否かのことです。国際収支赤字はこれとは直接の関係はないのです。

■ 対外資本借入は実は商品輸出

そして、国際収支赤字の見方も従来どおりではすまされません。例えば、国際収支勘定の資本収支は商品取引として扱うこともできます。すなわち金融商品（株、債券、ドル預金）を購入するためにマネーが米国に流入するわけであり、この金融商品の対外売却が経常勘定項目の財・サービスという本来の商品の輸入よりも多い場合があります。マネーと一般の財・サービスは同じ商品として処理しても何ら差し支えないのです。とすれば、財・サービスの輸入代金のためにマネーを外国から借り入れるという非現実的な想定に陥らなくてすむでしょう。

一九九〇年代に冷戦が終結し、世界経済のグローバル化と呼ばれる経済活動が国際的に展開されています。モノ、サービス、マネー、情報、労働、技術、頭脳などの国際間の動きはまさしくボーダーレスです。この流れを止めるものは何もないでしょう。しかもこのグローバル化を主導しているのは米国なのです。

米国経済は二〇〇〇年までの一〇年間、経済拡大を続けて戦後最長の好景気の記録を更新していました。経常収支赤字は膨らみ続ける中、財政赤字は黒字に転じました。いわゆるニューエコノミー論が注目を浴びるほど九〇年代の米国経済では失業率とインフレの低下、労働生産性の上昇など好材料が続出したのです。インフレ圧力が減退したのはコンピュータや最先端ソフト技術の使用の増加など、生産性を向上させるハイテク技術の開発の進展がしたためと言われます。いわゆるＩＴ革命です。

一九九〇年代は七〇、八〇年代の米国産業の国際競争力の低下、生産性・技術開発力の低下に比べると好調さが際立っています。この米国が世界経済のグローバル化を主導しているのです。その一つの帰結が経常収支赤字の累積であり、その反面をなす資本流入も米国主導の金融グローバル化の一つの側面にすぎません。対外的借金のためのものではないのです。

以上から言えば、米国の経常収支赤字化はグローバル化経済における米国企業のアウトソーシング戦略として理解できます。米国に輸出増加させている諸国はますますドル体制に組み込まれています（中国がよい例）。世界でドル決済する諸国の数、規模が増大するということになります。

海外から米国に資本が流入するのは「借金」という名の「経常収支赤字ファイナンス」のためではありません。もしそのような「借金」のためであれば、海外から資本が流入し続けるはずがありません。資本主義社会においてマネーはリスクに過敏なのです。「経常収支赤字ファイナンス」のために米国にマネーをつぎ込むなどの愚を犯す投資家は国際金融市場には存在しません。二〇〇七年夏の国際金融不安がそれです。少しでも疑わしいリスクが発覚すると世界のマネーは一挙に逃避するのです。

米国の企業総体は企業規模（純資産規模）、あるいは株式の時価総額からみても他の国のそれを圧倒しています。ドルが国際基軸通貨として不動の地位を享受しているのも米国企業、米国経済の実力によるものです。国民経済単位でみても世界最大の経済大国・米国の国内でドルが信認されて流通する限り、そして金融、財・サービスの国際取引もドルを軸にして行われるかぎり、ドルは対外的にも問題なく通用するのです。だからこそ、ドルは居住者間、居住者・非居住者間、そして非居住者間の取引を媒介する基軸通貨の役割を果たし続けており、それにとって代わる通貨が登場するというのはかなりの想像力を要するでしょう。

■　ドルの国際的信認を左右するのは米国自身の景気

そして、ドル相場の行方を左右するのは米国の景気動向です。その一局面にすぎない経常収支の動向ではないのです。そして景気動向に敏感に反応するのが資本収支の範疇に入る国際資本移動です。二〇〇七年夏のサブプライムローン問題はそれをハッキリ示してくれました。これはドル危機でなく信用リスクであり、ドル現金が欠乏するという問題でした。したがって、ドルは米国の景気が低迷するとますます世界中から渇望されるのです。いわゆるイマージング市場における金融危機はいずれの場合もドル流動性不足として発現しています。既成の経済理論によれば経常赤字を膨張させる米国はドルを世界へ過剰に供給し続けているというのですが、国際金融危機の場合、そのドルというキャッシュが欠乏するのです。

グローバル経済の進行により各国金融市場の一体性はますます強まっています。その中、FRBの政策は米国国内にとどまらず、世界経済に大きな影響を及ぼします。金融市場の世界的一体性が深化する中、先進国の金融市場ばかりでなく、新興市場の金融情勢にも細かな目配りを要するのです。国際通貨体制におけるドルは確固たる地位を維持し続けています。ドルに代わると喧伝されたユーロはドルの地位を脅かす内実を備えていません。二〇〇七年八月のロンドン・ユーロダラー市場における金融逼迫は何を意味したのでしょう。ECB(欧州中央銀行)は資金繰りに苦しむ欧州の銀行にドルを供給することはできませんでした。米国のFRBだけがドルを供給できるのです。国際金融不安の時は必ずドル欠乏不安になります。米国は経常収支赤字で莫大な対外借金を抱えているという従来の国際金融のテキストではおよそ説明できない変幻自在の事態が展開されるのが国際金融の現実でしょう。

Ⅵ　世界的に膨大なドル需要——世界の取引に欠かせないドル

■　米国は対外取引のドルに不足することはない

一般に為替需給の説明は国際収支上の経常取引のプラスマイナスで始め、資本取引がこの収支尻を相殺するという形で行われています。しかし実際の為替市場では経常取引が先で資本取引が後になるという事象はあり得ないでしょう。経常取引も資本取引も、財・サービス、金融商品の取引という点で商品取引に変わりはないからです。

そこで為替市場では経常取引の収支尻を資本取引が相殺することにならない事情を説明しておきます。日本のメーカーが一〇〇万ドルの機械を米国へ輸出すると一〇〇万ドルを受け取ります。米国の輸入ファイナンスはここで完結します。米国の銀行制度の中で生じたことは、米国の輸入業者（居住者）のドル預金が日本の輸出業者（非居住者）のドル口座へ移った、あるいは、米国経済の成長から生み出されるドル建て購買力が居住者から非居住者へ移転しただけのことです。この輸入のために資本流入に頼るわけではないのです。輸出より輸入が多い米国がその差額を埋めるために資本流入（外国へ債券を売ったり、株式を発行したりする）で「ファイナンス」するという話ではないのです。こんなことをしたらファイナンスは大幅に遅れてしまい取引自体が成り立ちません。経常赤字が続くとドルのファイナンスが問題になるという説が盛んですが、米国の企業にとってドルは国内にいくらでもあるのであって、ファイナンスに問題はないのです。輸入に要する資金は米国経済の内部から調達されるのです。米国が外国から借金をして輸入資金を調達しているわけではないのです。

前節で説明したとおり、米国企業は財務状況は改善しています。〇五年末で世界の株式時価総額はドル換算で四〇兆ドルですが、そのうち米国は四割を占めます（一七兆ドル）。この米国が対外借金国であるとすれば、その他の世界の国ははるかにひどい借金国のはずです。ちなみに経常収支赤字が一〇年間以上続いている米国、英国、オーストラリアの景気の方が黒字国のそれよりも良好であるという事実があります。

もちろん米国の輸入超過それ自身はドル売りの要因になります。先の例で言えば、機械を売った日本の輸出業者が取得したドルを円に替える時です。米国の貿易赤字が増えるとドルが大量に外貨に換えられて暴落するという説がここから出てきます。しかし、世界的にみるとこのドル売りを相殺するドル買い需要は尽きないのです。

■ドル需要は世界の彼方から限りなくやってくる

ドル相場の下落が始まるのは先物相場からです。これは他の金融商品（株など）の相場の動向にも共通のことです。しかし、基軸通貨ドルの場合、この先物ドル売りが大量に発生する可能性は非常に低いのです。石油など世界の一次産品取引がドル建てで行われているためです。一次産品は基本的にドル建てなので、ドル相場の動向如何に関わらず、輸入をしなければならない。したがって、ドル相場が安くなると、一次産品輸入国はドル建て一次産品を安く買えます。そこで安くなった先物ドルを買うのです。このようなドル需要がドル暴落の大きな歯止めになります。

〇五年の世界貿易（名目輸出額）は前年比一三％増加の一〇兆一二一〇億ドルで、初めて一〇兆ドルの大台に乗りました。特に産油国の輸出の伸びが顕著です（中東三六％、ロシア三四％、アフリカの産油国四五％）。途上国全体の輸出額は二二％増加の三兆四四三〇億ドルです（日経・〇六年四月一二日）。石油輸出国、途上国の大半はドル建ての取引です。するとドル需要はここで確保されます。

ニューヨーク原油先物取引の売買高は一日当たり、〇六年五月は二六・七万バレル、ロンドンのそれは一七・七万バレルですので、先物価格が一バレル当たり七〇ドルとすると、ニューヨークの一日当たりの取引は一八〇〇万ドルの取引になります。ニューヨーク、ロンドン合わせて三〇〇〇万ドルの原油先物取引のドル需要が発生するのです（日経・〇六年五月五日）。このドル需要は先物決済であるので反対取引の差金で決済され、その決済にはドル需要が発生するはずです。そして世界の為替取引が一日当たりで三・二兆ドルに及び、その半分はドルを対価とするものです。世界の一日当たりのドル需要が米国の年間のドル売り要因（八〇〇〇億ドルの経常赤字）を相殺してあまりあるのです。

実際、石油価格が上がると日本、中国などからドル需要がさらに増加します。石油価格上昇により米国のメジャーの株価時価総額は世界一、二位を争う位置にあり、石油価格上昇で結局、米国ドルが潤うのです。シティグループの試算によると、一バレル当たり一〇ドル上昇するだけでも世界全体のドル需要は年間七〇〇億ドルも増加するのです。

これが生み出す世界的ドル需要の大きさは容易に想像がつきます。

しかもドル建て輸出の石油の代金はロンドンを経由して米国国債などドル金融商品へ投資されることが一般的です。産油国にとってドル資産ほど安全、流動性の高い対外資産はないでしょう。グリーンスパンのいわゆる、「謎」はこれで説明できるようです。オイル・マネーは米英に流入して世界に分散投資されるのです。ドルを軸とする国際金融仲介業務であり、ロンドンの地位が重要です。英国は自身の経常収支は赤字です。国際収支上、自国が資本輸出する余裕はありません。にもかかわらず、対米金融投資は増大しています。ロンドンが米国と産油国の間の国際金融仲介業務を果たしているからです。このロンドンはユーロ市場でなくユーロダラー市場の中心に位置しています。そして世界資本移動の軸は英米間にあるのです。そもそもユーロ市場が話題になったことがあるでしょうか？

Ⅶ　国際取引でユーロはドルに対抗できない——内弁慶のユーロ

■ ユーロがドルに勝てない事情

ドルは基軸通貨なので米国を介しない第三国間取引もドルで行われます。この取引の収支尻の決済はドルで行われるので、ドル買い需要が生じます。世界の一次産品取引がドル建てで行われることは第二国間取引もドル建ての取引が多いということです。この取引はもちろん一次産品に限られません。特に金融取引の額も膨大です。するとますますドル需要は確保されるわけで、世界の取引がドル建てが主要である限り、ドル暴落は生じにくいのです。

ドルの地位が落ちるとすれば、この第三国間取引が別の通貨にとって代わる、あるいは一次産品が別の通貨で取引されるということです。では現在、そのような兆候がみられるのでしょうか？　たしかに過去にはありました。第三国間取引でポンドはドルに王位を譲ったのです。なぜでしょう？　第二次大戦中以降、ポンドは基軸通貨として不可欠な対外交換性を著しく制限され、非居住者はポンドで物を買うのが著しく制限されていたのです。英国は経済が疲弊し、対外供給力が減退していたからです。英国は基軸通貨国のはずがＩＭＦ協定第八条の要件さえ充足できなかったのですから、このような通貨が第三国間取引を媒介する機能を果たせるわけがないのです。

では、はたして現在、かつて第三国間取引の通貨としてドルの地位を奪う通貨が出現するでしょうか？　ポンドからドルへ移行せざるを得ないような状況が現在、想定できるでしょうか？「ユーロである」と主張する国際金融学者は一体、第三国取引通貨としてのドルの地位をどのように評価しているのでしょう？

ドルは現在も国際通貨として絶大の地位を有しており、国際貿易取引における主要通貨です。米国と外国の間ばかりでなく米国以外の第三国間の取引もドル建てで行われるのが普通です。このドルの地位が低下するとすれば、ドルに対抗する通貨に国際取引のシェアを奪われるでしょう。国際決済機構はドルを主軸とするものからドル、そしてドルに対抗する通貨へと分極化します。欧州統一通貨ユーロが誕生すれば、このような状況を生み出すと予想される向きもありましたが、国際金融の現実はそのような主張を裏付ける事実に欠けています。

実際に基軸通貨が分極化する状況が見られたのは一九二〇年代の再建金本位制の時代です。国際決済機構がポンド、ドルに二極分化し、両基軸通貨のうち、弱い極のポンドが大きな圧力を受けていました。特に国際短期資金はドル、ポンドの間を跳梁し、ドル・ポンド相場は金本位維持を困難にさせる事態をしばしば発現させていたのです。

Ⅷ　外国でも膨らむ米国の経済的富

■　米国多国籍企業の世界展開

世界における米国のドルの地位を語る場合、経常収支赤字にばかり目を向けると、ドルの実力を見誤ることになります。グローバル化の進む世界経済においては経常収支の意味合いはかつてのそれとは大きく変容しているのです。例えば、米国の企業が海外進出し現地で商品を売ることが多くなっている現在、これは海外進出がなければ米国からの輸出になっていたものであり、逆に外国企業が米国に輸出すべきものが現地販売されると米国の国内取引扱いになる。米国経済の力はこれら海外展開の分も考慮すべきであり、旧来の経常収支ではこのことが十分に反映されないのです。

米国の富自身は米国国外にも大きく広がっている事情があり、世界経済における米国系企業の海外活動は群を抜いています。ユビキタスと称せられる時代です。米国経済は地理的制約にとらわれず、その他世界に広く浸透しているのです。たとえば〇三年、米系子会社による付加価値額は八二〇〇億ドル、外国系在米子会社は五三二七億ドルです。企業の財務評価は国内外問わず、連結ベースがグローバル・スタンダードの時代であり、米国経済自体も海外での付加価値額も当然連結ベースに置き換えて評価しなくてはならないのです。早川博之の表現を借りれば、米国国外にも大きな米国経済が存在していることになります。既存の国際収支表はこの点を十分に反映しきれません。

■　米国企業の利益は海外でも豊富

同じく早川の研究によれば、グローバル化を進めている米国の多国籍企業の場合、海外に高い収益機会を見い出しています。〇四年の場合、親会社の売上付加価値率は在外子会社のそれよりも高いのですが、国内生産における人件費が在外のそれよりも高いこともあり、売上純利益率では在外子会社の方が高いのです。高い純利益率を確保するためには在外の消費地で現地生産した方がよいということになります。そして現地子会社の利益率が相対的に高ければ親会社の総合的な利益率向上につながります。そして安く現地生産された製品は親会社にも売られます。米国多国籍企業の親会社の総売上げが六兆九四九〇億ドルですが、在外子会社のそれは三兆二三八五億ドルであり、親会社の半分近くにも及ぶのです。また米国の多国籍企業の総輸入額は五〇三〇億ドルであり、在外子会社からの輸入は二三一六億ドルと半分近いのです。こうしてみると、現地子会社は主に現地販売で高い収益を上げながら本国の親会社にも多くを輸出して親会社の収益向上に貢献する構図が浮かび上がってきます。

このような事情の続く限り、米国の輸入は自然と増加します。在外子会社の収益も本国親会社に転送されるので、米国企業の企業価値も自然に高まります。すると世界のお金は米国企業総体の成長性を評価しますから、米国へ流入します。輸入超過で経常赤字を膨張させた米国は対外借金の穴埋めのために資本流入に頼るしかないという、巷のドル暴落待望論のエコノミスト達の主張はグローバル化の時代には篩にかけられているのです。

■ 世界のドル取引ネットワークの拡充

米国の富自身は米国国外にも大きく広がっているわけですので、米国の多国籍銀行も国際的な銀行間貸付というホールセール取引ばかりでなく現地通貨建て債権も急増させます。現地に進出した外国銀行は現地での預金を元にした貸付も行うようになっているのです。

川本明人を借りれば、多国籍銀行は国をまたぐインターナショナル・バンキングというよりも国際業務と進出先の現地業務の双方を手掛けるグローバル・バンキングへシフトしつつあるのです。言うまでもなく多国籍銀行は米国系が圧倒的地位にあります。ローカル通貨取引を米国系多国籍銀行が担う。これは当然、ドルにリンクしています。するとローカル取引を通じ世界のドル取引ネットワークはますます広がることになります。

■ 海外に留保される米国企業の利益

なお、ドル需要は米国企業そのものが生み出す点も注意しておくべきです。それは米国の税制度に関連したものです。米国企業は海外で収益を上げ、それを配当金支払などで本国に還流させますが、内外の法人税格差を埋めるため三五%（米国のみなし法人税）と海外法人税の差が課税されます。法人税がないタックス・ヘブンであれば三五%がまるまる課税されます。

しかし、本土投資法により、〇五年に限り、送金額の八五%が所得控除されるため、タックス・ヘブン国から送金される場合、最終税率は三五%でなく、五・二五%となります｛35%×(100−85)%｝。米国企業の本国送金比率は〈海外における米国企業の本国送金額÷海外における米国企業の総収益〉であり、本国送金される分は各四半期でみると、四〇〜六〇%です。海外収益は膨大なものであり、〇五年の場合、一〇〇〇億ドルが送金されるといわれます。これをみても米国の富は国内ばかりでなく海外にも深く埋め込まれていることが確認できるでしょう。

第八章　二〇〇七年夏のサブプライムローン国際金融危機
――世界的不均衡による世界的資金過剰

I　返済不能リスクの高い住宅ローンが盛んになった背景

■米国に流入し続けていた世界的な過剰資金――グリーンスパンの「謎」を解消する事情

二〇〇五年二月、短期金利が上昇しているのにもかかわらず長期金利が低下したことを、当時FRB議長だったグリーンスパンは「謎」と形容し、同年七月二〇日の議会証言では、この「謎」は世界的に過剰な貯蓄、世界的投資機会の喪失によって説明できると解説しました。また、投資家が長期投資をする場合、それに固有な不確実性に対する補償を求める、いわゆるリスク・プレミアムは縮小していると指摘しています。米国に資本が流入するのは経常収支赤字ファイナンスのためではなく、米国への投資において期待収益が高いからであると判断されたのです。

また世界的な一次産品価格上昇、米国の輸入超過膨張による新興国の外貨準備急増も、世界的な資金過剰（Glut）をもたらしました。急速に成長する中国などの新興市場経済からもたらされる、ほとばしる過剰貯蓄が米国に流入するのです。石油価格が上昇すれば中東産油国の石油収入が増加し、これはロンドン経由で米国国債などドル金融商品へ投資されます。産油国にとってドル資産ほど安全で流動性の高い対外資産はないのです。ロシアの石油代金も多くはドルで保有されています。グリーンスパンのいわゆる、「謎」はこれでも説明できるでしょう。そしてこの長期金利の低下が住宅バブルの資金源になりました。

■「危険がいっぱい」のサブプライムローンを助長していた世界的資金過剰

信用力の低い個人所得者向け住宅購入融資（サブプライムローン）の場合、債務不履行率が高いので銀行にとっては大きなリスク資産です。住宅ローンですので本来の返済は何十年もかかります。たしかにこのローンの金利は高いでしょうが、その反面、支払不能になるという大きなリスクを銀行はかかえてしまいます。しかしこれを証券化して売ってしまえばリスク資産は減少します。銀行には売買手数料も入り、しかも現金も入るので、また新たに住宅金融などの貸付資金が確保できます。銀行にとって大きな収益源です。

住宅ブームが長く続いた米国でしたが、サブプライムローンはずっと問題になっておりグリーンスパンもこの点について再三、注意をうながしていました。返済能力の低い人が住宅ローンを払えなくなるのはよくあることであり、住宅は高価格物件なのでそれを買うためにローンを組むとすれば貸付審査は厳しくする必要がありますが、米国の場合、必ずしもそうならなかったのです。住宅が売れれば住宅メーカーは潤うので景気がよくなり、住宅ローン融資側の銀行にとっても貸出先が増える。貸付基準の審査を厳密にやると貸出増加に水がさされます。グリーンスパンも、サブプライムローン問題は、「融資基準緩和のリスクには気づいていたが、住宅保有層の拡大を考えればリスクを取る価値はあると思った」（日経・二〇〇七年九月一八日）と述懐していたくらいです。「持ち家が増えるメリットはリスクに勝る」（同、九月二〇日（夕刊））というのです。

しかし、信用力の低い人向けの住宅ローンなので延滞率は高いはずです。したがって、サブプライムローンの場合、このような事情が織り込まれ高金利になります。しかし、よく工夫したもので、サブプライムローンの場合、長期返済の最初の数年間の金利は低く設定されたり、極端な場合、その期間は元本払い分も免除されることもあります。この点にだけ目が向く住宅購入者は支払の優遇期間がすぎた後のことはあまり考えません。その時までには自身の給料、収入が上昇すると考える人もいるでしょう。さらにすごい人の場合、支払金利が低い期間の内に値上がりすることを期待し、支払金利の低い期間の内に値上がりした家を売るという投機的思惑でサブプライムローンを受ける人も出てきます。高く売り抜いて売買利益を楽しもうというわけです。

しかし、現実はそれほど甘くなく、支払条件の優遇期間がすぎれば金利が上がり、元本・利子の合計の分割払分も増えます。そして米国経済全般で金利が高くなると住宅金利も上がり、住宅ブームが終わると住宅価格は以前とは反対に下がってしまいます。こうなると追加借り入れや借り換えができなくなります。すると、どういう結果が待ち受けるのでしょう？　元本・利子の分割払の分が増大して住宅ローンを返済できなくなる人が増える、要するに債務不履行が増大するのです。

本来ならば、このような問題は信用力の低い低所得者に限られます。信用力の高い、所得も高い人は順調に住宅ローンを返済し続けることができるからです。ところが今回の問題は世界中に金融パニックを引き起こす地雷源になりました。世界の銀行間の決済システムが麻痺する危険にまで及んだのです。

■「赤信号みんなで渡れば怖くない」――格付けの低いはずの金融商品の格付けが高くなる金融錬金術

サブプライムローン問題は本来は米国の国内問題のはずです。ですからこれによるトラブルも米国国内に限られるはずです。しかし、実際には世界経済の大きな問題に発展しました。その理由は、サブプライムローンを組んだ銀行の錬金術にあります。

このローンは延滞率が高く、いわゆる信用リスクが大きいのですが、このローンを組んだ当の銀行は、この信用リスクを逃れる手を考案します。このローンを証券に組み替え世界の投資家に売るのです。この場合、証券化は実に複雑な仕組みになっています。だから一般の銀行を監督する立場にある中央銀行、通貨当局もこの実態をよくつかめません。格付け会社もこの金融商品発行企業から格付け手数料を取っています。その格付審査も甘くなりがちです。それはともかくも、貸し出しローンを銀行が証券化して投資家に売ってしまえば返済リスクは投資家に転化されます。

世界の投資家はなぜそれを買うのか?元になるサブプライムローンの金利が高く、高い利回りが期待できるからです。ではリスクは問題にならないのか?このリスクを覆い隠すうまい手があります。信用力の低いローンであっても大量に集めてプール化し証券化すると、元になるローンの一部が不履行になっても証券全体はあまり影響がないというわけです。しかもこの証券は格付け機関からは高い格付けを、モノラインという保険会社からは支払保証を受けます。低格付けの債権が高格付けの商品に組成される。まさに錬金術そのものです。

世界の投資家にとっては、一見すると「非常に高い格付け」の、したがって流動性も高く利回りも高い金融商品を手にしたことになります。投資家にとってはリスクが低いということになるのです。銀行側も貸し出しリスクからおさらばということになります。しかし額面通り、世の中、話はすすむわけがありません。ローリスク・ハイリターンの金融商品が多いはずはないのです。

銀行が売ってしまった債権は元々は返済能力が低いローンの母斑を引きずっています。それが投資家同士で転売されても、返済不能になる信用リスク自体が消えることはありません。トランプのババ抜きのようなものです。

このような新種の金融商品を購入に熱心だったのが欧州の金融機関でした。欧州の銀行は一般的には直接、これを買わず、関連の金融機関に買わせます（特別目的会社（ＳＰＣ）と呼ばれる）。この特別目的会社は連結決算の対象にならないのでＢＩＳ等の自己資本比率規制の対象にもなりません。また自身の貸借対照表に注記する必要もありません。ＢＩＳ規制とは銀行の貸し出し倒産リスクをさけるために銀行の自己資本に対するリスク資産の比率が過大にならないようにするものです。

銀行は特別目的会社から資産管理料や投資益を徴収して収益を増やせます。欧州の銀行は域内統合により銀行間競争が激化しており高収益の運用先を見つけるのに苦労しており、そこで眼をつけたのがサブプライムローン関連証券だったのです。では、特別目的会社はそのような金融商品を購入する資金をどのようにして調達するのか？　銀行は普通、この特別目的会社に金は貸しません。特別目的会社はコマーシャル・ペーパー（CP）等の短期証券を発行して得た資金で、この類の金融商品を購入するのです。

では、特別目的会社が円滑にCPを発行できるようにするために、銀行は何をするのでしょう?この特別目的会社が不動産資産に裏付けられたコマーシャルペーパー（ABCP:Assets Backed Commercial Paper）を発行し、このCPを借り換えできなくなった時、あるいは一時的資金不足になった場合、銀行側はここに流動性（現金）を供給する契約を結ぶのです。そして流動性供給の供与の契約枠に応じ、特別目的会社から手数料を取ります。

住宅ブームが続く限り、ABCPの発行、借り換えは順調に進行します。そのため銀行が普段、流動性を供給するのはABCP発行に関する事務ミスの時などの資金の一時的不足の時だけであり、流動性供給の契約枠で実際に使われるのは一割程度です。一割しか使わないのに全体の流動性枠供与の契約に対応した手数料が入るので、流動性供与の契約をしている銀行、投資銀行の側は大もうけです。流動性を実質、供給することなく、まるまる手数料を手にできるからです。だから銀行はこの流動性供給枠を増やしたくなります。銀行の中には流動性供与枠が一〇〇〇億ドルを超えるものもあったそうです。

しかし、特別目的会社はABCP発行が滞る場合、当然、銀行に流動性の供給を仰ぐでしょう。この場合、流動性枠供与の利用率は高くなり、場合によっては一〇〇%近くになります。すると、流動性を供給しなければならない金融機関は資金調達を迫られます。大手銀行は手元流動性が潤沢で資金調達に困ることはあまりないようですが、投資銀行や米国以外の銀行は必ずしも手元資金が潤沢であるわけでありませんので、市場から資金調達しなければなりません。

ところが、これがかなりきつくなります。なぜなら、ＡＢＣＰを発行できなくなるというのは投資家がそのＡＢＣＰを購入しないということです。資金の出し手の投資家がサブプライムローン問題で慎重になっているのですから、ＡＢＣＰの発行、更新自体が危ぶまれているということになります。そのようなＣＰを発行できなくなっている特別目的会社へ資金供給契約している銀行はこの契約を実行しなくてはなりません。しかし、手元資金の潤沢でない投資銀行や欧州の銀行はかなり高い金利を上乗せしないと資金を取り入れられません。そのような銀行にわざわざリスクを冒してまで資金を供給しようとする他の銀行は減少するからです。しかし、特別目的会社へ融資契約している銀行は自分が必要な資金が取り入れられなければ資金繰りが破綻します。

■ 信用リスクのブーメラン現象

ＡＢＣＰを買っていた投資家がリスクをとるのをやめ、今度は銀行がリスクを取らざるを得なくなるということです。ＡＢＣＰを満足に発行、借換えできなくなった特別目的会社へ契約上、流動性を供給しなくてはならないのです。銀行は投資家が敬遠する投資先に資金を投入しなくてはならないのです。

では、なぜＡＢＣＰの発行が行き詰まったのでしょう。このＣＰ支払の裏付けになるのはサブプライムローンを源泉とする不動産担保資産です。このＣＰは不動産担保資産の裏付けがあるというふれこみから、すでにみたとおり、ＡＢＣＰと呼ばれます。この裏付けがあるかぎりＡＢＣＰの発行金利は低くてすみ、このＣＰ発行で得た資金で高利回り商品を購入すれば大きな利鞘がとれます。

しかし、サブプライムローンの債務不履行が増加すると、状況は一変します。このローンを元にして価格がついている件の金融商品の価格は暴落し、時によっては値もつかなくなるのです。実際にそうなってしまったのが二〇〇七年夏の国際金融危機です。

二〇〇四年以降、サブプライムローンの残高は急増しており、この類のローンを加工、証券化した金融商品（債務担保証券CDOなど）も取引しやすい環境にありました。当初、この種のローンの焦付きが少なかったからです。それは、金利が全般的に低かったという事情、あるいは、この種の住宅ローンの場合、当初の金利は低く設定されていたという特殊な事情のためです。このような好条件は長続きするはずはありません。優遇金利期間が終了したり、市場全般の金利が上昇すると、そして住宅市場全体がブームの勢いを失うと、サブプライムローンの返済、回収が滞るものが増加するのです。この類のローンの焦付きが増大すると、格付け機関も住宅ローン関連の金融商品を格下げし始めます。するとこのような証券化商品に投資していたヘッジファンドや特別目的会社は大打撃を受けてしまいます。

サブプライムローンの延滞率は二〇〇七年三月末で一〇数％に上昇しており、サブプライムローンを裏付けにした金融商品は当初に比べ七、八割も下落しました。それは今後二、三年で延滞率が上昇してローン債権の回収が大幅に落ち込むという将来の事態を想定した価格がつけられるからです。こうなるとサブプライムローン関連の金融商品は換金できなくなります。債権の転売を繰り返す証券化モデルは複雑な仕組み商品を投資先へ販売すると、リスクも分散されるという理屈も成り立ちますが、実際の原資産の価格自体が下がると、これを元にした金融商品の価値も不透明になり、価格は底なし状態になります。そして、このリスク商品は転売取引を重ねられた結果、リスクが世界的に分散されてしまいます。となると、この類の金融商品の中でリスクは一体どれくらいのものなのか評価が困難になります。

これは一九九〇年代、英国や大陸欧州に広まった狂牛病パニックに似ています。この病気にかかった牛の精子が人工授精されてしまうと仔牛も感染の疑いをかけられ、その潜伏期間の長いこと、あるいは感染経路も把握できないので、安全策として、実際には大丈夫な牛まで大量処分せざるをえません。住宅関連金融商品もリスクが広く分散された結果、このリスク自体が世界中に広まってしまい、それ自体特に問題ない同類の金融商品も価格が下がってしまうのです。

かくして「赤信号みんなで渡れば怖くない」という幻想は一気に崩れ去るでしょう。ＡＢＣＰの支払・償還の根拠となるサブプライムローン関連商品の価値が疑われているからです。赤信号はあくまで赤信号であり、リスクそのものなのです。こうなると何のリターンも期待できなくなります。最後に待ち受けているのは世界的金融パニックだけです。金融リスクが世界中にばらまかれているからです。

Ⅱ 国際金融パニックの勃発

■ 銀行同士の資金融通ができなくなる国際金融パニック

問題はこの金融商品関連の取引が米国国内にとどまらず世界中の金融機関を巻き込んでしまったことです。特にユーロ建ての取引が主要なはずの欧州の金融機関がこの取引に感染していていたことが衝撃的でした。この金融商品は元々がドル建てです。すると欧州の金融機関はユーロならぬ、ドル不足危機に陥ってしまいます。金融のグローバル化の時代にはリスクもグローバル化するのです。

さらに大きな問題が出てきました。サブプライムローンというリスク商品を売ったはずの銀行はリスクを他の投資家へ転化できていたはずです。ところが、先に紹介していたとおり、件《くだん》の金融商品を取引するためにＡＢＣＰを発行していた多くの金融機関（特別目的会社）は資金繰りに困ったとき流動性供給を銀行に依頼できる契約をしています。普段は活用しなくていい流動性供給契約に高い手数料を払っているのですから、緊急の際に資金援助を依頼するのは当然でしょう。このＡＢＣＰを発行していた特別目的会社はこれを購入していた投資家に償還返済を迫られ、あるいはＣＰ更新や購入をを拒否されるからです。

この特別目的会社は、本来であれば、ＡＢＣＰの償還源となるサブプライムローン関連商品を換金してＡＢＣＰの償還に応じればよいはずです。ところがサブプライムローンの返済率が悪化しているので、それを元にした金融商品も価格が急落しており、市場で買い手がつきません。したがって、特別目的会社はＡＢＣＰの償還資金を手当てできなくなるので、流動性供給契約をしている銀行へ駆け込むのです。ところが、銀行もいきなり現金を供給せよといわれても手元に充分な流動性があるとはかぎりません。流動性供給契約に応じるためには市場で資金を工面しなくてはいけません。しかし投資家がＡＢＣＰ購入を避けている市場で資金が容易に入手できるわけがありません。そこで銀行間借入れに頼ろうとしますが、これはこれで資金調達がきつくなります。

こうして銀行総体においてリスク回避の気分が蔓延します。銀行等の金融機関は自身が支払不能にならないよう現金を退蔵します。自行への支払請求に備えるためです。そうなると、金融市場では資金の出し手がいなくなります。その一方、返済の資金の手当ができなくなって真っ青になる金融機関も続出します。金融機関自身が支払不能になる恐れがあるのです。すると余剰資金の出し手はますます金融市場から遠ざかるでしょう。

かくて銀行間の資金取引の金融市場は機能不全となります。銀行間の資金取引ができなくなると企業も銀行からお金を借りれなくなってしまいます。これでは本来健全な経営をしている企業まで巻き込まれてしまい、経済全体が冷え込む恐れが出てきます。お金の流れが止まってしまうからです。

■　米国の中央銀行の連邦準備は世界の中央銀行

通常、銀行間市場は資金のやりとりで非常に活発なのですが、銀行はその性格上、不確実性の時には現金を手元にできる限りいっぱい保持しようとします。そうなると銀行間市場は機能しなくなります。その場合、中央銀行の責務はハッキリしてきます。中央銀行は市場の資金需給の逼迫を押さえ、銀行間貸し出し市場が機能停止しないようにします。銀行間市場における貸し出し不足は問題にならないと断言し、そのために、ふんだんに資金を銀行間市場に供給するのです。これがバジョット原理と言われる、中央銀行の「最後の貸し手」の機能にあたります。

サブプライムローン問題が発覚する以前、世界の金融市場は過剰流動性に満ちている状況でした。しかし問題が発覚すると深刻な流動性不足に転じます。これは流動性（現金）自体がなくなるという意味ではありません。信用の確実なる時期には非常に多くの有力な買い手があるのに対し、信用が不確実になるときは買い手は激減し、少数の手元資金に余裕のある者だけしか買い手として登場しなくなるのです。言いかえれば信用膨張の時は金融商品の価格が騰貴し、信用収縮の時は急落するのです。

しかし、中央銀行はここで銀行間の資金貸出を円滑にする義務があります。中央銀行にはそれが可能な仕組みになっています。国内の取引では一方の支払は他方の受取りです。小切手で決済されるとすると、その差引残高は中央銀行のおく各銀行の勘定から他の銀行の勘定へと振替で実行されます。このため、全体としてみれば銀行の預金残高は安定したことになります。パニックにおいては預金は引き出されやすいはずですが、中央銀行におかれている銀行家の預金は増大します。銀行はあらゆる手段を駆使して自己の支払能力を強化するため、できる限り多くの資金を手元に確保しようとします。彼らは準備金をできる限り厚くします。こうすると使用されない巨額の資金が中央銀行の口座にも累積します。民間銀行同士の最終的決済は中央銀行口座の振替で行われるからです。したがって中央銀行は資金が潤沢になりますので、それをパニックの解消に活用します（バジョットの原理）。もちろん、中央銀行は提供される担保が真に確実な場合だけ、貸し出しをする原則になっています。

「最後の貸し手」という中央銀行の重要な責務は、有名な『ロンバード街』の著者バジョットで説かれている古典的原理です。中央銀行は金融パニックの時、通常担保になるものに対しては惜しみなく貸付けを行うということです。中央銀行はこの果敢な行動により、金融市場全体を銀行支払準備金は充分にあると安心させるのです。金融パニックの時、この原理を迷いなく実践したのがグリーンスパン前FRB議長でした。そして、二〇〇七年八月半ばにもこの原理が大規模に実施されたのです。

次に挙げるバジョット原理も今回の金融パニックでも教訓とされています。「パニックは一口で言えば一種の神経痛である」、「狂乱せる恐慌時期においては一つの破産は多数の破産の原因となる、この派生的破産を防ぐ最良の方法は、それを惹き起こす元の破産を止めることである」、「量的なる、即時的なる貸付を以ってする鎮静療法を必要とするのである」（＜Bagehot＞六一頁）。

このような中央銀行による「最後の貸し手」機能はかの一九八七年一〇月のブラックマンデーのような金融危機においても迅速に発揮されています。FRBはバジョットの次の記述もよく記憶していたようです。「パニックに際しては最後の銀行支払準備金の保有者は（一行にしろ、或いは数行にしろ）、確実なる担保を提供する者には全て急速に、寛大に、かつ快く貸付すべきであるということは、理論の示すところであり、経験の証明するところである。この政策によってパニックは緩和される、これ以外の政策を採ればそれを激化せずにはいない」（＜Bagehot＞一六八頁）。

今回の金融パニックで思い出されるのはルービン（クリントン政権時代の米国財務省財務長官）の警句です。「集団行動を反映した市場というのは、両極端に暴走する傾向があるのだ。人間は暴走しがちな生き物だからである」。株式市場は時に暴発する。だからこそ市場に敬意、注意を払う必要がある。前FRB議長のグリーンスパンもこれをよく承知しています。彼はFRB議長就任の時、次のように語っていました。

「常に市場を恐れ、常に市場に敬意を払っている」。市場は時に暴発する。だから「最後の貸し手」の機能によって市場のパニックを鎮静させる必要があるのです。二〇〇七年の夏の場合もFRB、ECBはこの原理を実行に移したのです。

ここではグリーンスパン前ＦＲＢ議長の箴言がずしりと重くのしかかります。「リスクを取るコストが低すぎる時期が長引いてしまうことの帰結に対し、いままでの歴史は慈悲深く振る舞ったことはない」（二〇〇七年八月七日）。リスクテイクは高くつくという彼独特の言い回しです。

■ 開けられてしまったパンドラの箱——世界的な過剰流動性から流動性不足危機への激変

では中央銀行が「最後の貸し手」機能をいかに迅速に果たしていたのか、簡単に経緯をたどっておきます。八月九日(木)の欧州市場の場合、一か月物や一週間物といった資金は、ほぼまったくとれない状態にまで逼迫しました。事態を重く見た「最後の貸し手」であるＥＣＢは銀行間市場に対し、資金供給の総量を制限しませんでしたが、欧州の銀行の流動性危機は収まりませんでした。なぜならＥＣＢはユーロの「最後の貸し手」になってもドルのそれにはなれないからです。ドルの守護神の米国のＦＲＢが出動しないと混乱はおさまらないのです。八月一〇日(金)、ＦＲＢは「市場の混乱に伴って金融機関に異例の資金需要が発生する可能性がある」と判断しました。銀行間の貸し借りが行われる短期金融市場で資金需給が逼迫することを懸念し、この市場に潤沢に資金供給する用意を表明したのです。

米国のサブプライムローンを原産とする金融商品は高利回りをうたい文句に、世界にばらまかれたのですが、同時にリスクも世界へ広がったのです。なぜならその中には債務不履行の可能性が高くなったサブプライムローンが仕込まれているからです。いずれにしろ、まるでパンドラの箱が開かれたように世界の金融市場にリスクがばらまかれたわけです。ここ数年間は世界的な過剰流動性が云々されていたはずですが、一日にして世界の金融市場は流動性危機に陥ったのです。

しかし、実際どれくらいこのような危険商品が組み込まれているのか？　あるいは誰がこれを購入しているのか？

また銀行も困難に陥った金融機関がどれくらい借り入れを請求するのか？　これらがわからなくなったのです。一番の問題は欧州の金融機関はドル資金を手当てすることができるかどうかにかかっていました。一三日(月)の取引の場合、欧州の銀行はドルを引き渡す約束をできなくなる可能性がありましたが、欧州における「最後の貸し手」であるＥＣＢはユーロしか供給できません。その結果、市場ではＥＣＢがＦＲＢとスワップ操作を行いＥＣＢがユーロでドルをＥＣＢが借りる操作を実施すると予想していました。

ともあれ、このような中央銀行の介入により株式市場はひとまず混乱を収拾できました。八月二四日(金)、株価はニューヨークで回復し、「質への逃避」も緩和しました。たとえば、ＴＢ三か月物利回りは前日比で〇・三一％高い四・一四〜四・一六％にまで上昇したのです（価格は安い）。これに対し、二〇日には一時、二・四五％までの水準にまで買い進まれていました。金融パニックにおいて世界の投資マネーは安全な運用先である米国の短期国債に殺到する、ドルという、「質への逃避」が大規模に展開されていたのです。他方、住宅ローン債権を裏付けとするＡＢＣＰや通常のＣＰは避けられ、買い手のつかないＣＰの金利は高騰していました。

今回の世界的金融逼迫、あるいは流動性危機が発生したのにはそれなりの予兆がありました。二〇〇七年の七月頃には、ＬＢＯ金融（相手先資産を担保にした借り入れによる買収）の行き詰まりから、信用逼迫の可能性があることが明らかになりました。金融機関が買収ファンドへ買収資金を出したがらなくなったのです。ＬＢＯが行き詰まると、銀行はＬＢＯのために融資していたローンを世界の投資家にさばけなくなり、自らのバランスシートへ過剰融資の形で抱えざるを得なくなり、手元資金の余裕がなくなるのです。企業買収の融資を証券化すれば信用リスクは銀行本体の資産から切り離されるはずですが、ＬＢＯが行き詰まると信用リスクを自らが抱え込むことになります。これがサブプライムローン問題と重なると、銀行はますます手元資金に余裕がなくなります。かつて世界は資金過剰感にありましたが、今や流動性不足という信用逼迫（credit crunch）に直面するのです。要するに銀行には支払準備金が不足するということです。

こうして七月半ばまでに世界的な資金余剰感は薄れ始めていました。このことをグリーンスパンは二三日のニューヨーク講演で警告しています。新興国などの貯蓄資金が大量に流入して長期金利の高騰やドル相場の急落を防いできたことは、「一時的なもので、永遠には続かない」（日経〇七年七月二四日）と発言したのです。

Ⅲ　諸刃の剣である金融デリバティブ取引――ヘッジファンドの得意分野

■金融デリバティブ取引が盛んになった背景

前節でみたとおり、特別目的会社がCP発行で困ることがない限り、銀行は資金を供給しないまま、流動性枠供与の契約に対応した手数料が入り、大もうけです。しかし、特別目的会社がCP発行が滞る場合、流動性枠供与の利用率は高くなり、銀行は流動性供給の契約を履行できなくなり、銀行自身が支払不能になるのです。

デリバティブ（**金融派生商品**）**という言葉が金融報道に頻繁に出回るようになったのはヘッジファンドの台頭と歩調を合わせているようです。**金融派生商品の発展の背景には様々な要因が挙げられます。変動為替相場制度の常態化に伴う金利変動の激化、金融の規制緩和・自由化（資本移動の動きなどに関し）、コンピュータや通信技術の急速な進歩、ファイナンス理論の高度化があります。またつい最近まで深刻な問題になっていた不良債権問題に悩む銀行などの金融機関が収益機会の多様化を図る必要から、この種の金融商品の取引に積極的に関わった経緯もあります。

この種の取引が盛んになるのは銀行貸し出しと異なり、簿外取引であり、ＢＩＳの自己資本比率規制を容易にクリアーしやすくなるという事情も絡んでいます。前節で見たとおり、二〇〇七年夏のサブプライムローンに端を発した国際金融危機も簿外取引の損失から生じたものです。

銀行などの金融機関は金利、為替、株価、商品価格など企業が抱える様々なリスクを総合的に分析し、財務リスクを最小限におさえる資金調達をアドバイスし、オプション、スワップを組み合わせたデリバティブ商品を開発して企業に売り込み、手数料収入を稼ごうとしますが、それが大きなリスクに化けることもあるのです。銀行自身がデリバティブ取引にのめりこんでしまうことがあるのです。

■金融デリバティブ取引の数例――LTCMの悪夢

金融デリバティブの手口は多様です。ここではとりあえず、第一に通貨に関するオプションの例を、第二に金利レバリッジ取引の例を紹介してみます。

第一の通貨オプションの例…円が一ドル＝九七円になっても円で輸出の採算がとれるメーカーが、円の先高を予想するとします。一か月後に九五円となると予想し、取引銀行に一〇〇〇万円のオプション料を払い、「一か月後にドルを一ドル＝九七円で一〇〇〇万ドル売る権利」を購入します。仮に一ドル＝九五円になったとしても、一ドルを九七円で売れる権利を確保しています。一〇〇〇万ドルが市場よりも二円も高く売れるのです。二円分の差により一〇〇〇万ドルは二〇〇〇万円高く売れます。為替差損が生じるはずだったのが、オプション料一〇〇〇万円を差し引き、一〇〇〇万円の得になります。また仮に予想に反し、円が一ドル＝一〇〇円になった場合にはドルを九七円で売る権利を捨てるだけですみます。この場合の損失はオプション料に限定されます。一ドル＝一〇〇円の円安になっているので、ドルを高く売れます。この輸出メーカーはオプション料を相殺してあまりある莫大な為替差益を手にしているのです。かいつまんでいえばオプション料は保険料と同じです。

問題は円高が急激に進行した場合の銀行の行動です。銀行は一ドル＝九三円になっても顧客から一ドル＝九七円でドルを買わなくてはなりません。そのオプションを多数の輸出メーカーに売っているとどうなるでしょう。このオプションが行使される状況に直面すると銀行は、安くなっているはずのドルを高く買い取らなくてはなりません。このオプションの行使が増加すればするほど為替取引で損失が膨らみます。そこで銀行は安くなったドルを高く買うという事態に対応できるよう、ドルができるだけ高い時にドルを売ろうとします。こうなるとかえって市場ではドル売りが加速されてしまいます。オプションを売った銀行はまた慌ててドルを売ることとなり、ドル安が一段と進行し、オプション行使の価格までドル安が進行してしまう危険性もあるのです。銀行は行使されるはずがないと期待した保険を売ってしまったのですが、実際には円高が進行してオプションが行使される価格になると大損をするわけです。

第二の金利のレバリッジ取引の例…これは簡単に言えばカジノ、よく言えばハイリスク・ハイリターンの金融取引です。例えば銀行がヘッジファンド等の投資家と契約を結びます。銀行が想定元本を一〇億円とし、一年後の長期金利が年五%を超えた場合、銀行は超えた分の五〇倍を投資家に払い、五%を下回った場合、下回った分の五〇倍を投資家が銀行に払う契約をします。銀行は金利が下がると読み、投資家は上がると読んでいるわけです。

これは少ない資金で大きな収益が期待される取引になります。例えば、一年後に金利が五・五%となると、投資家は〇・五%の五〇倍を想定元本一〇億円から二億五〇〇〇万円の利益として受け取ります。逆に、年四・五%ならば投資家は同額を銀行に支払います。

想定元本ですので簿外取引です。損得が決定した時、貸借対照表に登場するということになります。損失が計上される時に大騒ぎとなるわけです。少ない資金で多くの取引が可能なデリバティブ取引ですが、簿外取引なので思わぬ形で貸借対照表に登場することになり、銀行が大損する例もしばしばです。

金利レバレッジ取引で破綻した有名な例が、米国のヘッジファンドのＬＴＣＭです（一九九八年九月下旬）。この経営者にはノーベル賞の二人の経済学者も名を連ねていました。高度な金融ハイテクを駆使した投資方法と喧伝されていましたが、原理は至って簡単です。米国国債とロシア債の利回り格差の縮小にレバリッジをかける手法でしたが、ロシア、アジア、中南米等、新興市場の金融危機の拡大で米国国債の価格が上昇（利回りが低下）、信用の低い高利回り債券が下落したため、金利格差は同ファンドの読みと逆になってしまいました。利回り格差縮小にポジションを取っていた同ファンドは大損をし、これに貸し付けていた世界の有力銀行が真っ青になり、ニューヨーク連銀が救済活動の音頭を取る一大金融危機を引き起こしたのです。このファンドはこの取引に純資産の約二六倍のレバリッジをかけていたそうです。

◎ コラム6　天国と地獄の外国為替証拠金取引 ◎

例えば12万円の証拠金を基に1万ドルの取引を始めたとします。1ドル＝120円でドルを買い，元手の10倍の取引（120万円＝1万ドル）ができます。

しかし,円相場が110円になると保有する1万ドルは110万円に下がってしまい,10万円の含み損が出ます。当初の証拠金は12万円ですのでこの損失で証拠金が大きく目減りし，2万円しか残りません。契約上，当初の証拠金を確保する必要があります。そのためには新たに10万円の追加証拠金を出せばよいわけです。しかし，それでは外為証拠金取引のうまみはなくなります。最初の取引では12万円の元手で120万円分のドル取引ができたのに，円高になり10万円の損失が出たので証拠金追加10万円が必要になる。すると最初の取引は10万円ですんだのに，証拠金の追加の要求があり（追証）結局，22万円分の証拠金で1万ドルの取引をしなければならないのです。しかし，この程度の損失ですんだ人はまだ幸運でしょう。

外為証拠金取引をしている投資家は証拠金の一定割合を超える評価損が出ると取引を停止する契約があります。例えば損失が5割になると取引会社から警告を受け，7割に達すると自動的に取引を清算されるという具合です。ところが実際は7割に達しても清算されず，それ以上の損失に膨らんでようやく清算される危険性があるのです。その場合は最悪のシナリオが待ちかまえています。バラ色の道になるはずのシナリオはイバラ色の道のシナリオに変色するのです。

例えば，市場が暴走し，ドル売り注文が殺到すると売買システムは膨張する取引をこなせなくなります。いわゆるシステム・ダウンのトラブルです。あるいはドルに値段がすぐにつかないほどのストップ高の連続で円高がすすんだとします。このような事態が進行する間に，すなわち取引が実際には成立しないままに，円高が進行すると為替差損は膨らみ証拠金は吹っ飛んでしまいます。損失が証拠金を食い尽くすばかりでなく，証拠金の額をはるかに大きく上回った時に，ようやくドル売り注文が成立し，その時になってようやく強制清算されることがあるのです。

この場合でいえばシステムダウンの間に円高が100円まですすんだとします。すると1万ドルの評価は100万円です。120万円の評価のはずの1万ドルは100万円になっています。20万円の損失です。最初の証拠金は12万円です。この取引に従事していた個人は証拠金の一部も確保できないばかりか，想定外の強制清算のために更に8万円を支払わなくてはならないのです。普通の場合，証拠金の大損ですむはずなのに。

読者は，これが極端な想定であると考えてはなりません。日常，商品先物市場で繰り広げられる光景です。損切りのために売ろうとしても市場で値がつかない場合，ただ手をこまねくままなのです。損失がかなり膨らみ証拠金自体もパーになってはじめて取引が成立する事態もあります。証拠金取引の恐ろしさであり，しかし，妙味でもあります。なぜなら，その時にドル信用売りをしていた人はその分，笑いが止まらないほどのもうけが転がり込んでくるからです。

Ⅳ　信用リスクから逃れられない銀行の宿命

■　ドルは「現金の王様」――「裸の王様」になってしまったユーロ

さて本章の本題に戻ります。読者の皆さんは一つ、大きな疑問を感じるはずです。サブプライム問題は米国の金融危機のはずです。にもかかわらず、なぜＦＲＢよりもＥＣＢの方が早く金融危機に対応したのでしょう。これはＥＣＢが責任を持つはずの欧州の銀行がドル決済に行き詰まる危険性があったからです。今回の流動性危機の焦点はユーロでなくドルという資金の不足であり、それが特に欧州の銀行において厳しかったのです。

その兆候はすでに七月半ばに現れていました。ドイツの金融機関は、ＣＰ発行で調達した資金で運用していたサブプライム関連証券の市場が崩壊したため、この証券を換金することが実質上できなくなり、したがってＣＰを支払える現金を持ち合わせず、破綻し、他行の援助を仰ぎました。これにより、ＡＢＣＰを買うような投資家はいなくなりはじめました。ＣＰが更新されたとしても翌日限り更新（オーバーナイト）にしかなりません。貸し出す側の銀行はこれをそれよりも長い期間で更新しようとしなくなったのです。そして、皮肉にも、欧州の金融機関はドルが不足します。なぜなら発行したＣＰ、あるいはＣＰ発行で調達した資金で運用していたサブプライム関連証券は主にドル建てであり、その決済にはドルが絶対必要になるからです。

このような流動性危機の時は「現金が王様」となります。しかしドルとユーロでは王様の格がちがいます。王様はドルなのです。このドル資金の欠乏のため、ユーロダラー市場におけるドル預金市場とＡＢＣＰ市場は大混乱に陥ります。この二つの市場が、短期借り入れで多くの長期投資をする金融機関の資金繰りの源泉だったからです。

八月九日にはフランスの最大手の銀行、パリバＢＮＰの傘下の三つのファンドの解約停止が伝えられました。損失を抱えているファンドを傘下に持つ欧州の銀行はパリバに限られないはずです。彼らも損失決済にドルが必要となります。しかし欧州のユーロダラー市場ではドル資金の出し手がいなくなります。パリバのような問題を抱えている銀行も他にいるのではないかと市場参加者は疑心暗鬼になったのです。不安の連鎖が燎原の火のごとく、広がっていきます。欧州のユーロダラー市場ではドル資金の出し手がいなくなるわけですが、ユーロ資金しか供給できないECBは欧州の銀行間のドル不足に対応できません。だからFT、WSJ紙はECBはFRBと通貨スワップ操作によってドル資金をFRBから供給されることになると報道したのです。一方、FRBは米国の銀行が損失決済する場合、それが海外のドル市場であれば、自国金融市場のドル調達ですみます。しかし、欧州の銀行はそういうわけにいきません。ドルが必要なのです。すると、ユーロダラー市場に頼ることになる。ところがこの市場での銀行間資金のやりとりが一時的にできなくなった。だからECBはFRBよりも早く対応せざるをえなかったのです。FRBが出動することが明らかになるとユーロダラー市場においても資金の出し手が登場します。高い金利で貸し出せる絶好のチャンスでしょう。

ECBはドル市場では「最後の貸し手」にはなれない。ドルの守護神であるFRBが出動しないといけないのです。この意味で欧州の銀行の資金繰りをつけられなかったECBは「裸の王様」を演じ、FRBのドルが「王様の王様」を演じたことになります。年末にもドル決済資金の不足が欧州の銀行間に発生する恐れがありました。そこでFRBはECBへドルを供与するスワップ取引を結びました。

■ 米国発の信用リスクが世界に広まる道筋

ここでもう一度おさらいしておきます。低所得者向けのサブプライムローンを与える住宅金融会社はこのローンを証券化します。これは高利回りなのでヘッジファンドや金融機関に売られます。一方、しかしこれを購入する金融機関はＣＰ発行によって得た短期資金で購入代金を確保します。この金融機関はＣＰ発行で資金調達できない場合は商業銀行、投資銀行などに流動性供給を受ける契約をしておきます。これにより一時的な資金不足を緩和できるのです。ＣＰ発行の担保になるのはサブプライムローン関連証券です。しかしサブプライムローンの債務不履行率が増大するとＣＰ発行の担保価値は痛みます。するとＣＰが発行できなくなります。このＣＰ発行に携わっていた金融機関が欧州の銀行の傘下に多数いました。米国発の高利回り商品の取引に深く関わっていたのが欧州の金融機関だったのです。

肝心の担保価値がおかしくなるＣＰを買おうとする投資家は世界からいなくなります。このためＣＰを発行していた金融機関はすでに発行したＣＰを償還する資金を手当てしなければならない。そのためには保有する金融商品を現金化すればよいはずですが、実際にはその価値が痛んでおり、売れません。なぜなら当初、それは高格付けの値段で取引されていましたが、元になるサブプライムローンの債務不履行率が上がると当初、想定されていた理論価格では取引されなくなり、大幅に値下がりし、ひどい場合には値も付かなくなります。資金需給が逼迫し、住宅価格が下がり住宅金利も上がる予想が高くなると債務不履行率はますます上昇します。すると住宅ローン関連金融商品はこの最悪のシナリオを織り込んだ評価となってしまうのでしょう。このリスクは米国だけにとどまりません。欧州の金融機関がこの金融商品の取引に深く関与していたからです。

投資していたサブプライムローン関連の金融商品を換金できなくなり、ＣＰ償還資金に行き詰まった特別目的会社はＣＰを購入してもらう、あるいはＣＰ償還資金を融資してもらおうとします。ところが、多額の融資契約をしている銀行の中には融資を求められても、その資金が手元に準備できない場合があります。銀行としてもＣＰ発行の担保となる金融商品自体の価値が危ないので、融資に応じきれなくなるのです。その損失を引き受けると銀行本体が破綻してしまいます。そのためＣＰ発行機関は清算、解約停止に追い込まれます。銀行総体は自身の資金繰り能力に警戒感を抱き、他の銀行に資金を貸すのを嫌うようになります。すると金融機関の間にも資金逼迫が生じます。

こうして米国初の信用リスクは欧州の銀行を巻き込み、ユーロダラー市場の機能不全の危機にまで発展したのです。まさにリスクの世界への散布であり、信用リスクのグローバル化です。この世界的なドル不足を解消するためにFRBが出動します。しかし夏休みでユーロダラーなどの銀行間市場の取引が薄かったことも資金逼迫を激化させたようです。このため八月九日には一種の流動性危機が起こりそうになったのです。米国でも一〇日に翌日物金利が急上昇したのでニューヨーク連銀も即座に行動して資金を供給しました。

米国企業の利益は二〇〇六年には一・一四兆ドル（税引後）もあり、二〇〇七年も一兆ドルを超えると予想されていました。利益はこの四年間増加し続けていたのです（二〇〇四年は八八二五億ドル、二〇〇五年は九三一四億ドル）。米国の企業総体の実態は悪くないはずです。**しかし、怖いのは金融上の混乱が実体経済に悪い影響を及ぼすことです。**

とはいえ米国の金融市場による世界の過剰資金の吸引力はすさまじいものがあります。これなくしては信用力の低い個人所得者向け住宅融資サブプライムローンは増加は不可能だったと思われます。世界の過剰貯蓄を元にして世界の投資家がこのサブプライムローン関連金融商品を購入し続ける経路がなければ米国の低所得者向けの住宅が建てられるはずがないと思われます。米国のドル決済による国内銀行システムがその開放的な性格故に、世界から投資資金を吸収し、それをサブプライムローン向けに振り向けることができたと言ってよいでしょう

■ 銀行は貸出債権を証券化しても信用リスクから逃れられない——裏口から忍び寄る信用リスクのモンスター

今回のサブプライムローン問題は国際金融研究の上でも面白い話題を提供してくれます。巷のエコノミスト達は、経常収支が大幅赤字であるとの理由から、米国を対外的に過剰債務国と呼んできました。実際には米国の企業は史上空前の利益をあげています、二〇〇七年八月半ばの欧州の金融不安で焦点になったのはドル不足でした。ドルに対抗すると言われる通貨ユーロの守護神であるはずのECBは、欧州の銀行のドル不足危機を救わなくてはならなかった

のです。また、エコノミスト達の多くは、ドルは世界的に過剰であると言い続けてきました。しかし、二〇〇七年夏の欧州金融危機を目の当たりにすると、自身の言葉に首をかしげるはずです。

最後に今回の世界的金融不安から一つ教訓を引き出しておきましょう。銀行は信用リスクから逃れることは決してできないということです。銀行は住宅ローンなどの貸し出しリスクを投資家に転化したつもりになっても実際にはリスクは戻ってくるのです。貸出債権の証券化が一般化する以前の場合、銀行がローンを組み、それを自身のバランスシートに保持していました。貸し出しの返済が滞る場合、損失は貸し手と借り手の痛み分けになります。リスクの所在は非常にわかりやすかったのです。

ところが、現在はその銀行の貸出債権は証券に組み替えられ、世界の投資家に売り出されています。銀行のバランスシートにはその貸出債権はありませんので、リスクを負うこともないはずです。リスクは貸出債権が証券化された金融商品を買った投資家が抱えることになります。この投資家は世界中に存在しますので、信用リスクも世界中に売り出されてしまいます。そしてこのリスクがまた投資家の間で転売されます。すると一体、誰がリスクをかかえているのかわからなくなります。

しかし、銀行の住宅ローンのような単純な貸し借りとちがい、証券化されてリスクが世界に分散されてしまうので、リスクの全体像は見渡せなくなります。リスクの実態、規模がよくわからないので、事態が悪化するときは悪い連想が重なり、信用不安の連鎖が広がります。

たしかにリスクを分散化、小口化する手口は一層、洗練されています。リスクを分散化するので金融システムはより強靱となるはずですが、リスク分散が広範化すると、予期せぬ問題が生じます。リスクの所在が不明になるのです。非常に複雑な金融商品取引ではその商品のリスク、あるいは実質価値を見極めるのが困難になるのです。

さてリスクの所在の不明さが確認されました。しかし、リスクはブーメランのように銀行に回帰してきます。証券化商品の転売を通じ、銀行の貸倒れのリスクは減るはずですが、必ずしもそうはなりません。金融論の教科書には、金融革新があれば銀行は市場崩壊にさらされなくなると書かれています。しかし、現実は理論の手にあまるものです。貸出債権を売った銀行は表玄関からリスクを放りだしてもリスクは裏口から忍びこみます。

すでにみたとおり、銀行が特別目的会社に対し、ＡＢＣＰ発行ができなくなって市場からも資金調達できない場合、これに資金を工面してやるという契約を結んでいます。この契約があるからこそ件の金融機関はＣＰを発行してサブプライム関連金融商品のさや取り取引に従事していたのです。しかし、急に言われても手元には資金はないので、欧州の銀行はそれで資金を短期銀行市場で調達しようとしますが、期間の長くなる短期借り入れは困難になりますので、そこでオーバーナイト資金でしのぐしかありませんが、そのオーバーナイト金利は急騰します。このような時、それぞれの銀行は手元資金を厚くしようとするので、銀行はお互いにクレディットラインを拡大することを止めるのです。だからオーバーナイト金利は急騰したのです。しかも、銀行はこのＣＰ発行機関の債務を引き受けざるを得なくなります。デリバティブ取引などで特別目的会社は自己資本をはるかに上回る取引を行っていたとすると銀行の損失は莫大なものになります。

■ 信用リスクは世界をメリーゴーランド

これこそがリスクのメリーゴーランドです。貸出債権の証券化でリスクから自由になったはずのリスクはメリーゴーランドのごとく、銀行に立ち帰るのです。この点について、ドイツの中央銀行総裁（Axel Weber）は、古典的な特長を持つ銀行危機が伝統的な銀行部門の外で生じていると特徴づけています。従来、銀行本体で行われていた短期借り長期貸しが、銀行の傘下の機関（特別目的会社のノンバンク）を通じ、ＣＰ発行（短期借り）、サブプライムローン関連証券投資（長期貸し）として行われているからです。

古典的な銀行取付けが銀行本体でなく、ノンバンクで起こっているということになります。短期借り長期貸しのミスマッチであり、突然の流動性支払要求は資産の投げ売りを引き起こし、本来、支払能力のある機関でさえ支払不能になるという事態に直面するのです。これは、本来の銀行システムへの取付でなく、銀行の傘下にある影の銀行システムへの取付と形容できます。この影の機関は一・三兆ドルの資産を保有しており、これを銀行本体が引き受けなくてはならないのです。影にかくれていたリスクが銀行本体のバランスシートに戻ってくるのです。

このようにリスクが世界中にばらまかれた結果、そのリスクを管理できないで多額の損失を抱えた金融機関が世界に続出しました。FRB議長のバーナンキは七月の議会証言では「サブプライムローン関連損失は最大一〇〇〇億ドル」と説明していましたが、IMFによると、実際の損失は二〇〇〇億ドルに及ぶそうです。欧州のユーロドル市場では、一時、ドル資金の出し手がいなくなりました。世界的信用収縮の広がりはすさまじかったのです。

しかし、リスクの評価の正確な評価はできません。リスクが実際に発現してはじめてわかります。たとえば、破綻したドイツの特別目的会社の場合、一年以内のCP発行や借り入れを行って長期の債券を買って利ざやを稼いでいたのですが、危機が発覚する直前まで、保有するポートフォリオは安定していると説明していました。またドイツの中央銀行総裁は八月初め、最初に発覚した金融機関の破綻に関し、「限られた、当該金融機関固有の事件」にすぎず、ドイツの金融機関は安定しており、危ない不動産取引にかかわっていないと言明しましたが、その二週間後、同じような問題が発生しました。欧州の銀行は五一〇〇億ドルをABCPに投資しています。そしてABCPのかなりの部分はサブプライム米国市場に関与するものであり、その内、ドイツの銀行が四分の一を占めていました。

このドイツ中央銀行総裁の発言に示されるとおり、リスク管理は金融のプロにもわからないということが多いのです。透明な会計処理と言われますが、件《くだん》の銀行でさえ傘下のリスク保持の度合いを正確に把握できませんでした。かの二〇〇一年、世界を騒がせたエンロン事件の場合、この会社は債務のはずの項目を債権として計上していたのですが、誰もそれに気がつきませんでした。エンロンは米国のビジネスの世界では全米優良企業トップテンとして何年も位置していたのです。その不正会計を手助けしていたのが何と世界的な会計事務所アンダーセンでした。だからリスクの把握は非常にむずかしいのです。ましてやリスクが国境をまたがっている場合、その評価はさらに困難になります。リスクを抱えた人や損失を産み出した人々が正確な情報を出すわけがありません。自らの責任を逃れるため必死で隠蔽工作します。その不正を暴く人は会計処理上、高度な知識、経験、技量をもっていなければなりませんが、そういう人をもってしても不正会計を暴くのはなかなかむずかしいようです。

V　サブプライムローン国際金融恐慌において存在感を示したジャパンマネー

■ ヘッジファンドのミニ版の外国為替証拠金取引

二〇〇七年夏の国際金融恐慌において円相場は激しく変動しました。円を低金利で調達し、高い金利のドル資産で運用する円キャリートレードの膨張、縮小のためです。ジャパンマネーの復活です。かつて一九八〇年代末のバブル経済の華やかなりし頃、ジャパンマネーが世界を席巻していた時期もありました。これが形を変えて復活したのが二〇〇七年夏の国際金融危機です。

円キャリートレードの場合、円が売られドルが買われるので、円安になります。経常収支が大幅に黒字の日本は円高になるはずですが、実際の円相場は経常取引でなく資本取引に主導されるため、円高でなく円安傾向になるのです。

さらに、旧来の国際金融の教科書的解説とは逆のことが現実に進行します。普通、日本株が買われれば円が高くなる。外国人投資家は日本株を買う場合、手持ちのドルを円に換えて株式購入資金を手当てするからです。しかし外国人は何も為替市場で自国通貨を売って円を調達する必要はありません。特に円金利がドル金利に比べ非常に低い場合です。それが円キャリートレードです。

日本は超低金利政策が長く続いています。他方、米国はインフレ警戒感もあり金利は上昇傾向で、株も持続的に上昇していました。世界的にも石油、鉱物などの商品価格も上昇です。これらはドル建てで取引されていますので世界のドル需要は増加します。ドルは円に対して強くなる状況にありました。すると外国人は手持ちのドルを円に換えるよりも、超低金利で円を借りて日本株を買った方がもうけはいい、あるいは国際商品取引に運用する。そして手持ちのドルは高金利のドルのままにしておく。こういう円キャリー取引に熱心だったのがヘッジファンドです。しかも円キャリートレードの日本個人版があります。外国為替証拠金取引です。

日本の個人も広義の意味で円キャリートレードに熱心であり、ミニ版のヘッジファンドだったのです。国内の金利は恐ろしく低い。逆に言えば円を借りるコストは低い。そして相対的に高金利のドルは上昇している。すると少ない円資金の元手で多額の外貨を運用できるという触れ込みの外国為替証拠金取引を行うのは当然のことです（コラム6（一八八頁）参照）。

■　円キャリートレードのうまみ、こわさ

以上から証拠金取引の原理を再確認しておきます。個人が元手の一〇倍のレバリッジ（取引額に対する証拠金の割合）でドル買取引を手がけた場合、為替が一〇％円高になれば証拠金は吹っ飛びます。レバリッジが五〇倍であれば、二％円高になれば証拠金は消滅するということです。逆にいえば、レバリッジが一〇倍の場合、一〇％ドル高になると利益率は一〇〇％、レバリッジが五〇倍の場合、二％ドル高になっただけで利益率は一〇〇％、そして、一〇％ドル高になったら利益率は五〇〇％ということです。レバリッジの倍率は高ければ高いほど損失は広がるし、利益もふくらむということです。ということはそこには天国と地獄の世界が待ちうけています。レバリッジをかけるという点で

は外為証拠金取引はヘッジファンドそのものなのです。

外為証拠金取引の全体像は、東京金融先物取引所に上場している取引の動向からは、ある程度類推できます。経済報道によれば、ドル・円取引におけるドル買い持ち高は二〇〇七年八月半ばの世界的金融市場の混乱を受けて直近の六割程度に減少しています。この減少に対応して円高が進行しているのが図8で読み取れます。ドルが将来高くなると思い、ドルを買い持ちする人が思惑とは逆に急激な円高が進行し取引で大損をしたために、ドル買い持ちを縮小せざるを得なかったのです。

八月一六日から急激に円高になり、一七日には一時、円が一ドル＝一一一円台をつけました。ドル買いを進めていた人はたまりません。損失を抑えるために慌ててドル売りをしたり、証拠金の追加（追証）を払えなくなった人は強制的に清算させられます。図8に示されるとおり、この時期にドル買い持ち高が急減したのはそのせいでしょう。要するに予想に反して円高が急激に進んだ時、円キャリートレードの多くが解消されたということです。JPモルガン・チェース銀行の推計では一四日〜一七日だけでも外為証拠金取引を通じた個人の損失額は二〇〇〇億−三〇〇〇億円に達したということです。

図8　円借り取引（円キャリートレード）の規模と円・ドル相場の動きの相関
（2007年6月1日−8月30日）

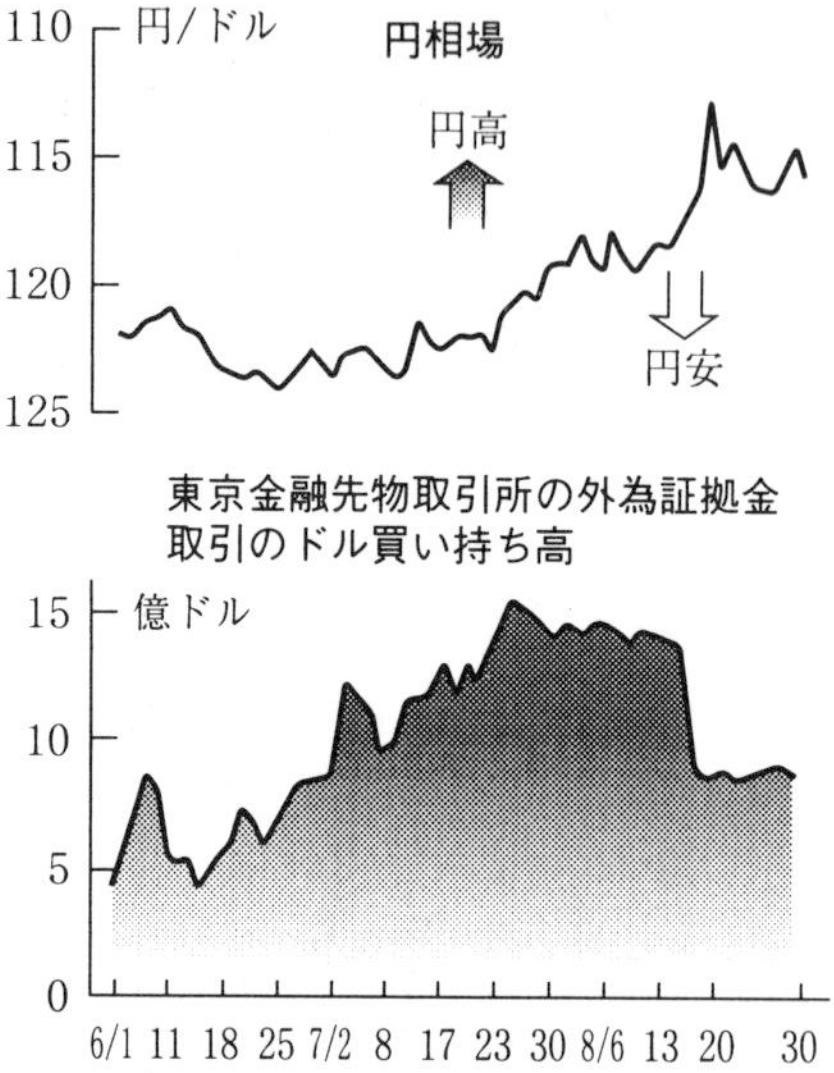

（出典）　日本経済新聞2007年8月31日の図より。

大規模な円借り取引、その解消が一九九七年秋、ヘッジファンドLTCMが破綻した時にも展開されていました。その時、円は一か月半で二〇円以上も急上昇しました。二〇〇七年八月の場合、八円低度の変動幅でしたが、円借り取引は当時の規模を三倍も上回るといわれています。日銀によると、八月の円・ドル直物売買高（一日平均）は一六八億三七〇〇万ドルですが（一九九八年六月以来、約九年ぶりの高水準）、一日に三〇〇億ドルを超える時もあったそうです。ヘッジファンドなどによる円の買戻しが加速化され円が急騰したら、ドル上昇にポジションを組んでいた個人投資家もあわてて外為証拠金取引をたたまざるを得なくなったことも一因になったのでしょう。

円キャリートレードの規模は二〇〇七年春に一日当たりの取引は二〇兆円と推定されていました。これだけの資金が一挙に動けば市場の変動要因になるはずです。世界の株式市場の時価総額は六〇〇〇兆円の規模なので、中長期的な影響は限定的と見る見方もあります。しかしこの取引がたたまれると外貨を売って円を買い戻す動きが生じるので円高が急速に進みます。さらに、円急上昇は円キャリートレードの急減ばかりか日本株の急落をも引き起こします。

図９　米国の株価暴落の爆風を受けた
日本の株式市場と円相場
（2007年７月２日から８月20日）

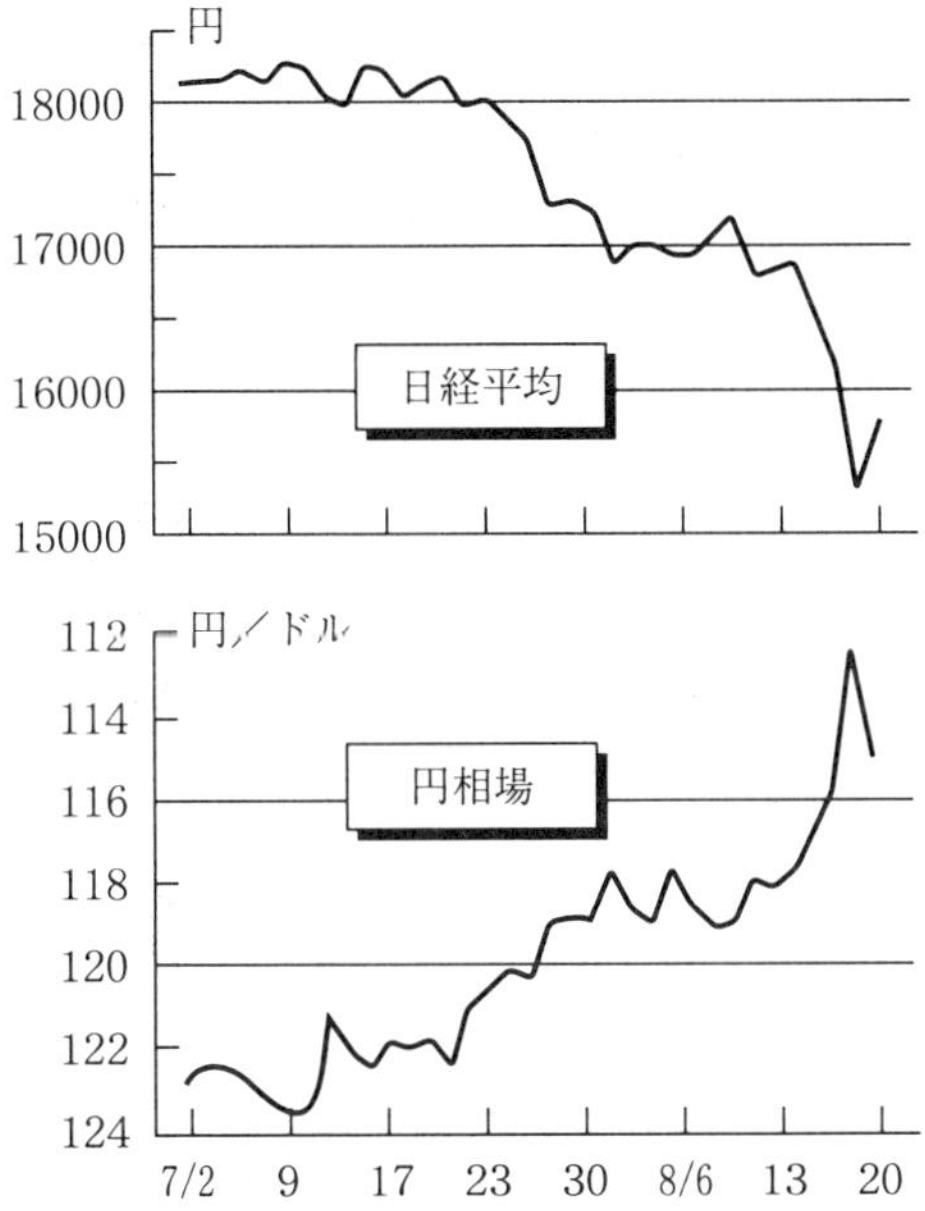

（出典）　日本経済新聞2007年８月21日。

■ 円キャリートレード巻き戻しによる日本株暴落

図９に示されるとおり、円相場急騰と日本株急落はきれいに逆相関の関係になっています。普通、外国人は日本株を売れば、

その代金は本国通貨として回収されるので円は安くなるはずです。しかし、円キャリートレードが絡むと事情は変わってきます。サブプライムローンを元に仕組まれた高度な金融商品の取り引きで損失を受けたヘッジファンドなどの投機筋は顧客の解約に備えます。彼等は円を借りた資金を元手にして日本以外の通貨や株に運用していました。この運用で大損をしたから、当然、ヘッジファンドの顧客は解約を求めてきます。また投機的取引で失敗すると銀行から借りていた短期資金を返済できなくなるし、あるいは相場回復まで銀行からの借り入れを継続できなくなる。銀行としても資産運用が危なくなったヘッジファンドに貸し出しを継続させるわけにいかないのです。ですからヘッジファンドはあわてて円を買い戻さなくてはなりません。

欧米のヘッジファンドは国内で借りていた資金を返済すべく、手持ち資産をとりあえず換金できるものは何でも片っ端から処分する。円を借りて日本株投資したヘッジファンドも日本株を売って円を返済します。しかし、したたかなヘッジファンドもいます。ヘッジファンドはただではころびません。円を返済しなくてはならないヘッジファンドの中には日本株の下落に乗じて日本株に空売りをかけます。空売りで儲けた円資金を円キャリートレードの返済に充てればよいのです。こうして日本も世界的な連鎖株安に巻き込まれてしまいました。急激な株安と円高が同時進行したのです。円高が進めば日本の輸出産業は打撃を受けるのでヘッジファンドは日本株の空売りを一層かけやすくなります。円キャリートレードの解消の効果は絶大だということです。

この世界的株価急落が起こるまでは円キャリー取引が盛んであり、このために円相場は安く推移していました。円キャリー取引を利用して相対的に高金利なドルなどの外貨に運用しても大きな利益が見込めるからです。ヘッジファンドの場合、この取引に当然レバリッジをかけます。しかしこのバラ色のシナリオは米国発のサブプライムローン問題でくだけ散りました。日米金利格差は年四・七五％もあっても八月に円相場が五％以上も上昇するとなると金利差益は為替差損に食われてしまうからです。

■円の急騰はドル危機でなくドル不足危機の現れ

ところで、円が急騰したからといってこれをドル危機として論じる人がいたでしょうか？　実際、米国のヘッジファンドにとってはドル危機どころではありません。ドル不足の恐怖という危機でしょう。すなわち借りていたドルを返済できなくなると破産するという意味の、ドルという流動資金の欠乏という危機なのです。

ヘッジファンドがサブプライムローン関連の金融商品取引で失敗すると保有資産は劣化します。このため十分な換金もできなくなります。すると解約を求める顧客にも満足に返済できなくなる、あるいはレバリッジ取引をするために借り入れていた金融機関にもドルを返済できなくなる事態が生じます。しかも円キャリートレードで借りた円も返済しなくてはならない。

だから円が急激に高くなる。しかし、これはドル暴落などのドル危機でなくドル不足危機なのです。こうなると国際金融市場において金融機関同士のドルの貸し借りも滞るからです。いずれの金融機関も貸出先のヘッジファンドから資金を回収できなくなる不安に陥る。焦げつきに備えて手元資金を充実させておかねばならないのです。貸した金を回収できなくなる金融機関はその一方で他の金融機関から短期資金を取り入れることが多い。するとその短期資金も返済できなくなる。こうして信用リスクが本格的に広がります。資金需給が逼迫し金融機関同士の資金繰りに支障が生じるケースも出てきます。そこでＦＲＢは「最後の貸し手」の機能を全うします。ＦＲＢは金融機関同士が資金をやりとりする短期金融市場で公開市場買いオペを通じて流動性を潤沢に供給するばかりでなく、公定歩合金利も引き下げました。金融機関同士の資金のやりとりで一時的に資金繰りが困難になる金融機関がいざというとき直接、連銀から借りれるようにするためです。中央銀行のＦＲＢは、二〇〇一年九月の米同時多発テロ直後の場合、欧州中央銀行と協調利下げをして金融市場に資金を潤沢に供給したように、金融市場における信用収縮の動きや不確実性の高まりを抑えます。米国の後の経済成長を抑制しないよう、必要に応じて資金供給を機動的に行うためです。これは本章Ⅱ節で強調しておいた「最後の貸し手」の機能です。FRBはこの機能を国内に限定することはありません。ユーロダラー市場にも応用します。二〇〇七年十二月にも欧州の中央銀行のECB、さらにはスイス国立銀行にドルを供給するドル・スワップ操作をアレンジしたのも、世界版の「最後の貸し手」の機能の具体例でしょう。

第九章　情報通信革命を梃子にした金融グローバル化

Ⅰ　瞬時に大量移動する国際金融情報

現在は、中央集権的な規制から市場の自律調整機能が働くグローバル化市場経済へ移行しています（イングランド銀行総裁キングの弁）。現在こそ資本のグローバル化の時代と呼ぶにふさわしいでしょう。その資本（マネー）の移動は神をもってしても押し止められません。

それを可能にしたのが情報通信革命の世界的進展です。交通と通信が大進歩を遂げて人、マネー、情報の大量、高速の移動が可能になったのです。情報通信革命は瞬時に大量の情報を処理できるので、金融ネットワークはますます国際化します。各国資本市場の連携の絡まりも深まっています。それを端的に示したのは、最近の例で言えば、サブプライムローン問題が引き起こした国際流動性危機です。米国に限られるはずの住宅ローン債務不履行問題は全世界の金融市場に信用リスクをばらまいたのです。資本主義の地理的拡張はマネーの膨張を梃子にして、とどまるところを知らないのです。

グローバル化の中でモノとマネーの取引も急膨張します。しかし、マネーの場合、実物経済の動きに必ずしも対応しないので、自ずとマネーの取引はモノのそれを凌駕します。このマネーの世界的動きの利益をほぼ独り占めできるのは米国だけでしょう。

情報は一瞬、かつ大量に世界を駆け巡ります。しかし、ＩＴ技術をもってしてもモノは時空を一瞬にして越えることはできません。ましてや現在・未来・過去を架橋することはおよそ不可能です。さらにいえば、モノは人の魂の中に入り込むこともできません。しかし、マネーは人の魂にも深く入り込むものなのです。古典的名著の多くがマネーをめぐる人間の心理の動きを描写したことが多いのもそのためです。

人間、モノの動きは高速化し、かつ大量になっていますが、しかし、いずれも一方向に限られます。これに対し、情報はパソコンのキーをたたいたり、クリックするだけで瞬時に大容量を世界の全方向へ流すことができます。このように情報技術革命は情報を大量、一挙に世界に伝える情報技術の高度化を達成しました。これはグローバルの推進役です。企業も多国籍化し、海外投資も増長しています。

しかし、注意すべきは各国の差異がなくなることはないという点でしょう。企業が多国籍化するのは、各国経済体制の独自性に支えられているためです。グローバル化という一様性の動きは根底では個別性に裏打ちされているのです。この点、レトリックの巧みな現代のフランスの哲学者の言辞は禁断の実です。資本主義はヴァーチャル化してコンピュータ漬けになり、人間の雇用は消滅するというレトリックで煽るフランス知識人の言辞は大衆受けしやすいようです。しかし、グローバル化の時代、それを主導している米国の雇用状況は賃金水準はともかくも雇用率は安定的であり、世界経済も未曾有の経済発展を達成しているのです。

Ⅱ　世界の経常収支不均衡をスムーズに調整する国際資本移動
――グローバル化の時代には資本移動規制は不可能、かつ有害

■ グローバル化の現在、国際収支不均衡はむしろ健全

たしかに、ブレトンウッズ体制が創立された時、為替相場と資本移動の急激な変動は資源の再配分の妨げとなるだけでなく、国民生産の急減を招くと判断されており、戦後は、固定相場と資本移動規制の下に成立つ国際通貨制度の構築が目指されました。実際はこの目論見から大きく外れています。

現在の資本移動の開放性はブレトンウッズ設立当初の時代と異なります。資本移動は公的、民間を問わず、大きく、また多くの国の場合、民間資本移動の方が公的資本移動よりもはるかに大きいのです。英国は一九八八年以来、経常収支赤字はGDPの一・五％を下ったことはありませんが、その赤字はＩＭＦからでなく民間市場で完全にファイナンスされているのです。クリントン政権時代に米国財務長官であったルービンのＩＭＦに対する評価も示唆的です。

資本投資でなく貿易が国際経済を支配していた時代に、固定相場制のなかで国際為替レートの安定を図るために設立された

ＩＭＦはモノ（貿易）の取引が主要だった時に設立されたものであり、マネー（資本）の取引が主要となった時代にはそぐわない面があることを示唆しています。

世界で拡大しつつある経常収支不均衡も実際には世界各国の民間の貯蓄、投資の行動決定を反映しており、資本が

図10　円・ドル相場（1970～2006年）

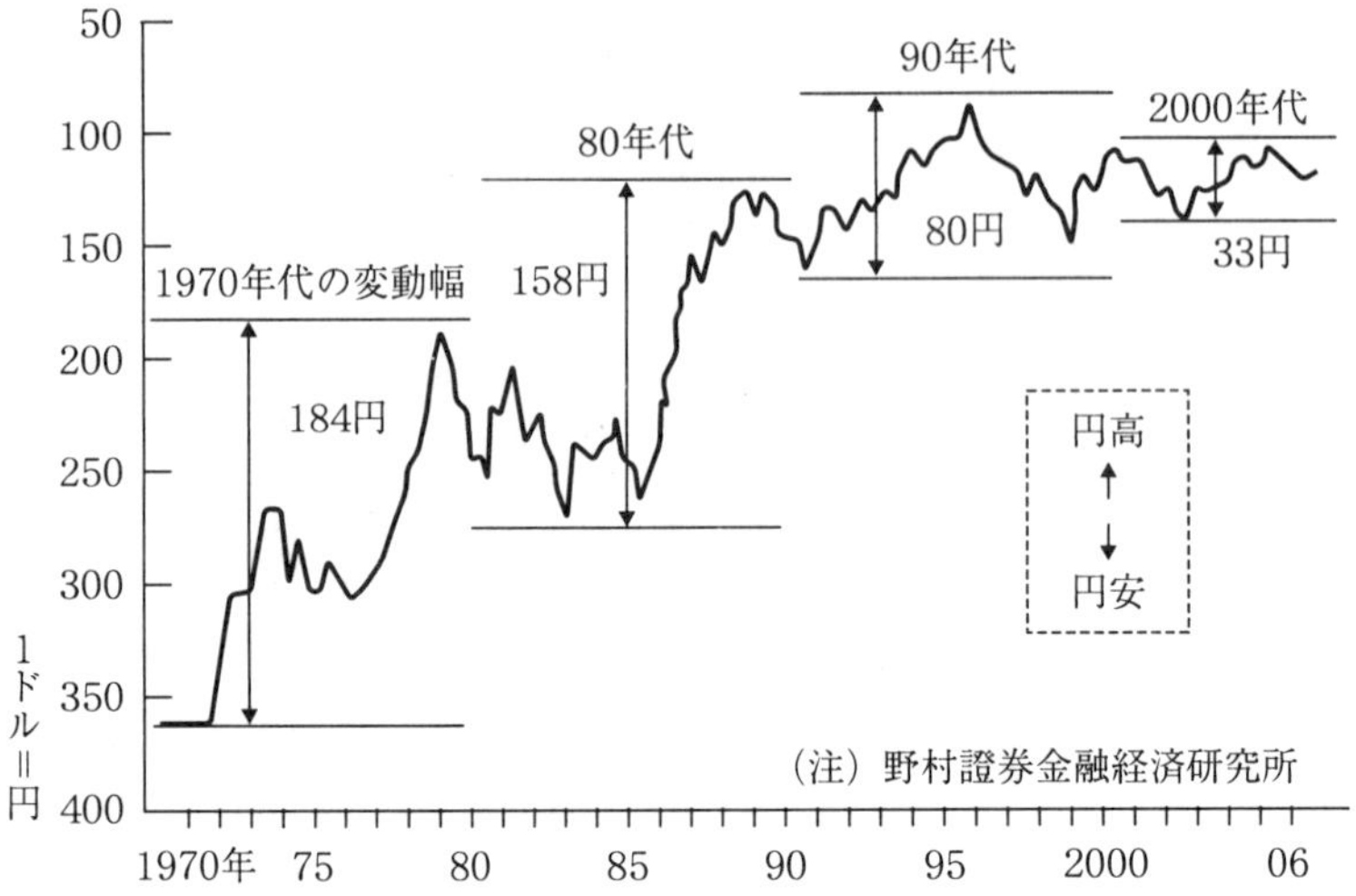

（出典）　日本経済新聞2006年８月27日

世界中に配分される効率性が高まっていることを示しています。経常収支の赤字と黒字は例外というよりも普通なのです。

主要国の場合、ＧＤＰに対する海外資産、負債は一九八三年には七〇％でしたが、〇三年には二五〇％程度になっています。二〇〇〇年、米国の「生産性の奇跡」が絶頂にあった時、米国への株式投資流入は負債流入（債券購入、預金流入）の二倍もありました。しかも、〇四年までに米国の生産性成長率がかなり緩和した時、海外投資家は短期ドル建て資産を得るのに熱心であり、負債流入は株式流入のほとんど四倍となったのです。

このように国際資本移動は世界の経常収支不均衡をスムーズに調整する機能を果たしているのです。世界経済のグローバル化が進み各国経済の景気動向も一体化している証です。このスムーズな調整は日米間の為替相場にも現れており、世界のＧＤＰ二大大国の円・ドル相場はかつてに比べ、変動幅が大幅に縮小しています。一九七三年に国際通貨体制が変動相場制度に移行して以来、二〇〇〇年代の円・ドル相場の変動幅は三三円であり、何と一九七〇年代の六分の一にまで縮小しているのです（図10）。

■ トービン税の帰結

巷では世界経済不均衡の拡大、あるいは米国の経常収支赤字膨張が世界経済に重大な問題をもたらすという解題が盛んですが、実際には国際資本移動がその不均衡をスムーズに解消させているのです。基軸通貨国の米国、あるいはかつて基軸通貨国であった英国の場合、経常収支赤字ファイナンスに問題を感じていないのです。資本移動の性格は一九三〇年代、あるいはブレトンウッズ体制の初期の頃に比べ大きく変化したのです。資本移動はかつての均衡破壊作用よりも、各国間の経常不均衡を円滑に調整する作用の方が大きいのです。米（英）を軸とする金融グローバル化が進展し、世界的資金の需要供給が一層円滑にかみ合っているのです。

制約のない資本移動と束縛のない自由貿易の促進、工業生産と新しい技術の全世界への拡散、これこそが経済のグローバル化です（<Gray>一〇頁）。世界中の国々の経済的相互依存性が強まり、国境を越える財・サービス取引は量、種類が増大し、国際資本取引が増大し、技術も急速かつ広汎に伝播していきます。

資本の国際間移動が巨大化しているのが現在の世界です。これに伴い、各国の為替相場も日々変動します。これは不思議なことでも異常なことでもありません。金融市場において株式等の金融商品価格が日々刻々と変化する原理とかわりないでしょう。株式の売買の判断材料は、企業の業績動向、景気全般の動向、各国経済のファンダメンタルズ（政治・経済全般を含む）、金利の変動、あるいは国内外の政治情勢など、その要因を挙げればきりがありません。

この同じ要因に反応して相場が動くのが外国為替市場です。そして、この相場に敏感に反応するのが資本移動です。たしかに、株価の変動は時には経済の実態と大きく乖離することがありますが、しかし、長期的に見れば、景気の先行指標となるというのは特に異論のないことでしょう。株価の変動は市場における資源（資本）の適正な配分を行う際のシグナルになるように、外為市場を通じた国際資本移動も国家間における資源配分の触媒になるのです。

国際資本移動の破壊的作用を強調するのが学者の本流のようです。資本移動の破壊的作用を制限しようとして巷でよく話題にされてきたのがトービン税ですが、これは学者の机上の空論にすぎないでしょう。実際は、トービン税を提唱したトービン自身もこれには悪影響もあるので撤回したそうです。

たしかに世の中では為替相場の安定を求める声は強いのですが、ニクソン・ショック以降、固定相場復活は一度たりとも成功した例はありません。為替相場がいかに激変してもＩＭＦ体制崩壊以降も世界経済は成長し続け、グローバル経済化はますます勢いを増しつつあります。その間に激烈な景気変動があったとしても、各国間では拡大的不均等発展が続いています。これを敏感に感じ取る資本は、資源の最適配分、あるいは最高収益を求めて、各国間をせわしく移動するのです。経済成長率や経済パフォーマンスを反映して、為替相場が日々、刻々と変動するのはごく当然のことなのです。

また、国際収支不均衡が声高に叫ばれますが、そして戦後六〇年以上経ちますが、各国間の国際収支不均衡が是正されたためしはありません。むしろ拡大する一方です。にもかかわらず世界経済は拡大し続けています。世界経済はたゆみなく技術創造を続け革新にチャレンジし、経済成長を達成し続けているのです。ですから固定相場制度が復活するはずもありません。国際収支不均衡が拡大すると変動相場制度を維持するしかありません。

不均衡問題の善し悪しは景気変動との関連で明らかにすることでしょう。例えば、一九三〇年代、国際収支不均衡が甚だしかったと言われた時代は、世界的大恐慌の時代です。米国は巨額の経常黒字となっている一方、資本輸出を途絶し、保護貿易運動の先頭に立っていたくらいです。いわゆるブロック経済の台頭です。

しかし、現在はどうでしょう？　資本輸出が途絶したことはありません。米国は資本輸入国になったくらいです。保護貿易主義はどうでしょう？　グリーンスパンが注視しているとおり、保護主義の動きは強まっていますが、自由貿易を否定するまでにいたっていません。グローバル経済の中では保護主義の壁は直ちに破壊されるのです。

■ 世界経済成長の鏡としての資本移動

為替相場が大きく変動することがあるのは、戦後の先進国各国間の拡大的不均等発展の事情からみればごく自然のことです。マディソン（A.Maddison）によると、戦後の資本主義は「比類のない繁栄を達成した黄金時代」です。世界一人当たりのＧＤＰは年二・九％の成長であり、これは一九一三〜五〇年のそれよりも三倍以上も高いのです。一九五〇〜七三年、世界のＧＤＰは年四・九％上昇し、世界の輸出額も年七％増加しています。日本の成長率は特に著しく、一九五〇年には一人当たりＧＤＰ（ドル表示）は米国の五分の一でしたが、九一年には追いつきかけていました。経済力の格差が大きく修正されたのですから、為替相場も各国間の経済力の相対的変化に応じて大きく調整されるのです。一ドル＝三六〇円が一ドル＝一〇〇円台になったとしても米国がその分、経済力が貧しくなったわけでなく、それぞれ、国、個人当たりのＧＤＰは増加しており、日本の増加率が高かっただけのことでしょう。

資本移動は日本の場合、四国の四万十川の洪水に例えることができます。この洪水によって四万十川には四国山脈から養分が蓄積され、豊富な水産資源が確保されるのです。洪水を抑えるためにダムを建設してしまうと、四万十川には養分が流れてこなくなり、川自体が死んでしまいます。牛の角を矯めて牛を殺すの例えのとおり、資本移動を抑制することは世界経済の成長を否定することになるのです。資本移動は躍動的な資本主義発展の賜物なのです。

実際、固定相場制度が崩れた時に、世界経済は一九三〇年代の再来を迎えるという悲観的予想もありましたが、二つの石油危機があったものの、変動相場制における世界経済の経済パフォーマンスは全体的に良好であり、保護主義の動きも回避され、金融の自由化も進み、世界貿易は急成長を続けていました。今日のグローバル化はその延長上にあるのです。

Ⅲ　グローバル化に最も適する性格を有する米国

ここでは、米国主導のグローバル化の意味をもう一度取りあげてみます。金融のグローバル化とは何でしょうか？マネーを通じて自由無差別の国際的取引の体制を構築するということでしょう。マネーの動きによって地上の国境は次々に撃破されます。グローバル化するマネーのもとでは、国境という境界は易々と乗り越えられてしまうのです。せいぜい為替相場の調整がバリアになるだけでしょう。

先に確認したとおり、グローバリゼーションは今に始まったことではありません。異文化の潮流が交差して大きなエネルギーが爆発する。これはローマの時代もジンギスカンの時代にも見られます。二〇世紀の初めにパリで芸術の花が全面開花したのも世界中の芸術家がパリに集合したからでしょう。これも一種のグローバル化です。異邦人、異文化の要素を取り込む。これもグローバル化です。人種のるつぼといわれる米国はまさにその典型です。これは、異文化の違いを超えて融合する流れですが、もちろんそれが決して一つに融合するわけではありません。米国国民は人種的には縁を異にします。しかし、星条旗のもとでは一致団結することが多いようです。異文化の融合は大きな力になっています。これは世界オリンピックにおける米国選手の活躍を見れば明らかでしょう。

現在は、グローバル化の波が世界を席巻しています。この**グローバル・サーフィンの名人の国は米英の二国**でしょう。英国はかつて一九八〇年代半ば、いわゆるビッグバンを断行した時、ウィンブルドン現象と揶揄されたこともありました。テニスのウィンブルドン大会で英国選手の活躍があまりみられないことに引っかけたものです。しかし、英国は市場開放、自由貿易、外資系企業による英企業買収などグローバルの変化をどの先進国よりも柔軟に受け入れてきました。統一通貨ユーロにも参加していません。ちなみに英米両国とも経常収支は大幅赤字の国です。にもかかわらず、経済実績は日本、ユーロ圏よりもはるかに優れており、二〇〇七年までの一五年間経済は上昇基調にありました。サブプライムローン問題の打撃を受けた英国ですが二〇〇八年の経済成長率は先進国で最高との予測をしていたのが英国の大蔵大臣です。

現在の世界資本主義は中央集権的な規制から抜け出た、市場の自律調整機能が働くグローバル化市場経済へと移行しているのです。ユーロのような形で欧州の通貨の一体化が進むとユーロ参加国は金融政策を縛られてしまいます。ユーロ加盟国は様々に異なる加盟諸国の景気を欧州中央銀行（ＥＣＢ）による一つの政策金利でコントロールされています。これでは加盟国は大きな縛りを受けてしまいます。ユーロに参加していない英国の場合、中央銀行は国内景気に対応して機動的な政策を打ち出せることができます。同じＥＵでも島国の英国よりも大陸の欧州諸国の経済実績が長い間劣り続けてきたのも頷ける話です。

Ⅳ　資本の飽くなき欲望をかき立てる情報通信革命

資本は急激な蓄積を進めます。それは、もちろん国内にとどまりません。その典型が米国です。米国はその広大な国内市場を都市間の販売・製造戦略で結んでいますが、この全米規模の戦略は国内に押しとどめられることなく、外延的にも拡大しています。そのためには生産、販売、金融のグローバル化が不可欠です。米国の場合、企業活動のあらゆる側面でグローバル化が進展しているのです。この結果が、米国の経常収支赤字の膨張です。これをマイナスとみるかプラスとみるか、それが国際金融論におけるハルマゲドンとなるでしょう。

米国にとって辺境、フロンティアはかつての西部開拓のような国内にとどまりません。西部開拓はカリフォルニアの海岸を飛び越え、ハワイ、日本を経由して中国沿岸部にまで到達し、現在はさらに南下し、インドシナ半島、インドにまで延びています。大西洋を西に向かって侵出し、教化しようとする文明的本能。それがグローバル化という名の米国の世界戦略でしょう。

周辺と基軸はますます統合化し相互依存を高めています。基軸国が工業製品を輸出し、周辺国が天然資源、農産物を輸出するという図式は現在はますます陳腐化しつつあります。なぜなら、新興諸国においても世界の工業設備の割合は拡大しつつあるからです。「世界の工場」となった中国がその具体例でしょう。

そして、基軸－周辺のパラダイムが崩れつつあることを一層、明らかにしているのが世界の資本移動です。一九世紀の場合、英国は経常収支が黒字であり、周辺に資本を輸出していたのですが、現在、世界最大の経済である米国の場合、経常収支は赤字です。国際収支上は資本輸入国であり、新興諸国からの資本輸入がかなりの割合を占めているのです。

そして生産工程も地理的にみても世界中に拡散しています。一か所の工程、一か所の場所で製品を生産するよりも、企業は生産工程の分散化を拡大させているのです。各工程において生産費用を最小化させるためです。例えば、半導体製品のＡＭＤの場合、研究・開発の大半をカリフォルニアにおき、テキサス、ドイツ、日本で生産し、タイ、シンガポール、中国、マレーシアで最終工程と製品検査を担い、最終製品を世界中に売る。アップル社が開発した携帯音楽端末ｉＰｏｄは、部品が四五一個、その定価は二九九ドルですが、部品供給企業と組み立て企業の付加価値ベースの製造コストは合計一四四ドルにすぎません。しかも、それまでの間には幾重もの工程が絡まっており、「世界の工場」と言われるはずの中国の取り分は四ドル程度にすぎません。

このような生産連鎖自体は、目新しいことではありません。実際、第一次大戦前のフォードでも海外生産は行われていました。しかし、現在は生産の世界的展開は一層、進化しており、地理的拡大は戦前のフォードの例の比ではないのです。国際取引の連鎖と管理はほとんど単一の企業によって賄われており、たとえば、米国の国際商品取引のおよそ四〇％は企業内貿易なのです。

情報通信技術の発展はＩＣの利用なくしてはあり得なかったでしょう。石油危機以降はエレクトロニクス産業の発展にもＩＣが大きく寄与しています。重厚長大型産業から軽薄短小型産業に移行といわれる理由です。これが社会主義諸国に決定的な打撃となりました。石油危機は資本主義の体質改善を促進したのです。かつてのように、安価な自然資源に依存できなくなったのです。そのために省エネ、省資源、省力化の徹底がはかられました。これを技術的に可能とさせたのが半導体技術の発達であり、ＭＥ化の進展です。コストダウンが絶えることなく進行する半導体は生産性の上昇を加速させました。情報技術の高度化がふんだんに取り入れられたのです。資本主義の不治の病とされていたインフレが収束したからです。そしてソ連は解体に追い込まれ、これに危機感を覚えた中国共産党は米国に急接近します。もちろんアジア・ニックス、台湾を含むアジア・ニーズ諸国の発展も中国本土政権を刺激しました。

Ｖ　中国に押し寄せるグローバル化の津波
――「ドルの道徳哲学」を移入した中国共産党政権

■ 中国を駆けめぐるドル哲学

現在の中国経済は社会主義建設という内部的な経済的構造の上に打ち立てられています。しかし同時に外部的な社会的、歴史的環境の下に否応なく曝されています。すなわち、世界資本主義によるグローバル経済の津波が中国経済を深く浸食しているのです。中国は資本主義の荒い祝福の洗礼を受けているのですが、即改宗するわけにはいきません。

社会主義国の中国は米国流の「ドル道徳的哲学」（トロツキー）に席巻されています。このドルの道徳的哲学の象徴はニューヨークのウォール街という資本の錬金術の場でしょう。しかし中国の上海も負けてはいません。長江の支流に立つ上海の金融街は、中国語の看板を取り払えばウォール街と錯覚されてしまうでしょう。そこにはアジア版の「ドルの道徳的哲学」が強く意識されるのです。

近代都市の本質的な経済的特徴は農村から供給された安価な労働力の存在にあります。それゆえに輸送条件は決定的に重要です。鉄道、道路の導入、そして米国主導のグローバル化は中国の都市への労働、資本供給を拡大し、巨大な人口の集積の維持、膨張をも可能にしました。この結果、中国の大都市は国内の工場にとどまらず「世界の工場」となっているのです。そのために中国は全土にわたる交通網の整備に追われています。二〇〇八年に北京オリンピック、二〇一〇年に上海国際万博を迎えるので、ますます、「ドルの道徳哲学」は猛威をふるうでしょう。

中国は世界的分業を主導するアメリカなど先行資本主義諸国に高度技術を依存しています。他方、米欧日などは中国の安価で大量の労働供給を活用しています。中国はグローバル化から隔絶した社会主義社会の建設が不可能となっており、世界市場への依存を強めています。そこでは鄧小平の名言どおり、「白い猫も黒い猫もネズミを捕ればよい猫」なのです。たしかに、世界を駆け巡る資本はまさに獲物に飛びかかるライオンのように社会主義経済の中国を襲っています。しかし、中国も負けてはいないでしょう。かつての『眠れる獅子』も今は鬣を逆立て世界市場へ向けて咆吼しているのです。

中国共産党政権はもはや歯の先まで社会主義理論で武装し続けるわけにいかないでしょう。歯茎の奥まで資本主義の道徳哲学で腐食しているのです。その結果、中国でも共産党のイデオロギーの衣装をまとった起業家は日夜、世界の株式取引の動向に、あるいは世界で最大化したドル外貨準備の評価の変動に一喜一憂し、人民元の対外調整に頭を悩ますのです。世界経済を把握するためには国民経済の寄木細工の視点では不十分でしょう。国際分業と世界市場を視野に入れた世界資本主義論が明確に提示される必要があります。各国国民経済を個々バラバラにして論じる接木的思考方法は退けられなければなりません。これが現在のグローバル化経済を把握する有効な視点だからです。しかしこれには別に難しい理論、修辞はいりません。米国のグローバル化を模写すれば自ずと足りるはずです。

■　人民元切上げ問題――中国経済のアキレス腱

巷では米国の財政赤字が「経常収支赤字の根本原因である」と言われることが多いのですが、これはよく注意する必要があります。経常収支赤字の原因となるべきはずの財政赤字は一九九〇年代半ば以降、急速な改善をみせ、世紀末から二一世紀初めまでは黒字に転じていました。財政赤字の黒字への転化に対応して経常収支赤字が縮小してもよいはずなのが、九〇年代に経常収支赤字は拡大していたのです。この限り、当時の経常収支赤字を財政赤字の起因とするわけにはいきません。たしかに八〇年代に双子の赤字の相関関係が言われていましたが、その相関関係を九〇年代の米国経済に見出すのは困難です。九〇年代後半の場合、財政は赤字から黒字に転換したが、貿易赤字は増え続けました。これは前ＦＲＢ議長のグリーンスパンの発言にうまく要約されています。

経常収支赤字と家計の赤字の解決に関し私はそれほど厄介なことだとは思わない。しかし米国の大きく拡大している財政赤字については事情が異なる。米国の財政の見込みは私の判断するところ、長期的安定にとってはかなりの障害になっている。なぜなら市場がその他の不均衡を安定化させる力があるが、そのような矯正力は財政赤字には容易に効かないからである（Globalization and innovation,At the Conference on Bank Structure and Committee ,sponsored by the Federal Reserve Bank of Chicago ,Chicago,Illionis(via Satellite),May 6,2004)

米国の経常赤字膨張それ自体は世界的不均衡を意味しますが、米国の輸入超過は間接、直接に東アジア経済の成長に寄与しています。東アジア経済の成長の象徴である中国も対米輸出で景気を牽引しているのです。まさにグローバル経済下の相互依存関係です。米国の景気が冷え込むと一番困るのが対米貿易大幅黒字国、特に中国でしょう。二〇〇三年中国の対外貿易に占める外資系企業の割合は五五・六％（輸出…五四・八％、輸入…五六・二％）と過去最高を記録しました。この外資系企業における米国系の比重が高く、米中貿易では米国の企業による企業内貿易の比重が高いのです。この意味でも米中経済関係は米国主導の相互補完関係にあります。

さらに中国の対米輸出の裏には東アジア諸国から中国への輸出伸長があるという事実も見逃せません。中国以外のアジアから米国への輸出は一九九〇年代急激に増加したのに二〇〇〇年以来、横ばい傾向です。これはアジアにおける生産システムの進化を意味しています。組立て最終段階と米国その他への輸出は段々と中国に集中されています。すると中国の対米輸出増加は他のアジア諸国（日本を含む）に対する赤字増加を伴ってきます。アジア諸国は以前は対米輸出を増加させていましたが、現在は中国に中間製品を輸出し、中国から最終製品を米国に輸出するのです。この事情を考慮すれば、中国の対米輸出の実質はかなり減り、その他アジアに対する米国の赤字はもっと増えているはずなのです。したがって、ドルに対して中国の人民元を切り上げても、アジア内部での貿易が変化するだけなのです。

米国・中国、東アジアの三角貿易構造に注目しておく必要があります。このトライアングルが、今日の世界経常収支不均衡の背景にある貿易構造なのです（〈吉富〉二〇頁）。中国は日本、韓国、台湾から特にエレクトロニクス産業の中間財（部品、コンポーネント、中間素材、部品）を輸入し、これを加工して全世界に向けて輸出します。しかも中国の加工貿易の八割は海外からの多国籍企業が行っています。もちろんその主要は米国系企業です。すると中国から米国への輸出はかなりの部分は米国系企業の企業内貿易に還元できます。これが米国の経常収支赤字膨張のメダルの裏側を示しています。米国・中国・東アジアのトライアングルの貿易構造はたしかに、今日の世界的な経常収支不均衡の要因ですが、環太平洋経済圏の成長の象徴でもあると捉える積極的評価も可能なのです。

実際のところ、米国の貿易赤字増加に関する責任は中国にはないはずです。米国の貿易収支赤字は〇四年の場合、七七〇〇億ドルであり、中国の対世界黒字一〇〇〇億ドルの八倍近い。中国が米国の赤字の二割を占めていますが、それは中国によるその他東アジアからの輸入で相殺される部分も大きいのです。米国・中国・東アジアのトライアングル的貿易構造が織り成すグローバル化経済の深化のためです。人民元切上げが米国の赤字を縮小させるという米国側の主張は経済学の原理に反しています。(同前) ドルの為替レートは米中の二国間でなく、その他世界に対する米国の総合的収支で決定されるのです。グローバル化の時代です。二国間収支でドル相場を語るのはグローバル化経済の本質を見誤ることにもなります。二国間でなく多角間収支で為替レートは決定されるのですから、実際、人民元だけを切り上げることになると、人民元はドルに対してばかりでなく、中国が貿易赤字を出している他のアジア諸国に対しては強くなるということになります。これでは貿易黒字国が中国に対して自国通貨を切り下げてしまえという、およそ奇妙な主張になってしまうでしょう。

米国経済が世界経済を主導していることと中国の「世界の工場」化は表裏一体の関係にあります。世界的経常収支不均衡、あるいは米中貿易不均衡の問題は米国の主導するグローバル経済の脈絡の中で考察すべきことなのです。中国が資本主義的要因を積極的に導入するようになって世界市場には一大変化が生じたのです。安価で質の高い豊富な労働力を活用した中国は世界の工場の役割を担い労働集約型製品を輸出するようになっています。世界的供給が増大し、世界の物価水準はこの中国製品に鞘寄せされてしまうでしょう。これに生産性上昇を結晶させるIT技術が合体すると、ますます安価な製品が中国から世界に供給されます。これが世界のインフレ抑制の要因にもなり、世界経済成長の支えとなります。

たしかに、米中間の貿易不均衡の拡大は絶対額でいえばすさまじいものがありますが、かつてのような日米経済摩擦に類する摩擦が生じる可能性は低いようです。米国の対日赤字はピーク時(九一年)は赤字総額の三分の二に及びましたが、米国の今日の対中赤字は五分の一前後にすぎません。しかも中国の対米輸出の主要な項目は繊維などの労働集約型製品であり、先端分野で米国と競合する例は少ないはずです。これに対し八〇年代の日米貿易においてはハイテク、自動車など両国が競合する分野が多く、これが貿易摩擦の背景となっていたのです。

もちろん、中国の対米輸出品目のなかで電気、電子機器などＩＴ製品も増大しています。これは米国のグローバル化にとって重要であり、米国は主に米国企業を経由して中国から「逆輸入」しています。すると米国としてはむやみに人民元レートの引上げを主張するわけにいきません。中国製品は米国の高付加価値産業を支えているという面があるのです。米国の輸入に占める企業内貿易は特にハイテク製品に集中しています。輸入先は東アジアが中心です。米国企業自身が中国などの現地に進出し、本国の親企業と貿易する量が増加するわけです。

しかも、中国で活動する米国系企業は何も米国本国へ輸出することだけに専念しているわけでなく、現地市場への販売も重要視しています。米国企業がグローバルに展開し、中国でも現地販売比率を高め、収益性が高い限り、遠い本国へ輸出しなくてもよいのです。米国企業は本国の貿易収支の動向に心を痛める必要はありません。自社の収益こそが重要なのです。

このような事情から、グローバル化の時代の世界的不均衡拡大はそれ自体は問題になりません。問題はグローバル化の流れに反する保護主義圧力が世界の貿易摩擦の火種になることでしょう。経済の柔軟性が増大しているため市場は貿易不均衡に対応できます。貿易不均衡は構造的変化ならびに循環的成長パターンを反映しているのです。金融市場が発展すると個人、企業、国家は借入が容易になり、特に強い生産性の伸びが米国への投資を誘引しています。このため米国は記録的貿易赤字にもかかわらずドルへの圧力がありません。ドルに圧力がかかるのは米国の景気がダウンした時なのです。この点を強調していたのがグリーンスパン前ＦＲＢ議長でした。

米国は貿易赤字などの経常収支赤字が増加するために自国経済が苦境に陥るはずがありません。その赤字の主因となっている対中国経済関係を見れば明らかです。

中国経済には産業構造上、実に脆い面があります。労働集約型産業に過度に依存する傾向が強く、生産過程における川上（製品の研究開発）と川下（世界市場における流通・販売）は外資にかなり依存しています。中国が強いのは中間の加工、組み立てなど労働集約型だけなのです。中国のハイテク製品の輸出の九〇％は外資企業によって生産されていますし、ハイテク設備と技術の輸入依存度は全体で八〇％です。この意味で中国経済は「世界の工場」というよりも、「世界の生産作業場」と形容できます。輸出品の付加価値もかなり低く、シャツ一枚を輸出して得られる利益は〇・三五ドルであり、八億枚のシャツを輸出してようやくエアバス一機を購入できるような状態です。これを象徴する事態があります。米国向け輸出貨物船が中国から出る時は満杯でも、帰る時は半分も埋まらず、空の時もあるそうです。

実物経済国（中国）と知識経済国（米国）の貿易構造の差は際立っているのです。

これは中国がある意味で輸出中継地にとどまっているからです。中国の貿易黒字の大半は加工貿易によるものであり、完成品を輸出するために部品を輸入しています。日本と他の東アジア諸国は資本財と中間財を中国へ輸出し、中国で新たに多くの最終製品が製造され、世界に輸出される。これ自身は生産の垂直的統合であり、トライアングル貿易構造となりますが、中国に輸出する他のアジア諸国の付加価値が高く、中国が輸出するそれは低くなるということも暗示しています。

さらに衝撃的な事実があります。アップル社が開発した携帯音楽端末ｉＰｏｄの定価は二九九ドルですが、部品供給企業と組み立て企業の付加価値ベースの製造コストは合計一四四ドルで、しかも中国に入るのは四ドル程度にすぎず、残りの差額一五五ドルはアップル社と流通業者の懐に入るのです。統計上、中国は一四四ドルで米国にｉＰｏｄを輸出しても手にする利益はわずかということです。中国経済は低付加価値構造から抜け出していないのです。中国は米国に膨大な貿易黒字超過を達成しているはずです。しかし実際に手にする利益はそれほどではないのです。米国経済が経常収赤字を膨張させているにもかかわらず米国企業の株価時価総額が世界における連結利益を元にして世界の四割を占めるという秘密の理由を明らかにする一例です。

このような中国経済の事情において、一部の米国の経済界、学者が唱えるように、人民元を大幅に切り上げるとたいへんなことになってしまうでしょう。貿易不均衡問題は二国間ベースでなくグローバルな視点から考察すべきことなのです。

最終章　金融のグローバル化の帰結と展望

地球はいっそう縮みつつあります。物理的に収縮していると言うのでなく、地球を移動する際の時間、距離感が実質的に縮まりつつあるということです。世界的に強力な経済統合の波が押し寄せており、各国間の経済相互依存性が高まっています。それは資本主義の米国と社会主義国家の中国の関係にも明らかです。本来イデオロギー的には、水と油のような関係のはずの両国もグローバル化の波の中で経済的相互依存関係を深化させているのです。

もちろん古代社会においてもグローバル化現象は見られました。たとえばローマ帝国は整備された交通網、共通言語、法制度、通貨によって、広大に広がった帝国を一様化したと言われています。いわば、どこの都市へ行っても自分自身の社会とあまり変わらない都市が見られたのです。

しかしグローバル化といえば何はさておき世界的戦争でしょう。アレキサンダー大王はマケドニアから大遠征を始め、ペルシア、インドにまで達しました。モンゴル草原を濫觴とするジンギスカンの軍隊も欧州内奥にまで進撃したこともあります。二〇世紀の二つの世界大戦も戦争のグローバル化の典型例です。特に第二次大戦の場合、米国は大西洋、太平洋の双面で闘いを繰り広げ、これに負けじとばかり、狭い島国のはずの日本も戦線を拡大してしまいました。日本軍は中国の内奥ばかりでなく赤道を越え、旧北方領土でも戦っていたのです。マリアナ諸島のテニアンを飛び立った米軍のＢ２９は広島に原爆を投下しています。東京から一五〇〇キロも離れたところからの出撃です。そして、戦後の冷戦時代に米ソはその気になれば、大陸間弾道弾（ＩＣＢＭ）で核攻撃を応酬し合える時代となったのです。

人類滅亡の危機です。他方、人間も宇宙に飛び立ち地球を何周もするようになり、実際、ウサギを真似て月面でジャンプを楽しみました。

人類はグローバル化の動きを絶やすことはありません。コロンブス、ヴァスコダガマ、そのほかの冒険家が新航路を開拓し、航海による貿易はさらに広範囲に及びました。これには造船技術の発展、航海技術の発展(羅針盤の改良)が大きく貢献しています。しかし、この増大する大陸間貿易を担う長い航海は多くの危険がつきものでした。そのため、重量、容量に比べ相対的に高く売れる商品が続出します。砂糖、たばこ、香辛料、茶、絹、貴金属類がその例でしょう。これらの貿易の大半は英国、オランダなどの東インド会社などが典型のとおり、独占管理されることが多かったのです。

しかし、現在のグローバル化はかなり様子が異なります。航海技術の発展に代わり、情報通信革命がグローバル化を深化させています。これがかかわる商品はかつてのような希少性もリスクも独占もありません。安価で優良な製品が大量にユビキタスに供給されるのです。これによりインフレも抑制できる。まさにグローバル経済の賜でしょう。

グローバル経済の深化は世界経済における中心国–周辺国の概念をも変容させています。ナポレオン戦争後の国際貿易構造は〝基軸と周辺〟の関係になっていました。資本の豊富な西ヨーロッパ諸国、特に英国は国際貿易、国際通貨制度の中心、基軸であり、天然資源と土地の豊富な地域が周辺を形成したのです。工業製品、資本、労働は基軸から周辺へ、一方、天然資源、農産物は周辺から基軸へと流れるという相互関係が築かれていました。

しかし、この基軸と周辺の関係という比較的安定的な関係を崩す国が出現します。米国のことです。米国は一九世紀の間に周辺の地位から基軸へ移りつつあったのです。一八四〇年代の米国の工業製品輸出は三〇％以下でしたが、一九一三年には六〇％にもなっています。また一八九〇年代後半に始まる時期からは米国は資本の純輸出国となっています。かつての周辺、あるいは辺境と言われた地域が基軸に変容したのです。具体的に言えば、工業製品の輸入国から輸出国へ、資本の輸入国から輸出国に大変化です。

現在も基軸と周辺の関係は大きく変化しています。それは急速な技術進歩のためです。特に運輸費用と通信費用の削減が大きな要因です。飛行機もプロペラからジェットへ、海運能力もコンテナ化、大型タンカーの就航で空、海の運輸能力は量、速度のいずれも飛躍的に増大しています。情報の運輸もすごいものがあります。情報通信革命の影響が絶大です。デジタル技術の進化により情報処理の量、速度も飛躍的な伸びを達成しています。これに対応して国際取引もますます拡大しています。技術革新が世界経済におけるグローバル統合を促進する役割を果たし続けているのです。例えば、通信とコンピュータ技術の進化で、世界に散らばった供給は効率的に連携され、生産調整コストが減少したのです（supply-chain management）。そして国際貿易される生産物の選択も大きく広がっています。情報・通信技術の発展は広範なサービス取引、貿易取引を活発化させています。それは、例えば、コール・センター業務から高度な金融、法律、医療、エンジニアリング・サービスの取引にまで及んでいます。

最近の場合、世界の商品輸出は世界GDPの二〇％以上となっています。一九一三年には八％、一九九〇年まではせいぜい一五％にも達しない程度でした。そして国際金融取引はもっと膨張しています。かつて『ロンバード街』の名著を収めたバジョットに倣えば、マネーは経済的勢力の象徴です。国際金融市場は経済的勢力と経済的敏感さの結合です。これを掌握しているのは基軸通貨ドルを擁する米国でしょう。

そして、この米国が世界経済の統合を推進する主導権を握っています。たしかに、コロンブスによる新世界への航海は膨大な経済変化をもたらしました。しかし旧世界と新世界の統合には数世紀を要しました。これと対照的に、三〇年前にも満たない時に本格的に始まった中国の経済開放は急速に進展し、現在も加速されつつあります。中国をも巻き込む米国の経常収支赤字化はこのグローバル経済の潮流の中の必然的産物でした。

これを巷の国際金融論の学者はドル危機説の材料として大きく取りあげてきました。しかし、偉大な米国中央銀行総裁だったグリーンスパンはそう考えません。現在はデジタル社会です。ドル危機説の理論的画像は、デジタル時代の画像処理にかけられると完全にぶれてしまいます。なぜなら、変幻自在に**進化し革新のやまない国際金融システムは、国際収支不均衡拡大の中、ドル体制をますます世界的に広げています。**拡散し多様化するといわれる国際金融ですが、他方ではドル体制の軸がますます強固に打ち固められているのです。「あらゆる経済問題は、適応を必要とする予見されない変化によって、作り出されるからである」（ハイエク）。グローバル化する国際金融が提示する問題がまさにこれに当たります。

この金融グローバル化の中、日本経済は世界経済において有利な地位を保持し続けるでしょう。それは環太平洋経済圏のためです。この経済圏は世界で一番、経済成長の見込まれる地域です。この経済圏の中心に位置しているのが日本なのです。右手には世界最大の経済大国米国を擁し、すぐ左には、これまた「世界の工場」となりGDP世界第三位の中国を擁します。環太平洋経済圏は世界GDPベスト・スリーがそろい踏みするドル決済地域なのです。経済成長のやまない米中経済を両手の花としているのが平和経済国家であり続ける日本なのです。

参照文献一覧

（引用の場合、典拠の頁を示すことが多い。その記載のない場合、既存の拙著・拙稿に掲載済み）

＜第一章＞

馬場宏二『世界経済―基軸と周辺』東京大学出版会、一九七三年

――「国際通貨問題」宇野弘蔵監修『講座　帝国主義の研究2　世界経済』青木書店、一九七五年、第2章

石崎昭彦『日米経済関係の逆転』東京大学出版会、一九九〇年

金井雄一『ポンドの苦闘―金本位制とは何だったのか』名古屋大学出版会、二〇〇四年

加野　忠『ドル円相場の政治経済学――為替変動にみる日米関係』日本経済評論社、二〇〇六年

川本明人『基礎からわかる外国為替』中央経済社、二〇〇四年

加藤隆俊『為替を動かすのは誰か――21世紀の為替問題と日本』東洋経済新報社、二〇〇〇年

日本銀行国際収支統計研究会『入門　国際収支』東洋経済新報社、二〇〇〇年

大蔵省国際金融局総務課長編『図説・国際金融』財経詳報社、一九八二年（改版）

侘美光彦『国際通貨体制』東京大学出版会、一九七六年

藤田恒郎編著『東京外国為替市場』金融財政事情研究会、一九八七年

吉冨　勝『日本経済の真実』東洋経済新報社、一九九八年

米倉　茂『ドル危機の封印―グリーンスパン』イプシロン出版企画、二〇〇七年

日本経済新聞・二〇〇五年一二月一一日

＜第二章＞

K.W.Dam,The Rules of the Game,The University of Chicago Press,1982

I.M.Drummond,The Floating Pound and the Sterling Area1931-1939,1981,New York

―― The Gold Standard and the International Monetary System,1900-1939,1987,London、田中生夫・山本栄治訳、『金本位制と国際

通貨システム――1900－1939』日本経済評論社、一九八九年
古内博行『ナチス期の農業政策研究1934－36』東京大学出版会、二〇〇三年
――――『現代ドイツ経済の歴史』東京大学出版会、二〇〇七年
R.N.Gardner,Sterling-Dollar Diplomacy― The Origins and the Prospects of Our International Economic Order, 1969(New Expanded Edition), McGraw-Hill Book Company、村野孝・加瀬正一訳、『国際通貨体制成立史』、東洋経済新報社、一九七三年
C.P.Kindleberger,The World in Depression,California University Press,1973、石崎昭彦・木村一朗訳、『大恐慌下の世界 一九二九－一九三九』東京大学出版会、一九八二年
D.E.Moggridge ,Maynard Keynes -An enonomist's biography,London&New York,1992
R.Nurkse,International Currency Experience-Lessons of Inter-War Period,League of Nations,1944、小島清・村野孝訳、『国際通貨―20世紀の理論と現実』東洋経済新報社、一九五三年
R.Skidelsky,John Maynard Keynes-Fighting for Britain 1937-1946,Vol.Ⅲ,Macmillan,London,2000
米倉 茂『英国為替政策――一九三〇年代の基軸通貨の試練』御茶の水書房、二〇〇〇年
――――『落日の肖像――ケインズ』イプシロン出版企画、二〇〇六年
――――「IMF協定第8条の怪―同条項のジグソーパズルを解けなかったケインズ」外国為替貿易研究会『国際金融』一一五七号、二〇〇五年一二月
――――「IMF協定産みの苦しみ――国際資本移動の耐震強度設計を間違えたケインズ」同右、一一六三号、二〇〇六年四月
――――「JMKコードの謎――ケインズの通貨外交の手腕」同右、一一七〇号、二〇〇六年一〇月
――――「ケインズの真っ二つに割れた蹄（上）（下）」『世界経済評論』二〇〇七年六、七月

＜第三章＞

C.A.Coombs,The Arena of International Finance,1976,John Wiley&Sons,Inc,New York,1976、荒木信義訳、『国際通貨外交の内幕』日本経済新聞社、一九七七年
中西市郎・岩野茂道『国際金融論の新展開』新評論、一九七二年
R.S.Sayers,The Bank of England 1891-1944,Cambridge,1976、西川元彦監訳、日本銀行金融史研究会訳、『イングランド銀行――1891～

1944』東洋経済新報社、一九七九年
島崎久彌「ランブイエ通貨合意の体制的考察」『東京銀行月報』一九七六年二月
米倉　茂「ブレトン・ウッズでケインズに消された男――キー・カレンシー・アプローチを唱えたウィリアムズ教授の先見の明（上）（中）（下）」『佐賀大学経済論集』第三八巻第三、四、五号、二〇〇五年九、十一月、二〇〇六年一月
――――『落日の肖像ーケインズ』前掲

＜第四章＞

Coombs、前掲
古内博行『現代ドイツ経済の歴史』前掲
J.Gray,False Dawn,London,1998、石塚雅彦訳、『グローバリズムという妄想』日本経済新聞社、一九九九年
速水　優『強い円　強い経済』東洋経済新報社、二〇〇五年
堀江薫雄『国際通貨基金の研究』岩波書店、一九六二年
J.K.Horsefield,The Internationa Monetary Fund,1945-1965:Twenty Years of International Monetary Cooperation,Vol. Ⅰ.Chronicle,Washington D.C,1969
H.James, „The IMF and the creation of the Bretton Woods System, 1944-58" in B.Eichengreen(ed.),Europe's Post War Recovery,Cambridge University Press,1995
――――International Monetary Cooperation Since Bretton Woods,Oxford University Press,1996
W.M.Scammel,The Stability of the International Monetary System,Macmillan,London,1987
M.G.de Vries,The International Monetary Fund 1960-1971 Vol. Ⅱ Documents,IMF Washington D.C,1976
吉野俊彦『資本の自由化と金融』岩波書店、一九六九年
米倉　茂『英国為替政策』前掲
――――「一九三〇年代とブレトン・ウッズ体制下の国際資本移動――金融のグローバル化に関連して（上）（下）」『佐賀大学経済論集』第三五巻第四号、五・六合併号、二〇〇二年一一月、二〇〇三年三月号
――――「岐路に立つＩＭＦ通貨外交で米国に勝利した鈴木源吾――ＩＭＦ第３代専務理事ヤコブソンとの熱き友情⑴、⑵」外国

為替貿易研究会『国際金融』、一一六七～六八号、二〇〇七年七、八月

＜第五章＞

荒木信義『円・ドル・金』日本関税協会、一九七六年

M.D.Bordo&B.Eichengreen(ed.),The Retrospective on the Bretton Woods System,The University of Chicago Press,1993

Beckhart、前掲

Coombs、前掲

P. L.Cottrell,The Bank in Its International Setting in R.Roberts&D.Kynaston,The Bank of England——Money, Power&Influence 1694-1994, Oxford,1995

M.Duckenfield,Monetary History of Gold Documentary History1660-1999,London,2004

J.Rueff,Le Peche Monetaire de l'Occident,Plon,1971、長谷川公昭・村瀬満男訳、『ドル体制の崩壊』、サイマル出版会、一九七三年

Scammel、前掲

R.Solomon,The International Monetary System1945-1981——An Updated and Expanded Edition of the International Monetary System 1945-1976,New York,1982

S.Strange,International Monetary Relations, Vol.Ⅱ in A.Schonfield (ed.), International Economic Relations of the Western World1959-197, Oxford University Press,1976

侘美光彦『「大恐慌型」不況』講談社、一九九八年

R.Triffin,The Gold and the Dollar Crisis-The Future of Convertibility,Yale University Press,1960、村野孝・小島清訳、『金とドルの危機』勁草書房、一九六一年

R.Weston,Gold,New York,1983

米倉　茂『英国為替政策』前掲

――「一九三〇年代とブレトン・ウッズ体制下の国際資本移動（上）」前掲

＜第六章＞

石崎昭彦『日米経済関係の逆転』前掲

加野　忠『ドル円相場の政治経済学』前掲

長部重康『現代フランスの病理解明』山川出版社、二〇〇六年

中西・岩野『国際金融論の新展開』前掲

P.Volker and T.Gyothen,Changing Fortunes,Times Books,a division of Random House,Inc,1992、江澤雄一監訳、『富の興亡』東洋経済新報社、一九九二年

米倉　茂『英国為替政策』前掲

――「一九三〇年代とブレトン・ウッズ体制下の国際資本移動（上）（下）」前掲

――『落日の肖像－ケインズ』前掲

――『ドル危機の封印－グリーンスパン』前掲

＜第七章＞

W.A.Brown,Jr.,The International Gold Standard Reinterpreted 1914-34,New York,1940

Beckhart、前掲

川本明人「グローバル化のもとでの金融業の国際展開と欧米メガバンク」広島修道大学『修道商学』第四七巻第一号、二〇〇六年九月

早川博之「原油価格高騰でさらに遠のく『ドル危機』」外国為替貿易研究会『国際金融』一一六九号、二〇〇六年十月

――「米ドル信認問題と米多国籍企業活動について――なぜ『ドル危機』はこれまで起きていないか――」同右、一一七九、一一八〇号、二〇〇七年八、九月

米倉　茂『落日の肖像－ケインズ』前掲

――「米国の経常収支赤字ファイナンスの『謎』――グリーンスパン・ダラーの響き」世界経済研究協会『世界経済評論』第五〇巻第四号、二〇〇六年四月

――『ドル危機の封印－グリーンスパン』前掲

（なお、本章の記述の原典は多数あり、『落日の肖像―ケインズ』における記載で代えさせていただきます）。

＜第八章＞

W.Bagehot,Lombard Street,a Description of the Money Market,1924(14ed.), 宇野弘蔵訳、『ロンバード街』岩波書店、一九四一年

A.Greenspan, The Age of Turbulence,Penguin Press,New York,2007, 山岡洋一・高遠裕子訳、『波乱の時代（上）（下）』日本経済新聞出版社、二〇〇七年

日本経済新聞・二〇〇七年七月二三、二四、八月一〇（夕刊）、一七、一九、二一、二二（夕刊）、二三、二四（夕刊）、二五、二六、三〇、九月六、七（夕刊）、一八、二〇（夕刊）、二二（夕刊）、二三、二四（夕刊）、二五日（夕刊）、一二月一三日

Financial Times,Jul.26,Aug.9,11&12,13,15,17,18&19,22,Sept.3,17,Dec.13,14,2007

Wall Street Journal: Aug.9,14,20,25,Dec.13,14,2007

（典拠が示されない引用に関しては、拙著、『ドル危機の封印――グリーンスパン』前掲に既出）

＜第九章＞

B. S.Barnanke , „Global Economic Integration :What's New and What's Not?" At the Federal Reserve Bank of Kansas City's Thirtieth Annual Economic Symposium,Jackson Hole,Wyoming, August 25,2006

長部重康『現代フランスの病理解明』前掲

米倉　茂「一九三〇年代とブレトン・ウッズ体制下の国際資本移動（上）」前掲

――「深化するグローバル経済と中国人民元改革――人民元上方調整の是非をめぐり」山下寿文編『中国における国際化への課題』中央経済社、第2章所収

――『ドル危機の封印―グリーンスパン』前掲

日経：二〇〇六年五月二三、七月一八、二〇〇七年九月三日

（なお、本章の引用の原典は『落日の肖像』における記載で代えさせていただきます）。

〈最終章〉

Barnanke、前掲
Greenspan、前掲

【ろ】

【わ】

【ほ】

【ま】

【み】

【も】

【や】

【ゆ】

【よ】

【ら】

【り】

【る】

【れ】

【た】

【ち】

【つ】

【て】

【と】

【か】

【き】

索　　引

著者紹介

米倉　　茂（よねくら・しげる）

昭和25年　鹿児島県生まれ
昭和58年　東京大学大学院経済学研究科博士課程単位取得退学
昭和62年　佐賀大学経済学部助教授
平成10年　同学部教授。現在に至る。経済学博士（東京大学）

主要著書・論文
『英国為替政策－1930年代の基軸通貨の試練』（御茶の水書房，2000年）
『落日の肖像－ケインズ』（イプシロン出版企画，2006年）
『ドル危機の封印－グリーンスパン』（イプシロン出版企画，2007年）
「ＩＭＦ協定第8条の怪－同条項のジグソーパズルを解けなかったケインズ」（外国為替貿易研究会『国際金融』1157号，2005年12月15日）
A Dollar Crisis Theory in Age of Turbulence　With Apologies to Alan Greenspan of "The Age of Turbulence", presented at The 10 th International Conference of the Society for Global Business and Economic Development, Kyoto, Japan, Aug. 10, 2007

著者との契約により検印省略

平成20年４月20日　　初版発行

変幻進化する国際金融

著　者　米　倉　　茂
発行者　大　坪　嘉　春
印刷所　税経印刷株式会社
製本所　株式会社　三森製本所

発行所　東京都新宿区下落合２丁目５番13号　株式会社　税務経理協会
郵便番号 161－0033　振替 00190－2－187408　電話(03)3953－3301(編集部)
FAX(03)3565－3391　(03)3953－3325(営業部)
URL http://www.zeikei.co.jp/
乱丁・落丁の場合はお取替えいたします。

ISBN978－4－419－05075－7　C1033